JN136557

はじめに

「どこまで押さえておけばよいですか？」
　刑法の論点学習に関する相談は，絶えることがありません。

　たしかに，司法試験・予備試験では，数多くの論点を学ばなければなりません。そして，一つ一つの論点について，ただ論証を暗記しているだけでは本試験に太刀打ちできません。
　「当該論点はどの条文のどの要件の解釈なのか」「そもそもなぜ論点が生じるのか」「判例においてどのような説明がなされており，その説明が意図するところは何なのか」「どのような規範が出てきてどのような事実をあてはめればよいのか」など，論点にまつわる事実関係や理論を正確に理解し，本試験で使いこなせるようにする必要があります。また，論点によっては深い理解が必要となるものもあります。
　とはいえ，出てくる論点の数は非常に多いです。それゆえ，受験生は量と質のバランスの調整に悩みがちなのです。

　本書は，そのような受験生に悩みに対応するために執筆しました。
　過去に出題された論点の中から，**特に優先順位の高い論点をセレクト**し，**出題趣旨，採点実感，重要判例**をまとめています。また，短答式試験の問題・解説も付し，簡単な知識整理，アウトプットができるようにしました。
　ロースクールや予備校等で学んだ知識を本書に集約すれば，**超重要論点についての一元化教材**にもなるでしょう。

　最終章では，取り扱った論点が出てくる司法試験の過去問を解説・解答例付きで掲載しました。学んだ論点をアウトプットし，「**使える武器**」にしていただければと思います。

　『司法試験・予備試験　論文答案ってどう書くの？〈デジタル化対応編〉』（中央経済社）でも述べましたが，司法試験は「点取りゲーム」です。一気通貫し

1

て，**点を取るポイントのみ**を押さえていただくことを重視しています。

　本書が，受験生の皆さまの論点学習のお役に立ち，皆さまが合格を勝ち取られることを心から願っています。

2024年秋　最強の点取りゲーム対策本を夢みて

石橋　侑大

目　次

はじめに　1

第1章　刑法総論

1　不真正不作為犯・2
2　早すぎた構成要件の実現・12
3　因果関係・21
4　具体的事実の錯誤・抽象的事実の錯誤・38
5　正当防衛における「急迫」性と自招侵害・48
6　誤想防衛・63
7　間接正犯・74
8　承継的共同正犯・85
9　共犯関係の解消・100
10　共謀の射程・共犯の錯誤・111

第2章　刑法各論

1　同時傷害の特例・124
2　死者の占有・130
3　窃盗罪における不法領得の意思・141
4　強盗の機会・150
5　「欺いて」における重要事項性・162
6　横領後の横領・177
7　公共の危険・184
8　偽造・194

司法試験論文過去問（H25）にChallenge！・207

第1章

刑法総論

```
刑法を 得点源に したい。
▷出題趣旨・採点実感の 分析を 読む。
  自分で 分析する。
  判例も 自分で 探す。
  つかれたので 休む。
```

1 不真正不作為犯

不真正不作為犯は，構成要件の中でも実行行為性において問題となります。いわゆる「作為義務違反の認定」では，問題文中の具体的事実をどれだけ多く抽出して評価したかが最大のポイントです。あてはめ勝負ですので，事実を漏れなく抽出し評価することに注力しましょう。要チェックや！

●平成30年司法試験出題趣旨

まず，①不作為による殺人未遂罪が成立するとの立場からは，**作為犯と対比して構成要件的に同価値と評価できるか否かについて，作為義務と作為可能性の観点から判断すべきであることを指摘する必要がある**。作為義務については，その**発生根拠と内容を指摘・検討**した上で，本問において，甲と乙が親子関係にあることを前提に，甲が本件駐車場で倒れている乙を発見した後，自らが乙に声を掛けたことにより，意識を取り戻した乙が崖近くまで歩いて転倒した様子を見ていること，乙が転倒した場所のすぐそばが崖となっており，崖から約5メートル下の岩場に乙が転落するおそれがあったところ，当時，本件駐車場には，車や人の出入りがほとんどなかった上，乙が転倒した場所は，草木に覆われており，山道及び本件駐車場からは倒れている乙が見えなかったことなどの事実に触れつつ，**先行行為や事実上の引受け，更には，排他的支配性や危険の創出等の発生根拠の充足性について論じる必要がある**。また，作為可能性については，その要件としての必要性を簡潔に指摘した上，本問において，乙が崖近くで転倒した時点で，甲は，本件駐車場に駐車中の乙の自動車の中に乙を連れて行くなどして，乙が崖下に転落することを確実に防止することを容易に行うことができたことから，**作為の可能性・容易性が認められることを論じる必要がある**。そして，**不作為犯の実行の着手時期についても，その判断基準を示した上で**，本問において，甲が，乙が崖近くで転倒していることを認識しながら，乙の救助を行わないことを決意した時点，又は，その決意の表れとして本件駐車場から走り去った時点，あるいは，乙が崖下に転がり落ちて重傷を負った時点で，実行の着手を認めることができることを指摘する必要がある。

●平成30年司法試験採点実感

また，本問の解答を，刑法の自由保障機能や罪刑法定主義との関係に触れる紋切り型の論証パターンを用いて，不真正不作為犯の処罰根拠から書き始める答案が数多く見られた。これらは，本問の事案内容に即し，何を厚く論じるべきかを考えていない，あるいは，理解できていない答

▼石橋MEMO▼

ここが最大のポイント！

多くの受験生が忘れがちなのが着手時期（危険性の認定）！

案と言わざるを得なかった。不作為による殺人未遂罪の作為義務の発生根拠については，総じて，甲に作為義務が成立する要件を示した上で，本問に現れた具体的事情を拾い上げてこれに当てはめることができている印象であったが，中には，規範定立と当てはめに齟齬を来している答案が散見された。更には，甲が乙に嘘を付いたことを先行行為として指摘する答案もあり，先行行為や排他的支配といった要件を基礎付ける具体的事情についての理解が不十分な答案も少なからずあった。同罪の実行の着手時期については，作為義務に関する論述の結論と合わせて，「乙は死亡していないから未遂となる」とするのみで，同罪が成立する具体的な時点を特定しない答案が多かった。他方で，未遂犯であるにもかかわらず，因果関係について，しかも，どの「結果」との間の関係かも曖昧なままに長々と論じている答案が多数あった。これらは，論証パターンを無自覚に書き出したものと思われるが，仮に未遂犯においても結果の発生を必要とする見解に立つのであれば，殺人未遂罪が問われている本問では，甲の不作為と乙が死亡する危険との間の因果関係を検討すべきであった。

> これやると思った以上に点がつかない…。

> 楽天論パマンはダメ，絶対!

●平成26年司法試験出題趣旨

　甲は，某年7月1日（以下「某年」は省略する。），Aを殺害するためAに対する授乳等をやめ，Aの脱水症状や体力消耗による生命の危険が生じ，後にAは死亡した。授乳等をやめるという不作為に及んだ甲に殺人罪の実行行為性が認められるかを検討するに当たっては，**作為義務，作為可能性といった不真正不作為犯の成立要件について見解を示し**，その成立要件に事実関係を的確に当てはめる必要がある。その際，甲がAの母親であるという民法上の法律関係に限らず，甲がAを出産して以来，Aと同居してAを養育してきたこと，Aは月齢4か月の乳児であること，ミルクアレルギーがあるため母乳しか飲むことができなかったこと，甲は7月1日朝までは2時間ないし3時間おきにAに授乳し，Aは順調に成育していたこと等の具体的な事実関係にも着目することが求められる。甲に殺人罪の実行行為性を認める場合，**実行の着手時期**，つまり，甲の不作為によってAの生命に対する現実的危険が生じた時期を，Aの体調の変化を挙げつつ認定する必要がある。

> 全体的にH30の指摘と同じだね!

●平成26年司法試験採点実感

（2）　甲の罪責について
ア　授乳を再開して以降は殺意がないことを理由に，殺人罪の成否を検討せず，保護責任者遺棄致死罪の成否のみを検討する答案
イ　**作為義務に触れていない答案**
ウ　どの行為を実行行為としているのか判然としない答案

> ヤバすぎ…。

●平成22年司法試験出題趣旨

　不作為による殺人罪又は保護責任者遺棄致死罪の成否を検討する場合

には，作為義務ないし保証人的地位の発生根拠（基礎付け事情）に関する考え方を示すことが必要となるところ，作為義務の発生根拠については，**多元的に理解するのが一般であり，法令，契約及び条理のほか，先行行為，事実上の引受け，排他的支配領域性に求めるなどのさまざまな考え方があり，それらを踏まえて自らの見解を明らかにすることになる**。甲に対する作為義務の有無の検討においては，単に甲がＶと夫婦関係にあり，民法上の扶助義務を負うことだけで足りるとするのではなく，甲が午後２時に乙の巡回（容体確認）を妨害したことなど，**具体的事情を丁寧に拾いつつ，その事情が作為義務の発生根拠との関係でどのような意味を持つのか明らかにする必要がある**。また，ＶがＡ病院に入院中の患者であり，Ｖに対する看護義務は第一次的には乙ら病院側にあることを踏まえ，どのような事情があれば甲に作為義務が認められるかを論ずることが肝要である。甲に**作為義務が認められるとしても，その作為義務の内容，作為可能性・容易性についても検討する必要があるほか**，甲の不作為とＶの死亡という結果との間の因果関係について，**不作為犯の特殊性を踏まえつつ，事例に即して論ずることになる**。更に，甲に対して不作為による殺人罪の成立を肯定するためには，殺意（故意）の検討が必要となる。甲は，Ｖの危険な状態を認識しながらも，Ｖの介護から解放されたいと思う一方で，長年連れ添ったＶを失いたくないという複雑な気持ちを抱き，その間で感情が揺れ動いているので，結果の発生に対する認識・認容が必要とする認容説（判例）など自らの立場を明らかにしながら，具体的事例における当てはめを行うことになる。殺意を認定する場合には，その成立時期についても留意する必要がある。なぜなら，**殺人罪が成立するには，殺意が肯定されることに加え，作為義務の発生時期，救命可能性が認められる時期（午後２時20分まで）との関係も踏まえ，これらがすべて満たされる必要があるからである**。

●平成22年司法試験採点実感

（２）具体例
　考査委員による意見交換の結果を踏まえ，答案に見られた代表的な問題点を以下に列挙する。
ア　甲の罪責について
① 甲を不作為犯ととらえた場合の作為義務の内容について事例に即して具体的に考えていないため，作為犯と不作為犯の区別が曖昧になり，甲を安易に作為犯とする答案
② 不真正不作為犯の成立要件に関する規範の定立を十分に行わないまま，不作為による殺人罪等の成立を認める答案　　　　　〔理論も大事！〕
③ 甲に対する作為義務の検討において，甲がＶの妻であって民法上の**扶助義務があるということだけで作為義務の成立を認め，その他にも作為義務を基礎付け得る具体的事実があるのにこれらを十分に拾い上げていない答案**（中略）　　〔これはダメ！事実に点がある！〕

⑥ 本問では、Vの救命可能性が認められるのは午後2時20分までであるから、それまでの間の作為義務及び故意の存否が重要であるのに、このような時間的関係を意識することなく、既に救命可能性が失われた時点で作為義務や故意を認めて不作為による殺人罪等の成立を肯定する答案

んなバカな…。

1 分析

❶ 不真正不作為犯とは

　不真正不作為犯は、**条文上作為の形でのみ実行行為を規定しているようにみえる犯罪を不作為によって実現した場合**に論点として登場します。殺人罪、放火罪、詐欺罪あたりで問題となりますが、特に殺人罪の時に問われます。
　殺人罪を規定する刑法199条には、「人を殺した」としか書かれておらず、いかなる場合に不作為が殺人罪の実行行為と認められるのかは条文からはわかりません。
　そこで、不作為が犯罪の実行行為足り得るための要件を解釈によって確定するのが、この論点の出発点です。
　つまり、**「人を殺した」という刑法199条の文言に不作為が含まれていることを前提として**、解釈によって要件を導きます。

(!) 「人を殺した」には作為しか含まれないけれども、不作為の場合にも類推するものではない点には注意です。

❷ 要件論のポイント

　不真正不作為犯の場合に実行行為性を認めるための要件は、4つのブロックに分けて考えることをオススメします。こう考えれば、答案で論じるべき事項を落とさずに済むからです。

① 作為義務の認定
② 作為の可能性及び容易性の認定

③　作為義務違反の認定
④　構成要件的結果発生の現実的危険性が発生した時期の特定（「実行に着手」（刑法43条本文）した時期と読み替えてもかまいません）

　補足すると，まず，答案上は①②③を合わせて**作為との構成要件的同価値性が認められる**と表現します。①②のみで作為との構成要件的同価値性があると説明する教科書が多いですが，**義務に違反しなければ実行行為足り得ません**。試験対策上セットで作為との同価値性と捉えておきましょう（①②の認定だけして③を落としている答案が多いので気をつけましょう）。あるいは，最初から①を作為義務違反としておいて，③を別途設けない形で整理してもよいでしょう（とにかく作為義務を認定して終わりはダメ！）。
　④は忘れがちですが，本論点はあくまで実行行為性の論点です。**危険性が認められた時点**における**作為義務に反した場合**に当該不作為に実行行為性が認められます。問題文の具体的な事実関係をみながら，いつの時点で危険性が発生したのかを認定します。

❸　最大の点の取りどころである作為義務の認定のポイント

　①については，さまざまな説があります。
　現在の判例・通説は，**法令**，**契約**，**事務管理**，**条理**（ex.先行行為（不作為以前に法益を侵害する因果の流れを設定する行為を行うこと。危険創出行為ともいう）），**排他的支配**（法益が行為者に排他的に依存している関係），**保護の引き受け**（自己の意思により法益の保護を引き受けること）**といった諸般の事情を総合考慮して，作為義務を決する立場**にあるといわれています。上記考慮要素と関連する事実がある限り，**全ての事実を抽出して評価する必要があります。どれか一つだけを認定すればよいというわけではありません**。

> ⚠️　答案には，規範段階で排他的支配や保護の引き受け等の意義を書く必要も余裕もなく，考慮要素自体の列挙も不要というのが私の見解です。受験生は，排他的支配等の意義については「こういう意味なのか」程度に理解し，あてはめの段階で，問題文からそれに関する事実を抽出できるようにしておけば十分です。

加えて，不真正不作為犯は過失犯と同じように「〜すべきだったのにあなた何もしてないよね！　それは刑法的によくない！」といえるか否かをザックリと考えるという観点もオススメです。その「〜すべきだった」か否かを刑法的に確定するために，上記諸事情を考慮します。

それに加え，**法律を知らない一般人目線で「あなたねえ，〜って事情からすれば被害者を助けるべきでしょ！」といえるか否かを考えてみるのも「点取りゲーム」**という意味では重要といえるでしょう。

(!) 例えば，あなたの目の前に生後3カ月の赤ちゃんと泥酔した生後34年の元ぎゃるお先生が倒れていたとします。あなたはどちらを助けますか？　それは自力で生きていくことが困難な生後3カ月の赤ちゃんですよね。

赤ちゃん放置事例で，排他的支配といった代表的な考慮要素に関する事実は拾えているのに，「生後3カ月の赤ちゃん」という事実を拾えていない答案を散見します。このように，普通に考えれば着目する事実であっても，考慮要素に縛られることで抽出できない状態になりがちです。法律を知らない一般人目線で事案をいったん眺めてみることも重要です。

また，「〜すべきだった」か否かの判断（作為義務の判断）においては，**排他的支配と保護の引き受けの有無が重要な考慮要素**といわれています。作為義務の有無は，「**排他的支配 or 保護の引き受け＋α**」というようにインプットしておくことが試験対策上有効です。

(!) 諸説ある中での一つの考え方ですが，判例は複数の考慮要素を総合して妥当な結論を導いていますし，司法試験の出題趣旨や採点実感からも「複数の事実を拾って評価しなさい」というメッセージが読み取れます。

なお，排他的支配における排他性を徹底すると，例えば周囲に誰か一人でもいれば，排他的支配が認められないといった事態になりかねませんが，これは，妥当ではありません。それ故，**排他的支配の認定においては法益の保護が特定人に依存していれば足りる，換言すれば，他者による救助が期待し難い状況であれば足りる**とみておけばよいでしょう（排他性という言葉を厳格には捉えず，

他者による救済可能性を減少させたといえれば十分)。

　更に,危険性が発生した時期(「実行に着手」したか否か)の認定に関しては,平成26年司法試験では,問題文に被害者の容態の変化に関する事実が時系列で記載されていました(「○時○分の時点では〜という状態になっていた」と記載が複数ありました)。これは,「時点を特定してほしい」というメッセージです。

> (!) 問題文にそこまで丁寧に時間が書かれていなくても,状況の変化は必ず記載されます。したがって,以下のように時点の特定を忘れないようにしましょう。

> 〜という事情からすれば,〜なので,少なくとも〜の時点で○○罪の構成要件的結果発生の現実的危険性が発生した(or「実行に着手」した)といえる。

2　判　例

【シャクティパット事件(最決平17.7.4)】
1　原判決の認定によれば,本件の事実関係は,以下のとおりである。
　(1) 被告人は,手の平で患者の患部をたたいてエネルギーを患者に通すことにより自己治癒力を高めるという「シャクティパット」と称する独自の治療(以下「シャクティ治療」という。)を施す特別の能力を持つなどとして信奉者を集めていた。
　(2) Aは,被告人の信奉者であったが,**脳内出血で倒れて兵庫県内の病院に入院し,意識障害のため痰の除去や水分の点滴等を要する状態**にあり,生命に危険はないものの,数週間の治療を要し,回復後も後遺症が見込まれた。Aの息子Bは,やはり被告人の信奉者であったが,後遺症を残さずに回復できることを期待して,Aに対するシャクティ治療を被告人に依頼した。
　(3) 被告人は,脳内出血等の重篤な患者につきシャクティ治療を施したことはなかったが,Bの依頼を受け,滞在中の千葉県内のホテルで同治療を行うとして,Aを退院させることはしばらく無理であるとする主治医の警告や,その許可を得てからAを被告人の下に運ぼうとするBら家族の意図を知りながら,「点滴治療は危険である。今日,明日が山場である。明日中にAを連れてくるように。」などとBらに指示して,なお点滴等の医療措置が必要な状態にあるAを入院中の病院から運び出させ,その生命に具体的な危険を生じさせた。
　(4) 被告人は,前記ホテルまで運び込まれたAに対するシャクティ治療をBらからゆだねられ,Aの容態を見て,そのままでは死亡する危険があることを認識したが,

> 上記（3）の指示の誤りが露呈することを避ける必要などから，シャクティ治療をAに施すにとどまり，**未必的な殺意をもって**，痰の除去や水分の点滴等Aの生命維持のために必要な医療措置を受けさせないままAを約1日の間放置し，痰による気道閉塞に基づく窒息によりAを死亡させた。
>
> 2　以上の事実関係によれば，被告人は，自己の責めに帰すべき事由により患者の生命に具体的な危険を生じさせた上，患者が運び込まれたホテルにおいて，被告人を信奉する患者の親族から，重篤な患者に対する手当てを全面的にゆだねられた立場にあったものと認められる。その際，被告人は，患者の重篤な状態を認識し，これを自らが救命できるとする根拠はなかったのであるから，直ちに患者の生命を維持するために必要な医療措置を受けさせる義務を負っていたものというべきである。それにもかかわらず，未必的な殺意をもって，上記医療措置を受けさせないまま放置して患者を死亡させた被告人には，**不作為による殺人罪が成立し**，殺意のない患者の親族との間では保護責任者遺棄致死罪の限度で共同正犯となると解するのが相当である。

　被害者Aの息子Bも被告人の信奉者であることや，連れ出した場所がホテルだったことから，**排他的支配**が認められます。点滴等の医療措置が必要なAをホテルに連れ出すよう指示した行為が**先行行為**にあたり，かつ，Bから治療を依頼されてシャクティ治療を行っているので，**保護の引き受け**も認められます。

　以上の事情からすれば，作為義務が肯定され，その他の要件もみたすことから被告人に不作為による殺人罪が成立したと考えられます。

　なお，通説によれば，殺人罪と保護責任者遺棄致死罪の区別は**殺意の有無**で判断します。それ故，**未必の殺意が認定できた被告人は殺人罪となりますが，Aの親族には保護責任者遺棄致死罪が成立し，共犯関係は保護責任者遺棄致死罪の共同正犯になります**。

3　知識の整理（短答過去問を題材に）

> 次の【事例】及び【判旨】に関する後記1から5までの各【記述】のうち，正しいものはどれか。　（平成25年司法試験第11問／平成25年予備試験第5問）
>
> 【事　例】
> 　甲は，手の平で患部をたたいてエネルギーを患者に通すことにより自己治癒力を高めるとの独自の治療を施す特別の能力を有すると称していたが，その能

力を信奉していたＡから，脳内出血を発症した親族Ｂの治療を頼まれ，意識障害があり継続的な点滴等の入院治療が必要な状態にあったＢを入院中の病院から遠く離れた甲の寄宿先ホテルの部屋に連れてくるようＡに指示した上，実際に連れてこられたＢの様子を見て，そのままでは死亡する危険があることを認識しながら，上記独自の治療を施すにとどまり，点滴や痰の除去等Ｂの生命維持に必要な医療措置を受けさせないままＢを約１日間放置した結果，Ｂを痰による気道閉塞に基づく窒息により死亡させた。

【判　旨】
　甲は，自己の責めに帰すべき事由によりＢの生命に具体的な危険を生じさせた上，Ｂが運び込まれたホテルにおいて，甲を信奉するＡから，重篤な状態にあったＢに対する手当てを全面的に委ねられた立場にあったものと認められる。その際，甲は，Ｂの重篤な状態を認識し，これを自らが救命できるとする根拠はなかったのであるから，直ちにＢの生命を維持するために必要な医療措置を受けさせる義務を負っていたものというべきである。それにもかかわらず，未必的な殺意をもって，上記医療措置を受けさせないまま放置してＢを死亡させた甲には，不作為による殺人罪が成立する。

【記　述】
1　Ａが甲に対してその特別の能力に基づく治療を行うことを真摯に求めていたという事情があれば，甲にはその治療を行うことについてのみ作為義務が認められるから，この判旨の立場からも殺人罪の成立は否定される。
2　判旨の立場によれば，この事例で甲に患者に対する未必的な殺意が認められなければ，重過失致死罪が成立するにとどまる。
3　判旨は，不作為犯が成立するためには，作為義務違反に加え，既発の状態を積極的に利用する意図が必要であると考えている。
4　判旨は，Ａが甲の指示を受けてＢを病院から搬出した時点で，甲に殺人罪の実行の着手を認めたものと解される。
5　判旨は，先行行為についての甲の帰責性と甲による引受行為の存在を根拠に，甲のＢに対する殺人罪の作為義務を認めたものと解される。

解答・解説

解答：5

1 **誤り** 「判旨の立場からも」とある通り，この肢は，判例の立場からの回答を求めています。判例の立場では，諸般の事情（特に排他的支配や保護の引き受け）を考慮しながら作為義務を認定することになります。「Aが甲に対してその特別の能力に基づく治療を行うことを真摯に求めていたという事情があれば，甲にはその治療を行うことについてのみ作為義務が認められる」とありますが，考慮要素を1個しか検討していませんし，そもそも作為義務の内容がメチャクチャです。作為義務というのは法益（ここでは生命）を保護するための措置を行う義務です，手の平で患部をたたいてエネルギーを患者に通すことにより自己治癒力を高めるとの独自の治療を施したところで法益（ここでは生命）は守れません。

☞判例の立場での検討を求める事例問題については，自身が習得している判例の立場で論文的に考えていけば正答できます。論文思考で解きましょう！

2 **誤り** 殺意がなければ，刑法38条2項により重い犯罪としての殺人罪は成立しません。もっとも，不真正不作為犯としての殺人罪と保護責任者遺棄致死罪は殺意の有無で区別されるとするのが判例の立場です。軽い保護責任者遺棄致死罪の限度で重なり合いが認められる以上，重過失致死罪ではなく，保護責任者遺棄致死罪が成立します。

3 **誤り** 「作為義務違反に加え，既発の状態を積極的に利用する意図が必要である」とありますが，これは判例の立場ではありません。習っていないものはビシッと切りましょう！

4 **誤り** 不真正不作為犯の実行行為性の認定においては構成要件的結果発生の危険性が生じた時点を特定することが重要です。故意犯同様，着手が認められるのは故意が発生して以降になることは争いがありません。本肢では「Aが甲の指示を受けてBを病院から搬出した時点で，甲に殺人罪の実行の着手を認めた」とあり，判旨には「実際に連れてこられたBの様子を見て，そのままでは死亡する危険があることを認識しながら」とあります。甲が未必の殺意を抱いたのは連れてこられたBを見た時点ということがいえそうです。そうだとすれば，それよりも前の指示時点で不真正不作為犯の実行の着手を認めることはできないということになります。

5 **正解** 判旨には「甲は，自己の責めに帰すべき事由によりBの生命に具体的な危険を生じさせた」とあり，この部分が先行行為に該当します。他方，「Bが運び込まれたホテルにおいて，甲を信奉するAから，重篤な状態にあったBに対する手当てを全面的に委ねられた立場にあった」という部分が引き受けに該当します。したがって，本選択肢が正解です。なお，同判例の事案では排他的支配も認定できる事案ですが，本肢はあくまで「判旨は……解される」という一つの解釈を問うので誤ったことはいっていません。

2 早すぎた構成要件の実現

　早すぎた構成要件の実現という論点は，客観的構成要件（「実行に着手」したか否か）と主観的構成要件（故意）にまたがる論点です。理解も難しく，かつ，答案に文章で表現するのも難しいです。ただし，一度構造を理解さえすれば，処理手順自体は定型的です。どのような事案で早すぎた構成要件の実現が問題になるのかを把握し，処理手順を確立させましょう。むっちゃよく出ますからね！

▼石橋MEMO▼

●令和2年司法試験出題趣旨

　甲が，Aに引き渡すべきであった500万円を自己の借金返済のため費消したことをAに知られた後，Aを殺害してその返還を免れようと考えつつ本件計画を立て，第1行為によりAを死亡させた事実について，2項強盗殺人罪の成否が問題となり，その客観的構成要件要素及び主観的構成要件要素を検討する必要があるところ，Aの死亡結果及び財産上の利益の強取行為については，甲の犯行計画に反し，第1行為によって現実化しているため，いわゆる早すぎた構成要件実現の問題として，故意既遂犯の成否が問題となる。この点，殺人既遂罪の成否に関する判断については，最決平成16年3月22日刑集58巻3号187頁が参考になる。すなわち，当該判例の考え方に従えば，①第1行為が第2行為を確実かつ容易に行うために必要不可欠なものであったこと，②第1行為に成功した場合，それ以降の犯罪計画を遂行する上で障害となるような特段の事情が存しなかったと認められること，③第1行為と第2行為が時間的場所的に近接していることなどの事情が認められ，第1行為が第2行為に密接な行為であり，第1行為の開始時点で既に殺人に至る客観的な危険性が認められる場合には，行為者は一連の殺人行為に着手して，その目的を遂げたものであり，行為者の認識と異なり，第1行為によって被害者が死亡していても殺人既遂罪の成立が認められることになる。当該判例を前提とした場合，本件事案についても，第1行為の段階で，殺人罪の実行の着手が認められるか否かを検討する必要があるが，その際，時間的場所的関係や使用した薬物の性質などについて当該判例の事案と比較することが求められる。

本試験の問題はやはり，判例を下敷きにしている！

●令和2年司法試験採点実感

　(3)の行為については，早すぎた構成要件実現の処理が問われているところ，甲の計画に反し，第1行為によってAの死亡結果及び財産上の利益の移転が現実化しているため，2項強盗殺人罪の成立を認めるために

は，同罪の実行行為及び故意が認められるかを具体的に論ずることが必要になるが，そもそも問題の所在を適切に指摘できている答案は少数にとどまった。例えば，多くの答案が，出題の趣旨で記載した最決平成16年3月22日刑集58巻3号187頁が示した判断要素を前提として，第1行為の段階で実行の着手が認められることから故意既遂犯の成立を導いていたが，実行の着手が認められることが，なぜ故意既遂犯の成立を認める論拠となるのかについて，十分な説明を欠いている答案が多数であった。

> 理解が大事！

●平成25年司法試験出題趣旨

本問において，Aは，前記のとおり，乙が企図したよりも早い段階であるB車走行中に窒息死しているが，このような場合にも，乙に殺人罪が成立するのかについての検討が必要となる。この点については，殺人罪の構成要件要素の意義を正確に示した上で，問題文中の各種事情を的確に当てはめることが必要となるが，**本問で特に問題となるのは，構成要件の実現が早すぎた場合の実行の着手時期等をどのように考えるのかという点である。**この点については，最判平成16年3月22日刑集58巻3号187頁が参考になる。すなわち，乙がAの口をガムテープで塞いでトランクを閉じてB車を走行させた行為を第1行為とし，前記採石場の駐車場でB車に火を放つ行為を第2行為とし，この判例のような考え方に従うのであれば，同判例が挙げる実行着手を判断するための考慮要素，すなわち，①第1行為が第2行為を確実かつ容易に行うために必要不可欠なものであったこと，②第1行為に成功した場合，それ以降の犯罪計画を遂行する上で障害となるような特段の事情が存しなかったと認められること，③第1行為と第2行為との間が時間的場所的に近接していることの各要素を示すなどした上，各種事情を的確に当てはめ，第1行為時に殺人罪の実行着手が認められるかを検討することが必要である。第1行為時に殺人罪の実行着手を認めた場合，更に因果関係や故意の存在についての言及も求められる。また，この判例の考え方に従わない場合も，同判例を意識しつつ，殺人罪の実行着手時期等についての自己の見解を説得的に論証した上で，的確な当てはめを行うことが求められる。

> 従った方がラクだとは思いますが…。

●平成25年司法試験採点実感

特に，乙の殺人罪の成否の検討における構成要件の実現が早すぎた場合の擬律については，最決平成16年3月22日刑集58巻3号187頁が参考になるところであるが，**相当数の答案が同判例が挙げる実行着手を判断するための複数の考慮要素を引用しており**……重要判例についてはそれ相応に学習していることがうかがわれた。……答案に見られた代表的な問題点を列挙すると以下のとおりとなる。……殺人罪の成否につき，実行の着手等の客観的構成要件要素を論じることなく故意の有無しか論じていない答案，因果関係の有無と因果関係の錯誤とを混同している答案など，刑法総論の理論体系の理解が不十分と思われる答案……。

> 理解が大事！

1 分 析

❶ 早すぎた構成要件の実現が問題となる場面

早すぎた構成要件の実現が問題となるのは，**第１行為ではなく第２行為で構成要件的結果を発生させる計画だったにもかかわらず第１行為から結果が発生してしまった場面**です。殴って気絶させて（第１行為）から山に運んで刺し殺す（第２行為）計画だったのに，第１行為で被害者が死んでいたようなケースです。

類似の概念として，遅すぎた構成要件の実現があります。

これは，**第１行為で構成要件的結果を発生させたと勘違いしたまま第２行為を行ったところ，第２行為から構成要件的結果が発生してしまった場面**を指します。殴ったら（第１行為）死んだようにみえたので海に運んで捨てた（第２行為）が，実は被害者は第１行為では死んでおらず，第２行為で死亡したようなケースです。

遅すぎた構成要件の実現は，因果関係（21頁）で判例として紹介する砂末吸引事件（大判大12.4.30）を典型例とします。

> ⚠ 試験本番で「早すぎた構成要件の実現」が問題になるのに，「『遅すぎた構成要件の実現』だと思って処理してしまった」とか，「途中で気付いたが『時すでに遅し』だった」という声を多く聞きます。混同しないように気を付けましょう。

> ⚠ 第１行為が予備行為に留まる場合は，既遂犯が「実行に着手」しているとはいえないので気を付けましょう。

❷ 問題の所在

早すぎた構成要件の実現の問題の所在は，**第１行為の時点で故意が認められないので殺人既遂罪を成立させられないのではないかという点**です。最決平16.3.22（17頁）に照らすと，**被告人らには第１行為の時点で殺害する故意がなかったため，第１行為から死の結果が発生していた場合，行為責任同時存在の原則**（実行行為の時点で故意が認められなければならないという原則）**からする**

と殺人既遂罪を問えません（第2行為の時点では客体は死体になっているので，この場合，第2行為の時点で故意が存在していたとしても殺人罪を成立させることはできないでしょう）。もっとも，その結論は妥当でなく，法律構成が問題となります。

❸ 処理手順

最決平16.3.22を前提とした早すぎた構成要件の実現の論点の処理手順を示すと，①→②→③の順になります

> ① まず，第1行為の時点で第2行為の「**実行に着手**」（刑法43条本文）したといえるか否かを判断します。「実行に着手」したか否かについては**密接性及び危険性**という2要件から判断し，密接性及び危険性の判断は**行為者の計画を加味します**。これが肯定されれば，第1行為と第2行為を合わせて全体として1個の実行行為とみることができます。
>
> 　密接性の判断の際は，**第1行為が第2行為を容易かつ確実に行う上で必要不可欠か否か，第1行為に成功した場合に犯行計画を遂行する上で支障となるような特段の事情が存在するか否か，第1行為と第2行為の時間的場所的近接性**はどうかといった，最決平16.3.22が言及する3つの考慮要素を念頭に置き判断していきましょう（なお，**あくまでこれらの3つの考慮要素は最決平16.3.22の事案における考慮要素**です。これら以外の考慮要素が登場することは十分考えられます。例えば名古屋地判昭44.6.25は，**第1行為自体が成功する可能性の高低**にも着目します。第1行為自体が成功する可能性が低い程，第2行為に至る危険性が低下するという関係のため，かかる事情も考慮要素となります。**いずれにしても，あくまで考慮要素なので，当該事案で密接性及び危険性に関する事実が問題文に転がっている場合は，裁判所が示した考慮要素にとらわれることなくすべて抽出評価すべきです**）。
>
> 　ただし，司法試験及び予備試験は，判例（特に百選掲載判例）を下敷きとし，判例を使えるか否かを問う試験です。これまでの過去問の流れからすれば，まず上記3つの考慮要素に従ったあてはめができるようになっておきましょう。

なお，ここで出てきた「要件としての危険性」は，第1行為自体から構成要件的結果が発生する危険性ではなく，**犯行計画上の第2行為に至る危険性を意味します**。最決平16.3.22のロジックでは，密接性と危険性の判断（及びそれに伴う3つの考慮要素の判断）は**犯行計画を基準**にします。したがって，最決平16.3.22の事案で，それ自体で死の結果を発生させ得るクロロホルムの吸引ではなく，死の結果発生の危険性がない殴打行為で気絶させた場合であっても，このロジックによれば第1行為時点で「実行に着手」したと評価されることになります。**試験現場において犯行計画の把握はマスト**です。

② 　第1行為の時点で「実行に着手」したと認定できた後は，**結果と因果関係の認定**を行いましょう（未遂事例では②を飛ばして③へ）。

③ 　故意については**因果関係の錯誤として処理**をすることで肯定します（因果関係の錯誤で故意が阻却されることはないと考えられているので，この部分で因果関係の錯誤を大展開するのは筋が悪いです。ここはコンパクトに論じれば足ります。判例は第1行為と第2行為を合わせて全体を1個の殺人罪の実行行為とみているので，このような処理ができます）。

⚠ この最決平16.3.22が述べた「実行の着手」したか否かの判断枠組みの射程は，第1行為自体に構成要件的結果発生の危険性が認められない場合や第2行為が行われなかった場合（名古屋高判平19.2.16）にも及ぶ点は意識しておきましょう。

2 判 例

【クロロホルム事件（最決平16.3.22）】
1　1,2審判決の認定及び記録によると，本件の事実関係は，次のとおりである。
（1）被告人Aは，夫のVを事故死に見せ掛けて殺害し生命保険金を詐取しようと考え，被告人Bに殺害の実行を依頼し，被告人Bは，報酬欲しさからこれを引受けた。そして，被告人Bは，他の者に殺害を実行させようと考え，C，D及びE（以下「実行犯3名」という。）を仲間に加えた。被告人Aは，殺人の実行の方法については被告人Bらにゆだねていた。
（2）被告人Bは，実行犯3名の乗った自動車（以下「犯人使用車」という。）をVの運転する自動車（以下「V使用車」という。）に衝突させ，示談交渉を装ってVを犯人使用車に誘い込み，**クロロホルムを使ってVを失神させた上，最上川付近まで運びV使用車ごと崖から川に転落させてでき死させるという計画**を立て，平成7年8月18日，実行犯3名にこれを実行するよう指示した。実行犯3名は，**助手席側ドアを内側から開けることのできないように改造した犯人使用車**にクロロホルム等を積んで出発したが，**Vをでき死させる場所を自動車で1時間以上かかる当初の予定地から近くの石巻工業港に変更**した。
（3）同日夜，被告人Bは，被告人Aから，Vが自宅を出たとの連絡を受け，これを実行犯3名に電話で伝えた。実行犯3名は，宮城県石巻市内の路上において，計画どおり，犯人使用車をV使用車に追突させた上，示談交渉を装ってVを犯人使用車の助手席に誘い入れた。同日**午後9時30分ころ，Dが，多量のクロロホルムを染み込ませてあるタオルをVの背後からその鼻口部に押し当て，Cもその腕を押さえるなどして，クロロホルムの吸引を続けさせてVを昏倒させた（以下，この行為を「第1行為」という。）**。その後，実行犯3名は，Vを**約2Km離れた石巻工業港まで運**んだが，被告人Bを呼び寄せた上でVを海中に転落させることとし，被告人Bに電話をかけてその旨伝えた。**同日午後11時30分ころ，被告人Bが到着したので，被告人B及び実行犯3名は，ぐったりとして動かないVをV使用車の運転席に運び入れた上，同車を岸壁から海中に転落させて沈めた（以下，この行為を「第2行為」という。）**。
（4）Vの死因は，でき水に基づく窒息であるか，そうでなければ，クロロホルム摂取に基づく呼吸停止，心停止，窒息，ショック又は肺機能不全であるが，いずれであるかは特定できない。Vは，第2行為の前の時点で，第1行為により死亡していた可能性がある。
（5）被告人B及び実行犯3名は，第1行為自体によってVが死亡する可能性があるとの認識を有していなかった。しかし，客観的にみれば，第1行為は，人を死に至らしめる危険性の相当高い行為であった。

> 2　上記1の認定事実によれば，実行犯3名の殺害計画は，クロロホルムを吸引させてVを失神させた上，その失神状態を利用して，Vを港まで運び自動車ごと海中に転落させてでき死させるというものであって，第1行為は第2行為を確実かつ容易に行うために必要不可欠なものであったといえること，第1行為に成功した場合，それ以降の殺害計画を遂行する上で障害となるような特段の事情が存しなかったと認められることや，第1行為と第2行為との間の時間的場所的近接性などに照らすと，第1行為は第2行為に密接な行為であり，実行犯3名が第1行為を開始した時点で既に殺人に至る客観的な危険性が明らかに認められるから，その時点において殺人罪の実行の着手があったものと解するのが相当である。また，実行犯3名は，クロロホルムを吸引させてVを失神させた上自動車ごと海中に転落させるという一連の殺人行為に着手して，その目的を遂げたのであるから，たとえ，実行犯3名の認識と異なり，第2行為の前の時点でVが第1行為により死亡していたとしても，殺人の故意に欠けるところはなく，実行犯3名については殺人既遂の共同正犯が成立するものと認められる。そして，実行犯3名は被告人両名との共謀に基づいて上記殺人行為に及んだものであるから，被告人両名もまた殺人既遂の共同正犯の罪責を負うものといわねばならない。したがって，被告人両名について殺人罪の成立を認めた原判断は，正当である。

　クロロホルムをかがせて失神させた（第1行為）あとに被害者を乗せた車を崖から海に転落させて殺害する（第2行為）計画の下では，第1行為と第2行為の密接性及び第2行為に至る危険性が第1行為時点で認められます。そのため，第1行為の時点で「実行に着手」したといえ，かつ，因果関係の錯誤があっても本件では故意は阻却されないことから，殺人罪の成立を認めた判例と評価できるでしょう。

　判決文内で言及されている「必要不可欠」「障害となるような特段の事情」「時間的場所的近接性」はあくまで密接性と危険性という「実行に着手」したか否かを判断する要件の考慮要素であること，同要件の検討にあたっては行為者の計画を加味していることは確実に押さえておきましょう。

3 知識の整理（短答過去問を題材に）

次の【事例】及び【判旨】に関する後記1から5までの各【記述】のうち，正しいものを2個選びなさい。　　　　　　　　（平成24年司法試験第3問（改題））

【事　例】
　甲は，自動車内でVにクロロホルムを吸引させて失神させた上，約2キロメートル離れた港までVを運び，自動車ごと海中に転落させて溺死させようという計画の下，Vにクロロホルムを吸引させた。甲は，Vが動かなくなったので，計画どおりVが失神したものと考え，港に運んで自動車ごと海中に転落させた。Vの遺体の司法解剖の結果，甲の計画とは異なり，Vは溺死ではなく，海中への転落前にクロロホルムの吸引により死亡していたことが判明した。

【判　旨】
　甲の殺害計画は，クロロホルムを吸引させてVを失神させた上（以下「第1行為」という。），その失神状態を利用してVを港まで運び，自動車ごと海中に転落させ（以下「第2行為」という。），溺死させるというものであって，第1行為は第2行為を確実かつ容易に行うために必要不可欠なものであったといえること，第1行為に成功した場合，それ以降の殺害計画を遂行する上で障害となるような特段の事情が存しなかったと認められることや，第1行為と第2行為との間の時間的場所的近接性などに照らすと，第1行為は第2行為に密接な行為であり，甲が第1行為を開始した時点で既に殺人に至る客観的な危険性が明らかに認められるから，その時点において殺人罪の実行の着手があったものと解するのが相当である。

【記　述】
1　ダンプカーに女性を引きずり込んで数キロメートル離れた人気のない場所まで連れて行き姦淫しようという計画の下，抵抗する女性をダンプカーに引きずり込んだ上，計画どおり性交したが，引きずり込もうとした段階で加えた暴行により同女が負傷したという事例において不同意性交等致傷罪の成立を認める見解は，実行の着手時期に関してこの判旨の考え方と矛盾する。
2　この判旨は，甲がVにクロロホルムを吸引させた場所と殺害計画を実行しようとしていた港との距離が約2キロメートルの距離にあったということを，実行の着手時期を決する上で考慮している。

3 この判旨が第1行為を開始した時点で殺人罪の実行の着手を認めたのは，第1行為自体によってＶの死の結果が生じることを甲が認識・認容していたことを前提としている。
4 この判旨の立場に立てば，甲が第1行為によってＶが死亡していることに気付き，自動車ごとＶを海中に転落させる行為に及ばなかった場合でも，甲に殺人既遂罪が成立する。
5 この判旨の立場に立てば，第1行為を行ってもそれ以降の殺害計画を遂行する上で障害となるような特段の事情が存在していたような場合には，甲に殺人未遂罪と重過失致死罪が成立することになる。

解答・解説

解答：2と4

1 **誤り** 本肢の「見解は，実行の着手時期に関してこの判旨の考え方と矛盾する」か否かを問う問題です。ダンプカーの事案における着手時期を，最決平16.3.22に従って判断すれば足ります。そこで習得した考え方，すなわち「実行に着手」したか否かは密接性と危険性という要件を行為者の計画を加味して判断し，その際の考慮要素として必要不可欠性，支障の有無，時間的場所的近接性をあげていたことを思い出し，あてはめます。そのように考えた場合，最決平16.3.22の立場と矛盾しません（最決平16.3.22の規範を用いてこの選択肢を処理できる＝矛盾しないということです）。逆に，最決平16.3.22の考え方をベースに検討した結果，引きずり込もうとした段階で着手が認められないのであれば矛盾するということになります）。

2 **正解** 判旨が場所的近接性を考慮しているという選択肢ですから，まさにその通りです。

3 **誤り** 規範を丸暗記していただけの人は迷ったかもしれません。そもそも早すぎた構成要件の実現という論点は，第1行為の時点では故意が認められないため第1行為と第2行為を別個にとらえてしまうと既遂犯を成立させられないがそれは不合理なのではないか？という疑問点が問題の所在だったはずです。第1行為に対応する殺意があることを前提とする本肢は誤りです。

4 **正解** 第2行為が行われなかった場合（名古屋高判平19.2.16）にも最決平16.3.22の射程は及びます。犯行計画上の行為をベースに着手時期を判断する最決平16.3.22の考え方からすれば，現実の第2行為の有無は関係ありません。

5 **誤り** この場合は，第1行為の時点で「実行に着手」していないことになりますから，そもそも殺人未遂罪すら成立しません。着手が認められないということの効果を考えれば一発判定できるでしょう。

③ 因果関係

刑法総論の中でも超有名論点です。短答用の知識まで含めると，細かい話までありますが，論文用のインプットという意味では，危険の現実化説の判断方法を押さえることが重要です。ただし，「覚えた言葉をただ並べているだけの答案」が多いのも事実です。まずはザックリと判例通説の考え方を理解し，判例の事案を処理できるようにした上で，用語の意味を丁寧に理解しましょう。それが済んだら，ひたすら問題演習＆起案するのみです。

●令和2年司法試験採点実感
（ただし，下記指摘は相当因果関係説に関するものである点に注意）
　他方，理論構成に関する基本的理解が不足しているとの印象を受ける答案も目立った。例えば，因果関係を否定する場合には，**被害者の特殊事情を判断資料に含めるべきかという視点が不可欠**であるところ，このような視点を欠いたまま，諸般の事情の総合的判断によって**因果関係**を否定するなど，論理過程に疑義のある答案が散見された。

▼石橋MEMO▼

総合的判断って…マジか…。YAVAIだろ！

●平成26年司法試験採点実感
（2）甲の罪責について（中略）
エ　実行の着手を認定する前に，**因果関係の有無**や中止未遂罪の成否を検討している答案
オ　因果関係の有無を検討する前に，中止未遂罪の成否を検討している答案
カ　因果関係の有無を判断するに当たっては**危険の現実化という要素**を考慮するという見解を示しているものの，当てはめにおいて，**危険と結果のいずれについても具体的に捉えていない**答案

犯罪の体系を守れ!!1番大事!!

あるあるだね…。

1 分析

❶ 因果関係とは

従来，因果関係の判断は，事実的因果関係（条件関係）と法的因果関係を要求し，後者については相当因果関係説が通説でした。
現在は，**危険の現実化説が判例・通説**といわれます。

第1章　刑法総論　21

受験生としては、**危険の現実化説で起案できるようになること**を第一次的な目標としましょう（第一次的と表現したのは、司法試験や予備試験においては、平成30年以降、判例以外の立場も知っておかなければ答えられないような問題が出題されることもあるため、相当因果関係説についても押さえておくべきだからです）。

　まず、危険の現実化説についてのポイントを抽出します。

　これらを押さえ、判例の事案類型を整理し、短答や論文の過去問を用いて起案を繰り返して処理手順を確立してください。

❷　問題の所在

　因果関係が問題となるのは、**行為時の特殊事情**（ex.被害者の心臓疾患）あるいは**行為後の特殊事情**が存在する場合です。後者は**行為者**の行為（ex.犯行を防ぐ目的で死んだと思った被害者を砂場に放置した）、**被害者**の行為（ex.暴行から逃れるために高速道路に自ら進入した）、**第三者**の行為（ex.後続車が衝突した）が介在する3つの場面に分けられます。

　これらは因果関係を論じる問題の所在となる事実（因果関係について答案上で大展開するか否かを判断するメルクマールとなる事実。これらの介在事情がなく、因果関係が認められることに問題がない場合はさらっと認定して主観面の検討に移れば足ります）なので、問題提起で以下のように触れるとよいでしょう。

> では、実行行為と結果の間に因果関係が認められるか。後続車が衝突したことで死因が形成されていることから問題となる。

❸　因果関係において考慮する結果と実行行為概念における結果の違い

　因果関係の判断における結果は、実行行為概念における抽象的な構成要件的結果ではなく、**具体的に生じた結果**です。

　殺人罪を例に挙げると、およそ「死」の結果ではなく、「〇年〇月〇日〇時〇分に生じた〇〇を原因とする死」の結果を意味します。

⚠ 死因を無視して行為の危険性を認定する答案が散見されます。

❹ 危険の現実化説と条件関係の関係

　因果関係における危険の現実化説と条件関係の関係について，条件関係の判断を経た後に危険の現実化を判断する考え方と，危険の現実化の判断内に条件関係の判断も内包されているとして，条件関係を独立させて判断する必要はないという考え方があります。

　いずれの立場で書くべきか。司法試験では，**条件関係に問題がない事案では後者の立場で危険の現実化のみを論じれば足りる**というのが私の見解です。

⚠ 理由はシンプルで，論じる実益がないのであれば論じなくても（内包させるという立場もある以上）事案は解決できます。司法試験予備試験の刑事系の時間制限は分量との関係で非常にタイトなので，書かなくても問題ない部分は書かないに越したことはありません。

❺ 危険の現実化説と判断基底

　危険の現実化説は，相当因果関係説のように判断基底（行為の危険が結果に現実化したか否かを判断する際に用いる事実）に限定をかけません。

⚠ 問題文に転がっている全事情を考慮して緻密に分析をしましょう。

❻ 寄与度，誘発，異常という用語の意味合い

　寄与度，誘発，異常という用語の意味を理解せずに用いている答案を散見します。あてはめを読めばその受験生が規範を理解しているかがバレてしまいますから，用語の意義を正確に押さえましょう。

　まず，寄与度は，**介在事情が結果を引き起こしたか否か**を示します。結果を発生させた原因が，介在事情にある場合に寄与度があると表現します。

他方，誘発は，**実行行為と介在事情の関係性**を指し，かつ，**介在行為者を基準に判断**します。ぶん殴ったから被害者が逃げたというような関係です。
　それに対して，異常は，**介在事情自体が異常か否か**を示し，その判断は**一般人を基準に判断**します。上記事例で，被害者が逃げ込んだ場所が当該状況下において一般的に異常なのか否かといった具合です。実行行為が介在事情を誘発したという関係性が認められても，介在事情に異常性が認められるので因果関係が否定される類型が存在するといわれています。

　(!) ここまで書くと，「誘発とか異常って言葉を必ず使わないといけないの？」と思うかもしれません。結局のところ，因果関係の判断は，実行行為と結果が刑法的にみて処罰するに値するだけのつながりを有しているか否かを判断することです。そのつながりを判断する指標が，誘発や異常性ということになりますが，必ずしも使わなくても大丈夫です（判例も全事案で使っていません）。但し，指標を持たずに因果関係の有無を論述するのは難しいのも事実ですから，指標の意味を理解した上で使用するのがベターでしょう。

❼　行為時の特殊事情，行為後の特殊事情（直接実現型と間接実現型）

　判例は，行為時に特殊事情が存在する事案類型において因果関係を肯定しています。例えば，頭部を殴打したところ，行為者にも一般人にも認識できない脳の病気が存在していて，殴打の結果，病状が悪化して死亡したような場合です。そのような病気を有している人の頭部を殴打する行為自体に，**病状を悪化させて死に至らしめる危険性が内包されていたとみることができ，かかる行為の危険が結果に現実化した**と考えます。このように，行為時に特殊事情が存在する事案類型の処理は容易です（そのため，受験生としては**行為後の特殊事情が存在する事案類型の処理手順を確立しておくことが重要**といえるでしょう）。
　行為後の特殊事情類型については，**直接実現型**と**間接実現型**に分けて分析すればよいでしょう（論者によって分け方に違いはあり）。なお，この分類はあくまで思考の整理のためのツールで，絶対的なものではありません。

> ⚠ 例えば，最決平4.12.17（31頁，スキューバダイビングの事案）のように間接実現型に区分されてはいるものの，見方によっては直接実現型ともみえる事案もあります。

まず，直接実現型は，行為自体に直接死因を形成する危険性が内包されていたとみることができるので，介在事情の結果に対する寄与度が小さい場合に，行為の危険性が直接結果に現実化したと評価することができる事案類型です。ポイントは，①行為に死因を形成する危険性が内包されていることを認定すること，及び，②介在事情の結果に対する寄与度の大小を認定することです。大阪南港事件（最決平2.11.20）（27頁）が典型例です。

他方，間接実現型は，行為自体に死因を直接形成する危険性はなく，かつ，介在事情の結果に対する寄与度が大きいものの，実行行為が介在事情を誘発あるいは介在事情から生じる危険性を拡大させるような関係にあり，介在事情の異常性も低いが故に，介在事情を介して結果を生じさせる危険性が行為に内包されているといえ，かかる危険が結果に現実化したと評価することができる事案類型です。

ポイントは，①行為に結果を直接生じさせる危険性はない旨の認定，②介在事情の結果に対する寄与度が高いことの認定，③行為が介在事情を誘発あるいは介在事情から生じる危険性を拡大し得る性質を有することの認定，④介在事情の異常性の認定の4点です（あくまで便宜上の区分です。機械的に検討すればよいわけではありません）。

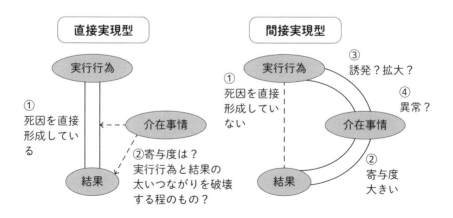

(!)「抽象的な話ばっかりでわかったようなわからないような気分だよ！」となるかもしれません。そこで，それぞれの類型ごとに判例を整理しました。判例を問題文に見立てて皆さんも事案の処理を練習すると試験対策に役立ちます。

2 判 例

❶ 行為時の特殊事情

【老女布団蒸し事件（最判昭46.6.17）】
　しかし，原判決の認定した事実によれば，**被害者前田ゑいの死因は，被告人の同判決判示の暴行によつて誘発された急性心臓死であるというのであり**，右の認定は，同判決挙示の関係証拠および原審鑑定人上野正吉作成の鑑定書，原審証人上野正吉の供述等に徴し，正当と認められるところ，致死の原因たる暴行は，必ずしもそれが死亡の唯一の原因または直接の原因であることを要するものではなく，**たまたま被害者の身体に高度の病変があつたため，これとあいまつて死亡の結果を生じた場合であつても，右暴行による致死の罪の成立を妨げないと解すべき**ことは所論引用の当裁判所判例（昭和二二年（れ）第二二号同年一一月一四日第三小法廷判決，刑集一巻六頁。昭和二四年（れ）第二八三一号同二五年三月三一日第二小法廷判決，刑集四巻三号四六九頁。昭和三一年（あ）第二七七八号同三二年三月一四日第一小法廷決定，刑集一一巻三号一〇五頁。昭和三五年（あ）第二〇四二号同三六年一一月二一日第三小法廷決定，刑集一五巻一〇号一七三一頁。）の示すところであるから，たとい，原判示のように，被告人の本件暴行が，被害者の重篤な心臓疾患という特殊の事情さえなかつたならば致死の結果を生じなかつたであろうと認められ，しかも，被告人が行為当時その特殊事情のあることを知らず，また，致死の結果を予見することもできなかつたものとしても，その**暴行がその特殊事情とあいまつて致死の結果を生ぜしめたものと認められる以上，その暴行と致死の結果との間に因果関係を認める余地がある**といわなければならない。したがつて，被害者前田ゑいの死因が被告人の暴行によつて誘発された急性心臓死であることを是認しながら，両者の間に因果関係がないとして，強盗致死罪の成立を否定した原判決は，因果関係の解釈を誤り，所論引用の前示判例と相反する判断をしたものといわなければならず，論旨は理由がある。

　心臓疾患のある老女を布団蒸しにすれば，心臓麻痺を惹起する可能性があることは明らかですから，実行行為に心臓麻痺を惹起する危険性が内包されていたといえます。したがって，かかる危険が結果に現実化したと評価できます。

❷ 行為後の特殊事情

(1) 直接実現型の判例

> 【大阪南港事件（最決平2.11.20）】
> 　なお，原判決及びその是認する第一審判決の認定によると，本件の事実関係は，以下のとおりである。すなわち，被告人は，昭和五六年一月一五日午後八時ころから午後九時ころまでの間，自己の営む三重県阿山郡伊賀町大字柘植町所在の飯場において，洗面器の底や皮バンドで**本件被害者の頭部等を多数回殴打するなどの暴行を加えた結果**，恐怖心による心理的圧迫等によって，被害者の血圧を上昇させ，**内因性高血圧性橋脳出血を発生させて意識消失状態に陥らせた**後，同人を大阪市住之江区南港所在の建材会社の資材置場まで自動車で運搬し，右同日午後一〇時四〇分ころ，同所に放置して立ち去ったところ，被害者は，翌一六日未明，**内因性高血圧性橋脳出血により死亡**するに至った。ところで，右の資材置場においてうつ伏せの状態で倒れていた**被害者は，その生存中，何者かによって角材でその頭頂部を数回殴打されている**が，その暴行は，既に発生していた内因性高血圧性橋脳出血を拡大させ，幾分か死期を早める影響を与えるものであった，というのである。このように，**犯人の暴行により被害者の死因となった傷害が形成された場合には，仮にその後第三者により加えられた暴行によって死期が早められたとしても，犯人の暴行と被害者の死亡との間の因果関係を肯定することができ**，本件において傷害致死罪の成立を認めた原判断は，正当である。

　被害者の頭部等を多数回殴打するなどの暴行それ自体に，**内因性高血圧性橋脳出血という具体的な死因を形成する危険性が内包**されています。他方，何者かによって角材でその頭頂部を数回殴打されたという**介在事情はいくぶんか死期を早めるものに過ぎず，結果に対する寄与度は大きくありません**。このことから，行為の危険が結果に現実化したものとして因果関係が肯定されたと理解できます。

> 【患者抜管事件（最決平16.2.17）】
> 　1　原判決の認定及び記録によると，本件傷害致死事件の事実関係等は，次のとおりである。
> 　（1）被告人は，外数名と共謀の上，深夜，飲食店街の路上で，被害者に対し，その頭部をビール瓶で殴打したり，足蹴にしたりするなどの暴行を加えた上，**共犯者の1名が底の割れたビール瓶で被害者の後頸部等を突き刺す**などし，同人に左後頸部刺創による左後頸部血管損傷等の傷害を負わせた。被害者の負った左後頸部刺創は，

頸椎左後方に達し，深頸静脈，外椎骨静脈沿叢などを損傷し，多量の出血を来すものであった。
- （2）被害者は，受傷後直ちに知人の運転する車で病院に赴いて受診し，**翌日未明までに止血のための緊急手術を受け，術後，いったんは容体が安定し，担当医は，加療期間について，良好に経過すれば，約3週間との見通しを持った。**
- （3）しかし，その日のうちに，被害者の容体が急変し，他の病院に転院したが，事件の5日後に**上記左後頸部刺創に基づく頭部循環障害による脳機能障害により死亡**した。
- （4）被告人は，原審公判廷において，上記容体急変の直前，被害者が無断退院しようとして，体から治療用の管を抜くなどして暴れ，それが原因で容体が悪化したと聞いている旨述べているところ，**被害者が医師の指示に従わず安静に努めなかったことが治療の効果を減殺した可能性があることは，記録上否定することができない。**
2　以上のような事実関係等によれば，**被告人らの行為により被害者の受けた前記の傷害は，それ自体死亡の結果をもたらし得る身体の損傷であって**，仮に被害者の死亡の結果発生までの間に，上記のように**被害者が医師の指示に従わず安静に努めなかったために治療の効果が上がらなかったという事情が介在していたとしても，被告人らの暴行による傷害と被害者の死亡との間には因果関係がある**というべきであり，本件において傷害致死罪の成立を認めた原判断は，正当である。

　割れたビール瓶で被害者の後頸部等を突き刺すなどし，同人に左後頸部刺創による左後頸部血管損傷等の傷害を負わせた**行為それ自体に，頭部循環障害による脳機能障害という具体的な死因を形成する危険性が内包**されています。
　他方，**被害者が医師の指示に従わず安静に努めなかったという介在事情は，実行行為によって生じた危険性の減少に協力しなかったという不作為に過ぎません。その危険性を増幅させる性質を有しているわけではなかったことからすれば，結果に対する寄与度は大きくありません。**このことから，行為の危険が直接結果に現実化したものとして因果関係が肯定されたと理解できます。

(2)　間接実現型の判例

　　a．行為者の行為の介在

【砂末吸引事件（大判大12.4.30）】
　被告ハ二十余ス年前先夫ノ子ヲ懐陣中青森県上北郡六ヶ所村大字小渕字猿子沢浦田坊

ニ寄飯浦田坊ハハジメ来家淡ナリシニ被告ハ同家ノ中樞ト爲リテ農業ニ勤メ能ク一家ノ生活ヲ支ヘ浦田某ト其先妻トノ間ニ生レタル長男市之助（大正十一年中ニ於テ三十八歳）及被告ノ生ミタル唖者丑松（先夫ノ子）千之助，幸七，「サト」ト同居シ來リタル處被告ハ早クヨリ市之助ト情ヲ通シ居タルモ市之助ハ十年程前ヨリ殆ント引續キ病ニ侵サレ殊ニ近時ハ言語歩行ノ自由ヲ缺キ多ク家計ニ資スルニ足ラサリシカハ被告方ノ生活ハ漸ク不如意ニ陥リ自ラ被告ハ市之助ヲ忌ムニ至リタルニ却テ市之助ハ被告ニ情交ヲ求ムルコト執拗ニシテ被告ハ從來ノ行掛リ上其處置ニ窮シ居リタル折柄市之助ハ大正十一年七月二十二日夜浦田某不在ノトキ又復被告ニ情交ヲ迫リ拒絶セラレテ寝ニ就キタリシカ被告ハ熟熟市之助ノ存在ハ家計ノ累タ爲スノミナルコトヲ想ヒ殊ニ若シ右私通ノ事暴露スレハ甚シク不面目ノ結果ニ至ルヘシト憂ヒ遂ニ寧ロ市之助ヲ殺害スルニ如カスト決意シ同夜午前二時（二十三日）頃居宅座敷ノ神棚ノ上ニアリタル細麻繩約八，九尺（證第一號）ヲ切リ取リ之ヲ以テ同座敷ニ熟睡中ナル市之助ノ頸部ヲ絞扼シタルニ市之助ハ身動セサルニ至リシヨリ被告ハ市之助カ既ニ死亡シタルモノト思惟シ右犯行ノ發覺ヲ防ク目的ヲ以テ頸部ノ麻繩ヲモ解カスシテ市之助ヲ背負ヒ十數町ヲ距テタル前示居村新川川尻ノ海岸砂上ニ運ヒ同處ニ放置シ歸宅シタル爲市之助ハ砂末ヲ吸引シ遂ニ同人ヲシテ頸部絞扼ト砂末吸引トニ因リテ死亡スルニ至ラシメ之カ殺害ノ目的ヲ遂ケタルモノナリ法律ニ照スニ被告ノ所爲ハ刑法第百九十九條ニ該當スルヲ以テ其所定刑中有期懲役刑ヲ選擇シ其刑期範圍内ニ於テ被告ヲ懲役十二年ニ處スヘク押收物件ハ刑事訴訟法第二百二條ニ則リ差出人ニ還付スヘク公訴裁判費用ハ同法第二百一條第一項ニ依リ當審ニ於テ生シタル分ヲモ含メ全部被告ヲシテ負擔セシムヘキモノトス

> **事案と裁判所の判断**
>
> 被告人が殺意を持って被害者の頸部を縄で絞め，死んだと勘違いして被害者を砂場に運んで放置したところ，生存していた被害者が砂末を吸引してそれが原因で死亡した事案において，裁判所は因果関係を肯定した。

首を絞める行為自体には砂を吸って死ぬ危険性は含まれません。それ故，**行為に死因を直接形成する危険性は内包されているとはいえません。**

他方，被告人が被害者を砂場に置いたという介在事情が有する結果に対する寄与度は大きいといえます。

もっとも，被告人が犯行の発覚を防ぐ目的で被害者を砂場に運んだわけですから，介在事情は実行行為に誘発されたといえ，犯人が被害者を遺棄することは通常よくあることと評価できることからして異常ともいえません。

したがって，実行行為には介在事情を介して結果を派生させるという危険性

が内包されていたと評価できます。つまり，行為の危険が介在事情を介して間接的に結果に現実化したものとして因果関係が肯定されます。

なお，この判例は**遅すぎた構成要件の実現**という論点に関する判例です。ここでは被告人が被害者を砂浜に運んで放置した行為を最初の絞首行為とは別個の介在事情とみて処理をしています（**別個の行為とみている**ということ）。したがって，答案上は介在事情としての行為自体に成立する犯罪も検討しなければなりません（他方，早すぎた構成要件の実現の場合は，第1行為と第2行為を最終的に1個の行為としてみています）。

もっとも，第2行為の時点では殺意がなく殺人罪（刑法199条）は成立しません（刑法38条2項）。殺人罪と死体遺棄罪（刑法190条）には構成要件的重なり合いが認められず，死体遺棄罪も成立しません。そうすると，過失致死罪（刑法210条）あるいは重過失致死罪（刑法211条後段）ということになります。

ただ，すでに絞首行為に殺人罪を成立させている以上，死の二重評価は避けるべきです。結局，第2行為の過失犯は殺人罪に吸収され，殺人罪一罪が成立します。

b．被害者の行為の介在

【高速道路進入事件（最決平15.7.16）】
1　原判決の認定によると，本件の事実関係は，次のとおりである。
　（1）被告人4名は，他の2名と共謀の上，被害者に対し，公園において，深夜約2時間10分にわたり，間断なく極めて激しい暴行を繰り返し，引き続き，マンション居室において，約45分間，断続的に同様の暴行を加えた。
　（2）被害者は，すきをみて，上記マンション居室から靴下履きのまま逃走したが，被告人らに対し極度の恐怖感を抱き，逃走を開始してから約10分後，被告人らによる追跡から逃れるため，上記マンションから約763mないし約810m離れた高速道路に進入し，疾走してきた自動車に衝突され，後続の自動車にれき過されて，死亡した。
2　以上の事実関係の下においては，被害者が逃走しようとして高速道路に進入したことは，それ自体極めて危険な行為であるというほかないが，被害者は，被告人らから長時間激しくかつ執ような暴行を受け，被告人らに対し極度の恐怖感を抱き，必死に逃走を図る過程で，とっさにそのような行動を選択したものと認められ，その行動が，被告人らの暴行から逃れる方法として，著しく不自然，不相当であったとはいえない。そうすると，被害者が高速道路に進入して死亡したのは，被告人らの暴行に起因するものと評価することができるから，被告人らの暴行と被害者の死亡との間の因果関係

> を肯定した原判決は，正当として是認することができる。

　被害者を殴る行為自体には，車に轢かれて轢死する危険性は含まれていませんから，行為に死因を直接形成する危険性は内包されているとはいえません。
　他方，被害者の行為の結果に対する寄与度は大きいものの，被告人らによる長時間にわたる執拗な暴行やその後の追跡が被害者の逃走行為を誘発し，かつ，恐怖のあまり逃走経路として高速道路を選択して必死に逃げることも通常あり得るので，介在事情の異常性は低いです。
　したがって，実行行為に被害者が逃走して高速道路に侵入するという介在事情を生じさせる危険性が内包され，行為の危険が介在事情を介して間接的に結果に現実化したといえます。

【夜間潜水事件（最決平4.12.17）】
> 右事実関係の下においては，被告人が，夜間潜水の講習指導中，受講生らの動向に注意することなく不用意に移動して受講生らのそばから離れ，同人らを見失うに至った行為は，それ自体が，指導者らの適切な指示，誘導がなければ事態に適応した措置を講ずることができないおそれがあった被害者をして，海中で空気を使い果たし，ひいては適切な措置を講ずることもできないままに，でき死させる結果を引き起こしかねない危険性を持つものであり，被告人を見失った後の指導補助者及び被害者に適切を欠く行動があったことは否定できないが，それは被告人の右行為から誘発されたものであって，被告人の行為と被害者の死亡との間の因果関係を肯定するに妨げないというべきである。
> 右因果関係を肯定し，被告人につき業務上過失致死罪の成立を認めた原判断は，正当として是認することができる。

　まず，夜間潜水の講習指導中，受講生らの動向に注意することなく不用意に移動して受講生らのそばから離れ，同人らを見失うに至った**行為それ自体に溺死を直接生じさせる危険性**は認められます。
　判例は，引用部分より前の部分で**指導補助者**（注：被告人ではないので混同しないように）や**被害者である受講生の経験の未熟さ**に言及しており，被告人の行為に対して『被害者の溺死を招来する危険性』を内包させている点も押さえておきましょう。
　ここだけであれば直接実現型のようにみえるのですが，他方，指導補助者が適切に指示をしていれば受講生は溺死しなかったとも思えます。また，受講生

自身にも不注意が認められ，そこから溺死という結果が発生したともいえる事案です。そのため，最高裁は介在事情に対する評価を行いました。

　介在事情の結果に対する寄与度は一定程度認められるものの，**指導補助者や被害者の不適切な行動という介在事情は実行行為から誘発されたといえ**（これ以降は判決文では言及されていませんが），**かつ，その異常性も認められません。**

　そこで，被告人の行為に「指導補助者や被害者の不適切な行動を招来させる危険性をも」内包させたのです。

　つまり，実行行為に「**被害者の溺死を招来する危険性**」だけでなく，「**指導補助者や被害者の不適切な行動を招来させる危険性**」も内包させ，介在事情が存在したとしても実行行為と結果の間に因果関係を認めるロジックを構築した点がポイントといえるでしょう。

　　c．第三者の行為の介在

> 【トランク監禁致死事件（最決平18.3.27）】
> 1　原判決及びその是認する第1審判決の認定によれば，本件の事実関係は，次のとおりである。
> 　（1）被告人は，2名と共謀の上，平成16年3月6日午前3時40分ころ，**普通乗用自動車後部のトランク内に被害者を押し込み，トランクカバーを閉めて脱出不能にし同車を発進走行させた後**，呼び出した知人らと合流するため，大阪府岸和田市内の路上で停車した。その停車した地点は，車道の幅員が約7.5mの片側1車線のほぼ直線の見通しのよい道路上であった。
> 　（2）上記車両が停車して数分後の同日午前3時50分ころ，**後方から普通乗用自動車が走行してきたが，その運転者は前方不注意のために，停車中の上記車両に至近距離に至るまで気付かず，同車のほぼ真後ろから時速約60kmでその後部に追突した**。これによって同車後部の**トランクは，その中央部がへこみ，トランク内に押し込まれていた被害者は，第2・第3頸髄挫傷の傷害を負って，間もなく同傷害により死亡した**。
> 2　以上の事実関係の下においては，**被害者の死亡原因が直接的には追突事故を起こした第三者の甚だしい過失行為にあるとしても，道路上で停車中の普通乗用自動車後部のトランク内に被害者を監禁した本件監禁行為と被害者の死亡との間の因果関係を肯定することができる**。したがって，本件において逮捕監禁致死罪の成立を認めた原判断は，正当である。

被害者を車のトランクに監禁して道路に停車させるという**実行行為自体から直接死の結果が発生したわけではありません**。また，**第三者の前方不注視という著しい不注意が認められる追突行為（介在事情）の結果に対する寄与度は高い**です。さらに，実行行為が介在事情を誘発したともいえません。

しかし，トランクは通常人を入れる場所ではなく，追突から身を守る安全性が確保された場所ではありません。そうだとすれば，そもそも論として，**実行行為自体に追突された場合に死亡結果を拡大させる**（促進する）**危険性が内包されていたと評価**できます。

また，片側一車線で見通しがよいほぼ直線の市街地の道路上という場所からすれば，深夜であっても一定数の車両が通ることはままあるといえ，かつ，深夜故に前方に車両が位置していても気づかずに追突することもあるでしょう。時速約60キロの追突事故は十分生じえます。

したがって，**介在事情の異常性も認められず，実行行為の危険性が介在事情を介して間接的に結果に現実化したと評価**できます。

このように検討すると，直接実現型に位置付けられる気もしますが，間接実現型にするのが一般的です。

(!) なお，同判例はあくまで物を入れる場所であるトランクの性質に着目した判例といわれています。例えば，人を守る構造になっている後部座席に監禁した場合は射程外と評価されるでしょう。

【高速道路追突事件（最決平16.10.19）】
　以上によれば，Aに文句を言い謝罪させるため，夜明け前の暗い高速道路の第3通行帯上に自車及びA車を停止させたという**被告人の本件過失行為は，それ自体において後続車の追突等による人身事故につながる重大な危険性を有していた**というべきである。そして，**本件事故は，被告人の上記過失行為の後，Aが，自らエンジンキーをズボンのポケットに入れたことを失念し周囲を捜すなどして，被告人車が本件現場を走り去ってから7，8分後まで，危険な本件現場に自車を停止させ続けたことなど，少なからぬ他人の行動等が介在して発生したものであるが，それらは被告人の上記過失行為及びこれと密接に関連してされた一連の暴行等に誘発されたものであったといえる**。そうすると，被告人の過失行為と被害者らの死傷との間には因果関係があるというべきであるから，これと同旨の原判断は正当である。

被告人の過失行為から直接被害者の死の結果が生じたわけではなく，**介在事情の結果に対する寄与度は高くなります**。しかしながら，Aが，自らエンジンキーをズボンのポケットに入れたことを失念し周囲を捜すなど，被告人車が本件現場を走り去ってから7，8分後まで，危険な本件現場に自車を停止させ続けたことや，後続車の追突行為は，被告人が高速道路上で被害者に対して暴行を加えたことが原因なので，実行行為から誘発されたと評価できます。かつ，そのような事態が高速道路上で生じることは一般的にあり得るため異常性も低いです。

　したがって，実行行為の危険性が介在事情を介して間接的に結果に現実化したと評価できます。

【米兵ひき逃げ事件（最決昭42.10.24）】
　しかしながら，原判決の判示するところによれば，被告人は，普通乗用自動車を運転中，過失により，**被害者が運転していた自転車に自車を衝突させて被害者をはね飛ばし，同人は，被告人の運転する自動車の屋根にはね上げられ，意識を喪失するに至つた**が，被告人は被害者を屋上に乗せていることに気づかず，そのまま自動車の運転を続けて疾走するうち，前記衝突地点から四粁余をへだてた地点で，**右自動車に同乗していたロドニー・イー・マーチンがこれに気づき，時速約一〇粁で走つている右自動車の屋上から被害者の身体をさかさまに引きずり降ろし，アスフアルト舗装道路上に転落させ，被害者は，右被告人の自動車車体との激突および舗装道路面または路上の物体との衝突によつて，顔面，頭部の創傷，肋骨骨折その他全身にわたる多数の打撲傷等を負い，右頭部の打撲に基づく脳クモ膜下出血および脳実質内出血によつて死亡した**というのである。この事実につき，原判決は，「被告人の自動車の衝突による叙上の如き衝撃が被害者の死を招来することあるべきは経験則上当然予想し得られるところであるから，同乗車マーチンの行為の介入により死の結果の発生が助長されたからといつて，被告人は被害者致死の責を免るべき限りではない。」との判断を示している。しかし，右のように同乗者が進行中の自動車の屋根の上から被害者をさかさまに引きずり降ろし，アスフアルト舗装道路上に転落させるというがごときことは，経験上，普通，予想しえられるところではなく，ことに，**本件においては，被害者の死因となつた頭部の傷害が最初の被告人の自動車との衝突の際に生じたものか，同乗者が被害者を自動車の屋根から引きずり降ろし路上に転落させた際に生じたものか確定しがたいというのであつて，このような場合に被告人の前記過失行為から被害者の前記死の結果の発生することが，われわれの経験則上当然予想しえられるところであるとは到底いえない**。したがつて，原判決が右のような判断のもとに被告人の業務上過失致死の罪責を肯定したのは，刑法上の因果

関係の判断をあやまつた結果，法令の適用をあやまつたものというべきである。」

　この事案は，「被告人が被害者に自動車で衝突→被害者が自動車の上に乗り上がる→同乗者が気づいて引きずり下ろす→被害者が頭部に傷害を負い死亡」という因果経過を辿っています。

　判決文では，「死因となった頭部の傷害が最初の……衝突の際に生じたものか……転落させた際に生じたものか確定しがたい」と述べられます。前者だとすると，**直接実現型**として因果関係を肯定する処理になります。ただ，合理的な疑いを超える程度の証明がなされていないため，そのような判断はなされませんでした。

　他方，後者だとすれば**間接実現型**になります。**介在事情の結果に対する寄与度が大きく，実行行為が介在事情を誘発したとはいえても，車に乗り上がった人間を救助するのが通常**です。**引きずり下ろすという介在事情の異常性は高い**といえます。それゆえ，実行行為の危険性が介在事情を介して間接的に結果に現実化したとはいえず，因果関係が否定されます。

3　知識の整理（短答過去問を題材に）

> 次のアからオまでの各事例を判例の立場に従って検討し，（　）内の甲の行為とＶの死亡との間に因果関係が認められる場合には1を，認められない場合には2を選びなさい。　　　　　　　　　　　　（平成27年司法試験第3問）
>
> ア　甲は，自宅に遊びに来た友人Ｖの態度に腹を立て，その頭部を平手で1回殴打したところ，Ｖが家から出て行ったので，謝りながらＶを追い掛けた。Ｖは，甲が謝りながら追い掛けてきたことに気付いたが，甲と話をしたくなかったので，甲に追い付かれないように，あえて遮断機が下りていた踏切に入ったところ，列車にひかれ，内臓破裂により死亡した。（甲がＶの頭部を平手で1回殴打した行為）
>
> イ　甲は，マンション4階の甲方居間で，Ｖの頭部や腹部を木刀で多数回殴打した。Ｖは，このままでは殺されると思い，甲の隙を見て逃走することを決意し，窓からすぐ隣のマンションのベランダに飛び移ろうとしたが，これに失敗して転落し，脳挫滅により死亡した。（甲がＶの頭部や腹部を木刀で多数

回殴打した行為）
ウ　甲は，Vに致死量の毒薬を飲ませたが，その毒薬が効く前に，Vは，事情を知らない乙に出刃包丁で腹部を刺されて失血死した。（甲がVに致死量の毒薬を飲ませた行為）
エ　甲は，路上でVの頭部を木刀で多数回殴打し，これにより直ちに治療しなければ数時間後には死亡するほどの脳出血を伴う傷害をVに負わせ，倒れたまま動けないVを残して立ち去った。そこへ，たまたま通り掛かった事情を知らない乙が，Vの頭部を1回蹴り付け，Vは，当初の脳出血が悪化し，死期が若干早まって死亡した。（甲がVの頭部を木刀で多数回殴打した行為）
オ　甲は，面識のないVが電車内で酔って絡んできたため，Vの顔面を拳で1回殴打したところ，もともとVは特殊な病気により脳の組織が脆弱となっており，その1回の殴打で脳の組織が崩壊し，その結果Vが死亡した。（甲がVの顔面を拳で1回殴打した行為）

解答・解説

ア　2　事例問題は論文的に処理することが大事です。間違っても過去の自分の記憶と対照して「似てるから○だな，×だな」というような処理をしてはいけません。まず，本問で条件関係があるのは明らかです（なお，判例の事実関係をインプットしきっている受験生は下敷きとなっている判例を想起し，事実関係の違いから判例の射程を考えるという正規ルートで判断すればよいです。ただし，そこまで事実関係がしっかり入っていなくても，論文的に思考すれば正解にたどり着けます）。そこで行為の危険が結果に現実化したか否かを考えます。

まず，「頭部を平手で1回殴打した」としても内臓破裂は生じません。他方，介在事情である被害者Vが「遮断機が下りていた踏切に入った」行為があり，「列車にひかれ，内臓破裂により死亡」しています。つまり，介在事情の結果に対する寄与度は高いです。

そこで，実行行為と介在事情のつながりをみると，「頭部を平手で1回殴打した」上で家から出ていったVを，甲が「謝りながら追い掛け」た後に，Vは「あえて」踏切に入っています。この「あえて」入るという被害者の意思が介在している以上，被害者Vの介在事情は甲の実行行為によって誘発されたとはいえません。したがって，行為の危険が結果に現実化したとはいえず，因果関係は否定されます。

イ　1　甲がVの頭部や腹部を木刀で多数回殴打した行為には，転落による脳挫滅に伴う死亡結果を直接発生させる危険性が内包されているとはいえません。被害者自身がマンショ

ン４階の窓からすぐ隣のマンションのベランダに飛び移ろうとしたという介在事情の結果に対する寄与度が高くなります。

　次に，実行行為と介在事情の関係性を検討していきましょう。頭部や腹部を木刀で多数回殴打されたからこそ，被害者は窓から隣のマンションのベランダに飛び移るという逃走ルートを採用しています。つまり，実行行為によって介在事情が誘発されています。また，木刀で多数回殴打されるような状況下であれば，危険を伴う逃走ルートを選択することも一般的にはあり得ます。介在事情自体が異常であるとはいえません。本肢イは間接実現型として因果関係が認められるでしょう。

ウ　2　どう考えても因果関係は認められません。間接実現型であり，かつ，甲の行為が介在事情である乙による刺殺を誘発したとはいえません。サービス問題ですね。

エ　1　頭を凶器で叩きまくれば脳出血を生じさせて場合によっては死に至ることは普通にあり得ます。したがって，甲がＶの頭部を木刀で多数回殴打した行為それ自体に直接脳出血による死亡結果を発生させる危険性が内包されていたといえます。大阪南港事件と同様，類型としては直接実現型に該当するとわかります。

　あとは介在事情が実行行為と結果の直接的な結びつきを破壊するほどの影響力のある事情だったのか否かを検討します。「乙が，Ｖの頭部を１回蹴り付け，Ｖは，当初の脳出血が悪化し，死期が若干早まって」とあり，介在事情の影響力は大したことがなかったといえ，因果関係が認められます。

オ　1　脳の組織が脆弱な人の顔面を１回殴打すれば脳の組織が崩壊し，その結果Ｖが死亡することは通常あり得ます。行為の危険が結果に現実化したといえるでしょう。

4 具体的事実の錯誤・抽象的事実の錯誤

具体的事実の錯誤や抽象的事実の錯誤は出題頻度が高いです。処理手順を事前準備して正確に処理できるようにしておきましょう。難易度はそこまでではないですから、しっかりとまとめておきましょう。

▼石橋MEMO▼

●平成27年司法試験出題趣旨

次に、甲乙間の共謀ないし乙の教唆行為の際には、甲は実際に新薬の書類を業務上管理しており、乙の認識（故意）は、業務上横領罪のそれであったところ、甲の行為が業務上横領ではなく、窃盗罪であるとした場合、乙の認識と甲の行為との間に齟齬が生じていることから、錯誤の問題を論じる必要がある。本件の錯誤は、構成要件を異にするいわゆる抽象的事実の錯誤であるから、このような錯誤の場合にどのように処理するか、**故意責任の本質について触れて**一般論を簡潔に示した上、業務上横領罪と窃盗罪との関係を論じることになる。その際、**両罪の構成要件の重なり合いがどのような基準で判断されるのかを論ずることになろう**。そして、業務上横領罪と窃盗罪との間に重なり合いが認められた場合には軽い罪の限度での重なり合いを認めることとなろうが、業務上横領罪と窃盗罪とは懲役刑については同一の法定刑が定められているものの、窃盗罪には罰金刑が選択刑として規定されていることを踏まえ、そのいずれが軽い罪に当たるのか述べることが求められる。甲が業務上横領罪を犯した場合、刑法65条の規定によって、乙には単純横領罪が成立するか、少なくとも同罪で科刑されることとなるので、異なる構成要件間の重なり合いを論ずるに当たって、業務上横領罪と窃盗罪の比較ではなく、単純横領罪と窃盗罪を比較するという考え方もあり得るであろう。いずれにしても、自己が取る結論を筋立てて論ずることが求められる。

> 故意責任に軽く触れることを求めているという事実！みんな大好き故意責任！

●平成27年司法試験採点実感

業務上横領罪と窃盗罪の重なり合いについては、重なり合いに関する判断基準を自分なりに示した上で結論を導き出すことが求められるところ、これを明確に論じた判例がなく難しかったのではないかと思われるが、全体的に、**基準を立てようとする姿勢は見受けられた**。例えば、保護法益の本質論に立ち返って、両罪の重なり合いについて自分なりの基準（どのような事情を考慮して重なり合いを認めるのかという基準）を立て、具体的に論じている答案があった。他方、基準を立てることなく、単に事実を若干挙げて直ちに結論を述べる答案、一応の基準を立てているものの、占有侵害という点で共通するなどとして横領罪と窃盗罪の重

> それな…。

なり合いを認めるといった論旨が一貫していない答案は評価が低いものとならざるを得ない。

1 分析

❶ 犯罪体系上の位置付け

まず，具体的事実の錯誤と抽象的事実の錯誤は，**犯罪の体系上は，主観的構成要件である故意**（刑法38条1項本文）**の部分で登場する論点**です。飛びつく前に，**客観的構成要件を全て検討しなければなりません**。問題文を読んで「あ，抽象的事実の錯誤が問題になっているな！」と気づき，抽象的事実の錯誤をいきなり論じ始めるのはご法度です。

⚠️ 刑法の答案は犯罪の体系に沿って書き進めなければなりません。

❷ 具体的事実の錯誤

(1) 総論

その上で，具体的事実の錯誤からみていきましょう。次の事例をみてください。

事例1 客体の錯誤	甲は，目の前にいる人がAだと思って殺意をもって包丁で刺し殺したが，実はAではなくBだった。
事例2 方法の錯誤	甲は，目の前にいるAに向けて殺意をもって拳銃を発射したが，弾はAの腕にかすったのち，予想外のBに命中してBは死亡した。

錯誤とは，**実現事実と行為者の認識事実に食い違いが生じることです**（客観と行為者の主観のズレ＝錯誤）。そして，その**錯誤が同一構成要件内で生じている場合を具体的事実の錯誤**と呼びます。事例1も事例2もいずれも殺人罪が問題となる事案で，客観と行為者の主観にズレがあります。このように，主観と客観が同じ殺人罪の範囲内で生じている（主観も客観もどっちも殺人罪だが，ズレている）場合を，具体的事実の錯誤が生じている場合と表現します。

他方，抽象的事実の錯誤は，**異なる構成要件間で錯誤が生じている場合**です（客観的には死体を損壊しているが，行為者の主観は人を殺しているように主観と客観が異なる犯罪というズレが生じている場合）。

> ⚠ 具体的事実の錯誤＝同一構成要件内の錯誤，抽象的事実の錯誤＝異なる構成要件間の錯誤であるということは明確に区別する必要があります。

事例1では甲は「人違い」をしています。思っていた客体と実際の客体にズレが生じています。このような**「人違い」の場合の錯誤を客体の錯誤**と呼びます。

他方，**事例2**では甲に「手元狂い」が生じています。狙っていた客体とは別の狙っていなかった客体にも結果を生じさせています。**「手元狂い」の場合の錯誤を方法の錯誤**と呼びます。

このように，同一構成要件内での錯誤（具体的事実の錯誤）といっても，客体の錯誤と方法の錯誤の2種類があり，それらをどのように処理するのかが問題となります。

> ⚠ このような具体的事実の錯誤の解決にあたっては，論文対策としても短答対策としても法定符合説（判例）と具体的符合説を押さえておけばよいでしょう。

(2) 法定符合説

法定符合説は，**実現事実と認識事実が共に同一の構成要件の範囲で符合していれば**（＝実現事実と認識事実がともに同一の構成要件に該当する事実であれば）**故意が認められる**という立場です。

事例1の実現事実は「Bを殺した」事実で，認識事実は「Aを殺した」事実です。これらはいずれも**およそ「人を殺した」という点で同一の構成要件の範囲で符合し，殺人罪の故意が認められます**。

他方，**事例2**でBとの関係をみると（Aとの関係では当然に殺人未遂罪が成立します），実現事実は「Bを殺した」事実で，認識事実は「Aを殺した」事実です。これらはいずれも**およそ「人を殺した」という点で同一の構成要件の範囲で符合し，殺人罪の故意が認められる**ことになります。

故意が認められる場合というのは、**規範**（「やってはいけないよ」という刑法からの命令）**に直面してやらないという選択肢もあったのに、あえて犯罪に手を染めた場合**です。根底には、「そのような人は責められて当然」という考え方があります。およそ「人を殺した」という認識がある場合は、実現事実と認識事実がズレていようが「やってはいけないことをやってしまった」と考えていると評価でき、それなのにあえて犯罪を行っているので故意責任を認めてよいであろうということです。

> ⚠️ 法定符合説に関しては、殺人罪の事例に即していえばおよそ「人を殺した」の範囲で実現事実と認識事実が符合していればいいと捉えておきましょう。

(3) 具体的符合説

具体的符合説は、**実現事実と認識事実が具体的に符合していなければ故意が認められない**という立場です。「具体的ってどういうこと？」「法定符号説と何が違うの？」については、事例を通じて考えます。

事例1 の実現事実は、「Bを殺した」事実で、認識事実は「Aを殺した」事実です。これらはいずれも**甲が認識している目の前の「その人を殺した」という点で具体的に符合**し、殺人罪の故意が認められます。

他方、**事例2** のBとの関係に関しては、実現事実は「Bを殺した」事実で、認識事実は「Aを殺した」事実です。これらは**甲が認識している目の前の「その人を殺した」という点で具体的に符合していません**。Bは、甲が認識している目の前の「その人」ではないからです。具体的符合説に関しては、殺人罪の事例に即していえば「その人を殺した」という範囲で**実現事実と認識事実が符合していなければならない立場**と捉えておきましょう。

したがって、**具体的符合説からは、客体の錯誤の場合は故意を認めることになりますが、方法の錯誤の場合は故意を否定することになります**。このように、**法定符合説と具体的符合説は方法の錯誤の場合に結論が分かれます**。

なお、**事例2** のような併発事例では、判例の立場である法定符合説からはAに対する殺人未遂罪とBに対する殺人罪の2つの故意犯が成立し、1個の故意で2個の故意犯を認めるのは責任主義に反するのではという疑問が生じます。

もっとも、そもそも故意をおよそ構成要件の範囲で抽象化しているわけです

し、また、併発事例は観念的競合として一罪で処理されるので、その点は問題となりません（数故意犯説）。答案では、法定符合説を論じたあとに一言だけ数故意犯説に触れておきましょう。

※因果関係の錯誤も具体的事実の錯誤の一場面ですが、「早すぎた構成要件の実現」の章で軽く触れていますので、ここでは割愛いたします。

❸ 抽象的事実の錯誤

(1) 総論

抽象的事実の錯誤は、**異なる構成要件間で錯誤が生じている場合**を意味します。例えば、目の前の人を殺そうと思って刺したが、実はすでに死んでいたような場合です。この場合、客観的には死体損壊罪（刑法190条）を実現していますが、主観的には殺人罪（刑法199条）です。実現事実と認識事実が刑法190条と刑法199条という異なる構成要件間でズレ（錯誤が生じて）います。このような場合に犯罪の成否をどう処理するのかが問題となってきます。

条文としては、**刑法38条2項が重要**となります。

刑法38条2項は「重い罪に当たるべき行為をしたのに、行為の時にその重い罪に当たることとなる事実を知らなかった者は、その重い罪によって処断することはできない」と規定します。「重い罪によって処断することはできない」とは、重い罪は成立しないという意味だと一般に考えられています。

他方、抽象的事実の錯誤が問題となる場面は、①**客観が重い犯罪、主観が軽い犯罪の場合**、②**客観が軽い犯罪、主観が重い犯罪の場合**、③**客観と主観の法定刑が同じ場合**の3つに分かれます。

ここで、①の場面を直接規律している刑法38条2項によっても軽い罪が成立するかは条文上明らかでありません。かつ、刑法38条2項は、②③の場面について何ら言及がありません。そこで、①②③いずれの場面においても解釈が必要です。

その上で、抽象的事実の錯誤に関しては、判例の立場である**法定符合説**（実現事実と認識事実が**行為態様及び保護法益**の観点から見て構成要件的に**重なり合う**場合はその**重なり合う軽い犯罪の限度で故意犯の成立を認める立場**）を押さえておけばよいでしょう。

(!) 上記3つの場面ごとに考えれば、スッキリします。

(2) 客観が重い犯罪、主観が軽い犯罪の場合

　客観的には殺人罪を実現したが、主観的には死体遺棄罪の故意だったような場合を想定します。前述のとおり、**刑法38条2項が適用されるため、重い犯罪である殺人罪は成立しません。**答案では、殺人罪の客観的構成要件を肯定したのちに、主観的構成要件の検討の際に故意（刑法38条1項）がなく、刑法38条2項により重い犯罪である殺人罪が成立しないことを示せばよいでしょう。

　もっとも、**実現した犯罪（殺人罪）と認識している犯罪（死体損壊罪）に構成要件的な重なり合いが認められるのであれば、殺人罪の構成要件の中に死体損壊罪の構成要件が包摂されているとみることができます。そうだとすれば、軽い罪である死体損壊罪の故意に対応した死体損壊罪の客観的構成要件該当性が認められ、結果的に軽い罪である死体損壊罪が成立します。**

　そこで、殺人罪と死体損壊罪に構成要件的な重なり合いが認められるか否かを検討します。**生きている人を殺すという殺人罪の行為態様と死体を損壊するという死体遺棄罪の行為態様は共通しません。保護法益の観点からすると、殺人罪の保護法益は人の生命身体であるのに対し、死体損壊罪の保護法益は国民の宗教的感情です。こちらも共通しません。**

　したがって、両者に重なり合いが認められない以上、殺人罪の構成要件の中に死体損壊罪の構成要件が包摂されているとはいえず、死体損壊罪の故意に対応した死体損壊罪の客観的構成要件該当性が認められません。つまり、死体損壊罪は成立しません。

　このように、①のケースでは故意の有無が問題なのではなく、**軽い罪の故意に対応した軽い罪の客観的構成要件該当性が問題**となります。

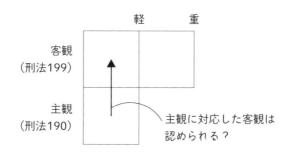

(3) 客観が軽い犯罪，主観が重い犯罪の場合

　客観的には死体損壊罪を実現したが，主観的には殺人罪の故意だったような場合を想定します。死体損壊罪の客観的構成要件はみたしていますが，主観的には殺人罪の故意です。ここでは，①とは異なり，**客観面に対応した故意の有無が問題**となります。条文では，**刑法38条2項が②のケースについては規律していない**ので，解釈していくことになります。

　もっとも，①の検討でみた通り，殺人罪と死体損壊罪に構成要件的な重なり合いを認めることはできません。したがって，殺人罪の故意の中に死体損壊罪の故意が包摂されているとはいえません。軽い罪である死体損壊罪に対応した死体損壊罪の故意が認められず，死体損壊罪は成立しません。

　このように，②のケースでは**軽い罪の客観に対応した軽い罪の故意の有無が問題**となります。

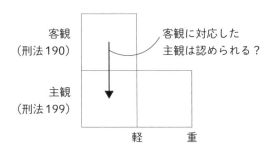

(4) 客観と主観の法定刑が同じ場合

　判例があり，特別法犯で問題となりますが，**短答式試験用に結論だけ押さえておけば十分**です。覚せい剤を輸入するつもりで麻薬を輸入したケースでは，最決昭54.3.27が**麻薬輸入罪の成立**を認めています（麻薬輸入罪と覚せい剤輸入罪は法定刑が同じ）。**法定刑が同じ場合における抽象的事実の錯誤は，客観的構成要件をみたす犯罪を成立させるのが判例の立場**です。

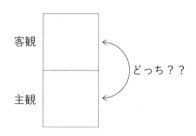

2 知識の整理（短答過去問を題材に）

> 故意に関する次の各【見解】についての後記 1 から 5 までの各【記述】のうち，誤っているものはどれか。
> 〔令和 2 年司法試験第19問〕

【見　解】
A　故意の有無については，構成要件を基準にして判断すべきであるところ，殺人罪においては，行為者の認識した事実と発生した事実とが，「およそ人を殺す」という点で一致していれば故意が認められる。また，行為者の認識した客体に対しても，結果が発生した客体に対しても故意犯が成立する。

B　故意の有無については，構成要件を基準にして判断すべきであるところ，殺人罪においては，行為者の認識した事実と発生した事実とが，「その人を殺す」という点で一致していなければ故意は認められない。

【記　述】
1　甲が，Xを焼死させようと思い，Xの全身に灯油をかけて火をつけたところ，Xが熱さに耐えかね，火を消そうとして近くの湖に飛び込んで溺死したという事例においては，A，Bいずれの見解でも，甲に殺人既遂罪が成立する。

2　Aの見解に対しては，甲が殺意をもってXを狙い拳銃を発射したところ，弾丸がXの腕を貫通した上，予想外にYの胸部にも当たり，Xを負傷させるとともにYを死亡させたという事例において，行為者に過剰な故意責任を課すことになり，責任主義に反するとの批判がある。

3　Bの見解によれば，【記述】2の事例で，甲にYに対する殺人既遂罪が成立する。

4　Bの見解に対しては，客体の錯誤と方法の錯誤のいずれに当たるのかが必ずしも明らかではない場合において，故意の有無につき，どのように判断す

るのか明確ではないとの批判がある。
5　Bの見解によれば，甲がXを殺害しようと考え，Xと似た者を見付けて，Xと思い，その者をナイフで刺し殺したが，実際には，その者はYであったという事例において，甲にYに対する殺人既遂罪が成立する。

解答・解説

解答：3

1　**正解**　「Xの全身に灯油をかけて火をつけ」る行為は死の結果発生の現実的危険性を有する行為です。殺人罪の実行行為性を有します。また，Xは溺死していますので，結果も発生しています。因果関係については，甲の実行行為に直接溺死という結果を発生させる危険性が内包されているとはいえないものの，甲の行為によって被害者の介在事情（火を消そうとして近くの湖に飛び込んだ行為）が引き起こされていることは明らかです。つまり，甲の行為には被害者の介在事情を介して間接的に溺死の結果を発生させる危険性が内包されていたと評価でき，かかる危険が結果に現実化したものとして因果関係も認められます。そして，故意については，Aの見解によれば行為者の認識した事実（Aが燃えて死ぬ）と発生した事実（Aが溺れて死ぬ）とが，およそ「人を殺す」という点で一致していることは明らかで，故意が認められます。

　他方，Bの見解によっても，行為者の認識した事実（Aが燃えて死ぬ）と発生した事実（Aが溺れて死ぬ）とが，「その人を殺す」という点で一致し，故意が認められます。

2　**正解**　この場合，Xに対する殺人未遂罪が成立することは明らかです。Yに対しては殺人罪の客観的構成要件に該当することは問題なく，甲がYを認識していない以上故意が認められないのではないかが問題となります。もっとも，Aの見解によれば，行為者の認識した事実（Xが死ぬ）と発生した事実（Yが死ぬ）とが，およそ「人を殺す」という点で一致していることからYに対する殺人罪の故意も認められます。かつ，「また，行為者の認識した客体に対しても，結果が発生した客体に対しても故意犯が成立する」という記載から，Aの見解は数故意犯説に立った見解だとわかります。よって，Yに対する殺人罪が成立します。

　このように，Aの見解によれば明確に認識していないYに対する殺人罪が成立し，「行為者に過剰な故意責任を課すことになり，責任主義に反するとの批判」が妥当します。

3　**誤り**　Bの見解によれば，行為者の認識した事実（Xが死ぬ）と発生した事実（Yが死ぬ）とが，「その人を殺す」という点で一致せず，Yに対する故意は認められません。

4　**正解**　具体的事実の錯誤には，客体の錯誤（行為者が意図した客体とは別個の客体について，行為者が意図した客体であると誤信して侵害した場合における錯誤を指し，具体的には，Aだと思って刺したらBだったような場合を意味する）と方法の錯誤（行為者のとっ

た具体的手段がその予見した客体からはずれて，別の客体の上に結果が発生した場合を指し，具体的には，Aを殺そうと思って拳銃を発射したが，弾がそれてBにあたったような場合を意味する）が存在します。

Bの見解（具体的符合説）によれば，客体の錯誤の場合は故意が認められるが，方法の錯誤の場合は故意が認められないというルート分岐が起きます。そうだとすれば，「客体の錯誤と方法の錯誤のいずれに当たるのかが必ずしも明らかではない場合において，故意の有無につき，どのように判断するのか明確ではないとの批判」は妥当です。

☞なお，客体の錯誤と方法の錯誤のいずれに当たるのかが必ずしも明らかではない場合とは，「甲がXを殺そうとしてXの乗用車に爆弾を仕掛けたが，爆発するタイミングで乗っていたのはXの妻YだったのでYが死亡した」ような事案です。Xを殺そうと思って爆破したらYに爆破被害が及んだと考えれば方法の錯誤ですが，車に乗っている人がAだと思ったらBだったと捉えれば，客体の錯誤といえます。

5 **正解** 本肢の事案は客体の錯誤の事案です。肢4と同じく，客体の錯誤については故意が認められます。

5 正当防衛における「急迫」性と自招侵害

> 「急迫」性は頻出です。正当防衛自体が出題されやすく，自招侵害もちょこちょこ出題がありますから，受験生は，出題可能性が高い論点としてシッカリ準備しておかなければなりません。ただ，「急迫」性に関する最決平29.4.26や自招侵害に関する最決平20.5.20の理解やそれぞれの判例が示す要件のあてはめ方に悩む受験生は多いです。そこで，各判例を「使える武器」にすべく，まとめます。

●令和4年司法試験出題趣旨

▼石橋MEMO▼

乙は，Aが甲を殴打しようとしていたところを偶然目撃し，Aが甲に対して一方的に攻撃を加えようとしていると思い込み，甲を助けようと考え，Aの背後から，本件ナイフでAの右上腕部を突き刺し，Aに傷害を負わせている。乙の行為は，有形力の行使によりAの生理的機能に障害を与えており，また，乙は少なくとも暴行の故意に基づいて同行為に及んでいることから，**傷害罪の構成要件に該当することは明らかである**。

もっとも，乙は，甲を助けるため，Aの右上腕部を本件ナイフで突き刺したものであるから正当防衛が成立する余地があるが，被侵害者である甲は，Aからの侵害を予期した上で対抗行為に及んでいる。そこで，乙の正当防衛の成否を検討するに当たっては，正当防衛状況を基礎付ける侵害の急迫性が認められるか否かが問題となるところ，本事例では，被侵害者と防衛者が同一でないことから，いずれを基準に侵害の急迫性を判断すべきかとの問題の所在を示しつつ，根拠とともに自らの立場を示し，それに基づいて侵害の急迫性を検討する必要がある。

刑法第36条は，急迫不正の侵害という緊急状況の下で公的機関による法的保護を求めることが期待できないときに，侵害を排除するための私人による対抗行為を例外的に許容したものであるところ，侵害の回避が十分に可能であるのに積極的な態度で侵害に臨んだ者は，侵害にあえて身をさらすことでそれを受け入れているのでその侵害に対する要保護性を欠き，刑法第36条の趣旨が妥当しないと考えれば，正当防衛を否定すべき事情は専ら被侵害者を基準として判断されることとなる。そして，本事例において，被侵害者甲を基準に侵害の急迫性を検討する場合，甲は，Aからの侵害を予期した上で対抗行為に及んでいることから，最決平成29年4月26日刑集71巻4号275頁が指摘する事情を踏まえつつ，対抗行為に先行する事情を含めた行為全般の状況に照らして検討することとなろう。すなわち，当該判例は，①行為者と相手方との従前の関係，②予期された侵害の内容，③侵害の予期の程度，④侵害回避の容易性，

> 読むだけで勉強になる！

> それな！

⑤侵害場所に出向く必要性，⑥侵害場所にとどまる相当性，⑦対抗行為の準備の状況，⑧実際の侵害行為の内容と予期された侵害との異同，⑨行為者が侵害に臨んだ状況，⑩その際の意思内容等を考慮し，行為者がその機会を利用し積極的に相手方に対して加害行為をする意思で侵害に臨んだときなど，前記刑法第36条の趣旨に照らし許容されるものとはいえない場合には侵害の急迫性の要件を充たさないとするところ，甲は，高校時代にAと同じ不良グループに所属しており，Aが短気で粗暴な性格であり，過去にも怒りにまかせて他人に暴力を振るったことが数回あったと知っていたこと，Aの前に姿を現せば，Aから殴る蹴るなどの暴力を振るわれる可能性が極めて高いだろうと思っていたこと，わざわざ出向く必要はなかったのにAが指定した公園に出向いてAを待ち構えていたこと，その際に自宅にあった包丁を準備していたこと，Aからの実際の侵害の内容は拳で殴打しようとするというものであり，予期された侵害を超えるものではなかったこと，甲もすかさず包丁を抜いてAに向けて突き出すなどしたことなどの事情に照らせば，本件におけるAの侵害行為は，被侵害者甲を基準とすれば，侵害の急迫性の要件を充たさないと解されることとなる。

> これらの事情の評価を考えると勉強になりますね！

●令和４年司法試験採点実感

乙がAに傷害を負わせた行為について，正当防衛の成否を検討するに当たっては，被侵害者甲と防衛者乙のいずれを基準に正当防衛状況を基礎付ける侵害の急迫性を判断すべきかが問題となるところ，このような問題意識を明確に示せている答案は多くはなかった。もっとも，答案の中には，本件が他人のための正当防衛が問題になる事案であることを端的に指摘した上で，例えば侵害の急迫性は被侵害者の要保護性に関する要件であることを根拠に，侵害の急迫性の有無を被侵害者甲の事情を基準に判断するなど，正当防衛の趣旨に遡って検討を加える秀逸なものも散見された。

被侵害者甲を基準に侵害の急迫性を検討する場合，甲は，Aからの侵害を予期した上で対抗行為に及んでいることから，判例（最決平成29年４月26日刑集71巻４号275頁）が指摘する事情を踏まえつつ，対抗行為に先行する事情を含めた行為全般の状況に照らして検討することが考えられるところ，同判例を踏まえて適切な検討ができていた答案はそれほど多くはなく，同判例に依拠しつつも，専ら積極的加害意思の有無のみを検討するなど，同判例の趣旨を正確に把握できていない答案が散見された。前記判例によれば，仮に積極的加害意思が認められないとしても，行為全般の状況に基づいて急迫性が否定される余地があるのであるから，同判例に依拠して論ずるか否かはともかく，重要な判例の趣旨については正確な理解が望まれるところであった。

甲に対する急迫不正の侵害の検討に際して，包丁を突き出した甲に対して拳を振り上げたAの行為について正当防衛が成立するか否かを検討

> 基本
> 判例の正確な理解で差がかなり開いているということか…。
> これが現場のリアル!!

する答案も散見されたが，そもそもAは甲の顔面を殴打しようとしているところ，甲の対抗行為にひるむことなく，殴打行為を継続しようとしているのであるから，拳を振り上げる行為だけを切り取って正当防衛の成否を検討すること自体，適切な事案分析とはいえない。また，Aの行為が不正の侵害であっても，甲について侵害の急迫性の要件を満たさない場合は十分に考えられるのであるから，Aの対抗行為が不正か否かに絞って検討することも適当とはいえない。

●平成23年司法試験出題趣旨

正当防衛又は過剰防衛の成立を認める上では，自招侵害の成否にも言及すべきである。甲が第1場面で乙らに激しい暴行を加えたことが，第3場面で乙の甲に対する侵害を生じさせた契機となったからである。自招侵害については，諸説があるが，判例としては最決平成20年5月20日刑集62巻6号1786頁が参考になり，この判例の考え方に従えば，第1場面での甲の暴行と第3場面での乙の侵害との時間的・場所的近接性や，両者の侵害の程度を比較することになる。

それな!

1 分　析

❶ 「急迫」性の意義及び従来の判例

「急迫」性は，**法益の侵害が現に存在しているか，または間近に押し迫って**いることを意味します（最判昭46.11.16）。

では，正当防衛が成立するために「急迫」性が必要なのはなぜでしょうか。なぜ過去や将来の侵害に対する反撃の場合は，正当防衛が成立しないのかを考えてみましょう。

正当防衛の趣旨について，令和4年司法試験出題趣旨は以下のように述べます。

> 刑法第36条は，急迫不正の侵害という緊急状況の下で公的機関による法的保護を求めることが期待できないときに，侵害を排除するための私人による対抗行為を例外的に許容したものである。

法治主義の下では，自力救済は原則として禁止されます。ただし，**公的機関に法的保護を求めるような余裕がない緊急状況下では，例外的に自力救済を認めるというのが刑法36条1項の趣旨**です。

かかる趣旨からすれば，**過去あるいは将来の侵害については公的機関による保護を受けることが十分可能**です。それ故，刑法36条1項の趣旨が妥当することはなく，そのような状況下で反撃行為に出ても正当防衛が成立する余地はありません。

このように，正当防衛は，公的機関に救助を求める余裕がない緊急状況下における例外的措置を認める規定です。そこから，**正当防衛が正当化される緊急状況下であることを基礎づける要件**が必要となり，そのために「急迫」性が求められます。

ただし，正当な利益を有する第三者の利益を犠牲にする場面において違法性阻却を認める緊急避難（刑法37条1項）とは異なり，**正当防衛は正当な利益を有さない侵害者に対する防衛行為**です。それ故，その要件解釈は緊急避難に比べて緩やかに行われます。

このことは，緊急避難の場合は公的機関に救助を求めるといった代替手段が存在する場合は絶対に成立しないのに対し，正当防衛の場合は公的機関に救助を求めることができたとしても，それだけで正当防衛が成立しないことにはならないという違いにもあらわれています（**超例外なのが緊急避難，ただの例外なのが正当防衛**）。

なお，「急迫」性が認められるためには，侵害者が犯罪の「実行に着手」していることは必要ではなく，**緊急状況下に陥りそうな状況**があれば足ります。

例えば，ナイフを取り出そうとしているだけでも，法益侵害の危険が切迫しているとして「急迫」性は肯定されます。また，**一度侵害者の侵害が中断したといえる場合**（侵害者がナイフを落とした，バランスを崩した）**であっても，加害意欲の旺盛さから推認される再度の侵害可能性が認められれば，「急迫」**性を認めます（最判平9.6.16）。加えて，犯罪が既遂に達していたとしても，例えば**窃盗罪のような状態犯の場合，未だ犯人が占有を確保したとはいえないような状況**（駅で置き引きにあったが，逃走する犯人を被害者が追跡し続けている場合）**においては，未だ「急迫」性は継続している**とみるのが通説です（これらは全て過去問で問われていますから，シッカリと復習しておきましょう！）。

他方，判例は，反撃者が侵害を予期しているといった主観的事情も加味して「急迫」性を判断します。従来は，単なる侵害の予期に留まる場合は「急迫」性は失われないが，侵害の予期に加えて，その機会を利用し積極的に相手に対

して加害行為をする意思（積極的加害意思）を事前に有していた場合は「急迫」性が失われるとしていました（最決昭52.7.21）。

これは、単なる予期にとどまる場合は未だ緊急状況下といえるが、積極的加害意思が認められる場合はもはや緊急状況下を利用して攻撃しているにすぎず、保護に値しないという価値観によります。したがって、従来の判例によれば以下の図式が成り立ちます。

単なる予期事案	「急迫」性肯定
事前に積極的加害意思が認められる事案	「急迫」性否定

なお、侵害の後に積極的加害意思が生じて反撃した場合は「防衛するため」とはいえないとして正当防衛を否定します（最判昭50.11.28）。

(!) いつの時点で積極的加害意思が生じていたかで否定する要件が変わることは気を付けましょう。

❷ 「急迫」性に関する最決平29.4.26の登場

他方、最決平29.4.26は、「急迫」性が否定される場合について、反撃行為に出ることが「行為の状況全体からみて、36条の趣旨に照らし許容されない」場合と述べました。この判例は、被告人に侵害の十分な予期があるだけでは、「急迫」性は否定されないことを確認し、積極的加害意思が侵害以前に存在する場合は、あくまでも「行為の状況全体からみて、36条の趣旨に照らし許容されない」場面の一つとしています。

従来は、事前に積極的加害意思を有しているか否かによって「急迫」性を判断するという単純な図式でした。それが、最決平29.4.26により、積極的加害意思が認められない場合でも、「急迫」性が否定される場合があるとされたのです。

(!) このことから、最決昭52.7.21に始まる従来の積極的加害意思論は、最決平29.4.26の下位の類型の一つという位置付けになりました。受験生としては最決平29.4.26の規範を理解してインプットする必要があります。

まず、**積極的加害意思が侵害前に存在する事案**は、結論として「急迫」性が否定されることに争いはありません。最決平29.4.26の「行為の状況全体からみて、36条の趣旨に照らし許容されない」か否かを大展開する必要はなく、端的に最決平29.4.26の判断枠組みを示しつつ、積極的加害意思を認定して結論を導けばよいでしょう。

他方、**積極的加害意思はないが予期はしている事案類型**では、最決平29.4.26の判断枠組みに対するあてはめを大展開することが要求されます。最決平29.4.26に照らし、問題文中の事実を余すところなく抽出し、評価しなくてはなりません。

結局、「侵害の予期＋積極的加害意思＝「急迫」性否定」という従来の図式と同視することができるような緊急状況性が欠如する状況だったか否かを諸般の事情を考慮して判断します。侵害の予期は必須要素です。図式化すると以下のようになるでしょう。

```
侵害の予期＋積極的加害意思                              ＝「急迫」性の否定
                ≒
侵害の予期＋ 積極的加害意思が認められる場合と
           同視すべき緊急状況性が欠如した状況         ＝「急迫」性の否定
           ⎵_____⎵
           「行為の状況全体からみて、36条の趣旨に照らし許容されない」場面
```

なお、論述の仕方としては、**問題提起で「急迫」性要件との関係で問題となることを示し、規範定立段階における理由付けとして刑法36条1項の趣旨を示し、かかる趣旨から「行為の状況全体からみて、36条の趣旨に照らし許容されない」か否かという最決平29.4.26の最終規範を示せばよいでしょう**。この形が最もコンパクトかつオーソドックスです。最決平29.4.26が示した最終規範の判断に関する考慮要素は、規範定立段階では示す必要はありません。考慮要素に沿ったあてはめができていれば十分です。

(!) 受験生としては最決平29.4.26を用いたあてはめを学ぶことが点取りゲームである司法試験対策として最重要項目です。判例紹介パートでガッツリ学んでください。

❸ 自招侵害に関する最決平20.5.20

　自招侵害という論点が生じる場面は，**自ら相手の攻撃を招くような自招行為を行い，相手が侵害行為に出たところで反撃行為を行うような場合**です（①甲の自招行為→②Vの侵害行為→③甲の反撃行為，という時系列及び言葉のいい回しは押さえましょう）。

　一般的な感覚だと，「その反撃行為って，最初に自分が原因を作ってるんだから，正当防衛が成立するのはなんか変じゃない？」という疑問が生じます。

　そして，①自招行為→②侵害行為→③反撃行為という時系列において，「③反撃行為に正当防衛を成立させてよいのか」が問題となります。

　この点については，正当防衛の要件である「急迫」性を否定するとする立場，「防衛するため」ではないとする立場，社会的相当性が認められないとする立場など，さまざまな学説が存在しました。それが，最決平20.5.20が登場したことで，**「何らかの反撃行為に出ることが正当とされる状況」だったか否かによって判断するという枠組みが確立**しました。

　なお，最決平20.5.20は，自招防衛の場合に正当防衛が成立するか否かにつき**正当防衛の要件に絡めることなく，「何らかの反撃行為に出ることが正当とされる状況」だったか否かという判断枠組みを提示**しています。受験生としては，最決平20.5.20の判断枠組みは正当防衛の個々の要件を検討する前段階のハードルであると押さえておけばよいでしょう。結局のところ，自招侵害は正当防衛に関する解釈論ですから，趣旨から考えようという話なのでしょう。

　自力救済が原則として禁止される中で，公的機関に法的保護を求めるような余裕がない緊急状況下において例外的に自力救済を認めるのが正当防衛の趣旨です。

　そのような緊急状況下，すなわち**「何らかの反撃行為に出ることが正当とされる状況」であれば，いくら自招行為を行って侵害を招く原因を作ったとしても正当防衛が成立する道を開いた**ということです。

> (!) まとめると，自招防衛が出題されたら，刑法36条1項の個々の要件を検討する前に，最決平20.5.20の「何らかの反撃行為に出ることが正当とされる状況」だったか否かを検討します。そして，そのハードルをクリアできれば，個々の要

件検討をします（どのような場面であれば「何らかの反撃行為に出ることが正当とされる状況」かについては後述）。

❹ 最決平29.4.26と最決平20.5.20の関係

細かいので軽くふれると，自招侵害についても侵害の予期に関する最決平29.4.26の枠組みに収斂させる考え方があります。そして，実際にそのような自招性と侵害の予期を混同した判断をしている裁判例も存在します（京都地判平31.2.12）。

他方，自招侵害については最決平20.5.20で判断し，侵害の事前予期類型に関しては最決平29.4.26で判断すればよいとして両類型を区別する考え方もあり，両者を明確に区別している裁判例もあります（横浜地判令3.3.19）。

> ⚠ 受験生は，難しい議論に首を突っ込まず両者を区別して用いればよいと思われます。具体的には，侵害の予期がない自招侵害については最決平20.5.20で判断し，侵害の事前予期類型に関しては最決平29.4.26で判断すればOKです。

2 判 例

【最決平20.5.20】
1 原判決及びその是認する第1審判決の認定によれば，本件の事実関係は，次のとおりである。
  （1）本件の被害者であるA（当時51歳）は，本件当日午後7時30分ころ，自転車にまたがったまま，歩道上に設置されたごみ集積所にごみを捨てていたところ，帰宅途中に徒歩で通り掛かった被告人（当時41歳）が，その姿を不審と感じて声を掛けるなどしたことから，両名は言い争いとなった。
  （2）**被告人は，いきなりAの左ほおを手けんで1回殴打し**，直後に走って立ち去った。
  （3）Aは，「待て。」などと言いながら，**自転車で被告人を追い掛け，上記殴打現場から約26.5m先を左折して約60m進んだ歩道上で被告人に追い付き**，自転車に乗ったまま，**水平に伸ばした右腕で，後方から被告人の背中の上部又は首付近を強く殴打した。**
  （4）被告人は，上記Aの攻撃によって前方に倒れたが，起き上がり，護身用に携帯

していた**特殊警棒を衣服から取出し，Aに対し，その顔面や防御しようとした左手を数回殴打する暴行を加え**，よって，同人に加療約3週間を要する顔面挫創，左手小指中節骨骨折の傷害を負わせた。
2　本件の公訴事実は，被告人の前記1（4）の行為を傷害罪に問うものであるが，所論は，Aの前記1（3）の攻撃に侵害の急迫性がないとした原判断は誤りであり，被告人の本件傷害行為については正当防衛が成立する旨主張する。しかしながら，前記の事実関係によれば，被告人は，Aから攻撃されるに先立ち，Aに対して暴行を加えているのであって，**Aの攻撃は，被告人の暴行に触発された，その直後における近接した場所での一連，一体の事態ということができ，被告人は不正の行為により自ら侵害を招いたものといえる**から，Aの攻撃が被告人の前記暴行の程度を大きく超えるものでないなどの本件事実関係の下においては，被告人の本件傷害行為は，被告人において**何らかの反撃行為に出ることが正当とされる状況**における行為とはいえないというべきである。そうすると，正当防衛の成立を否定した原判断は，結論において正当である。

　侵害の予期がない自招侵害事例（故意的挑発事例ともいわれます）は，「**何らかの反撃行為に出ることが正当とされる状況**」であれば，反撃行為が正当防衛の要件をみたす限りにおいて違法性阻却の余地を残します。
　判例は，「何らかの反撃行為に出ることが正当とされる状況」について，①**不正の行為により自ら侵害を招き**，②**反撃行為が自招行為の程度を大きく超える場合**を意味するという判断の枠組みを定立していますから，答案でも①②に関する事実を必ず抽出しましょう！
　なお，①の「不正の侵害」とは，**違法な侵害**を意味します（単にオラオラした態度を示した程度では，「不正の侵害」が認められません。その場合，通常の反撃事例として刑法36条1項の要件を検討すれば足ります）。
　また，「自ら侵害を招き」とは，**自招行為と侵害行為に時間的・場所的近接性が認められることによる一連一体性**を意味します。押さえておきましょう。

【最決平29.4.26】
1　第1審判決及び原判決の認定並びに記録によれば，本件の事実関係は，次のとおりである。
　（1）被告人は，**知人であるA（当時40歳）**から，**平成26年6月2日午後4時30分頃**，不在中の自宅（マンション6階）の玄関扉を消火器で何度もたたかれ，その頃から

同月3日午前3時頃までの間，十数回にわたり電話で，「今から行ったるから待っとけ。けじめとったるから。」と怒鳴られたり，仲間と共に攻撃を加えると言われたりするなど，身に覚えのない因縁を付けられ，立腹していた。

(2) 被告人は，自宅にいたところ，同日午前4時2分頃，Aから，マンションの前に来ているから降りて来るようにと電話で呼び出されて，自宅にあった包丁（刃体の長さ約13.8cm）にタオルを巻き，それをズボンの腰部右後ろに差し挟んで，自宅マンション前の路上に赴いた。

(3) 被告人を見付けたAがハンマーを持って被告人の方に駆け寄って来たが，被告人は，Aに包丁を示すなどの威嚇的行動を取ることなく，歩いてAに近づき，ハンマーで殴りかかって来たAの攻撃を，腕を出し腰を引くなどして防ぎながら，包丁を取り出すと，殺意をもって，Aの左側胸部を包丁で1回強く突き刺して殺害した。

2 　刑法36条は，急迫不正の侵害という緊急状況の下で公的機関による法的保護を求めることが期待できないときに，侵害を排除するための私人による対抗行為を例外的に許容したものである。したがって，行為者が侵害を予期した上で対抗行為に及んだ場合，侵害の**急迫性**の要件については，**侵害を予期していたことから，直ちにこれが失われると解すべきではなく**（最高裁昭和45年（あ）第2563号同46年11月16日第三小法廷判決・刑集25巻8号996頁参照），**対抗行為に先行する事情を含めた行為全般の状況に照らして検討すべき**である。具体的には，事案に応じ，**行為者と相手方との従前の関係，予期された侵害の内容，侵害の予期の程度，侵害回避の容易性，侵害場所に出向く必要性，侵害場所にとどまる相当性，対抗行為の準備の状況**（特に，凶器の準備の有無や準備した凶器の性状等），**実際の侵害行為の内容と予期された侵害との異同，行為者が侵害に臨んだ状況及びその際の意思内容**等を考慮し，**行為者がその機会を利用し積極的に相手方に対して加害行為をする意思で侵害に臨んだとき**（最高裁昭和51年（あ）第671号同52年7月21日第一小法廷決定・刑集31巻4号747頁参照）など，前記のような**刑法36条の趣旨に照らし許容されるものとはいえない場合**には，侵害の急迫性の要件を充たさないものというべきである。

前記1の事実関係によれば，**被告人は，Aの呼出しに応じて現場に赴けば，Aから凶器を用いるなどした暴行を加えられることを十分予期**していながら，**Aの呼出しに応じる必要がなく，自宅にとどまって警察の援助を受けることが容易であったにもかかわらず，包丁を準備した上，Aの待つ場所に出向き，Aがハンマーで攻撃してくるや，包丁を示すなどの威嚇的行動を取ることもしないままAに近づき，Aの左側胸部を強く刺突した**ものと認められる。このような先行事情を含めた本件行為全般の状況に照らすと，被告人の本件行為は，刑法36条の趣旨に照らし許容されるものとは認められず，侵害の急迫性の要件を充たさないものというべきである。したがって，本件につき正当防衛及び過剰防衛の成立を否定した第1審判決を是認した原判断は正当である。

従来は，単なる侵害の予期があるにすぎない場合は「急迫」性は失われない

が，予期に加えて積極的加害意思が認められる場合は「急迫」性が否定されるという単純な図式でした。

もっとも，最決平29.4.26は，公的機関に救助を要請できない**例外的な場合にのみ自力救済を認めるという刑法36条1項の趣旨**からすれば，「急迫」性が失われるか否かは「**刑法36条の趣旨に照らし許容されるものとはいえない場合**」か否かで判断し，かかる場合については「**対抗行為に先行する事情を含めた行為全般の状況に照らして検討する**」という包括的な基準を示すに至りました。

そして，侵害の予期に加えて積極的加害意思がある場合とは，あくまでかかる包括的基準からみた場合に「急迫」性が失われる一場面に過ぎず，侵害の予期に留まる場合であっても，「刑法36条の趣旨に照らし許容されるものとはいえない場合」であれば「急迫」性が否定されることになります（前掲図式（53頁）を確認してください）。

他方，「行為の状況全体からみて，36条の趣旨に照らし許容されない」場面か否かの考慮要素として，判例は「①**行為者と相手方との従前の関係**，②**予期された侵害の内容**，③**侵害の予期の程度**，④**侵害回避の容易性**，⑤**侵害場所に出向く必要性**，⑥**侵害場所にとどまる相当性**，⑦**対抗行為の準備の状況**（特に，凶器の準備の有無や準備した凶器の性状等），⑧**実際の侵害行為の内容と予期された侵害との異同**，⑨**行為者が侵害に臨んだ状況**及び，⑩**その際の意思内容**」という10個の考慮要素を掲げています（①～⑩は筆者が挿入）。

⚠ あてはめ上手になるためには，この10個の考慮要素の役割を押さえ，それに沿って事例問題を解くという作業を繰り返すべきです。

そこで，以下で各考慮要素の持つ役割をみていきましょう（なお，この考慮要素を規範定立段階で示す必要性はありませんし，毎回全てを使うわけでもありません。また，以下の整理は一つの整理例です）。

まず，侵害の予期との関係では，**相手方の侵害内容をどの程度具体的に予測していたか**（②），**予測の確実さの程度**（③）が重要です。侵害内容を具体的に予測していたといえるためには実際の侵害内容と予期していた侵害内容がある程度一致することを要し（⑧），他方，確実な予測があったか否かは行為者

と相手方との従前の関係（①），対抗行為の準備の状況（⑦），侵害者が侵害に臨んだ状況（⑨）から推認します。

例えば，「なんとなくAは俺に侵害してくるだろう」程度では，そもそも侵害内容の具体的な予測があるといえません（②）。また，「Aは俺に素手で殴ってくるだろう」という形で具体的な侵害内容の予測があっても，実際は拳銃で侵害してきたような場合は侵害内容のズレが著しく（③），この場合も相手方の侵害を具体的に予測していたといえません（②）。

他方，確実な予測があったか否か（③）です。侵害者と反撃者が従前から仲が悪く，時には喧嘩に発展するほどもめていたような場合（①）は，次に会ったときは確実に侵害してくるだろうと考えていたことが推認できます。普段から鋭利な包丁を懐に忍ばせていたような場合（⑦）も，襲撃に備えて凶器を用意していたとみるのが通常といえる場合は，侵害の確実な予測を推認させます。侵害に対して何ら戸惑うことなくスムーズに反撃していたような場合（⑨）も，あらかじめ侵害を想定しての動きだったと評価でき，侵害の確実な予測を推認できます。

ここまで出てきた考慮要素をまとめると以下のとおりです。

> 侵害の予期＝侵害内容の具体的予測＋予測の確実性
> 　　　　　　→②⑧　　　　　→③①⑦⑨

次に，積極的加害意思が認められる場合と同視すべき緊急状況性が欠如した状況の有無に関する考慮要素をみます。

まず，侵害回避の容易性（④）ですが，わざわざ相手がいるところに出向く場合は，出向かずに警察に連絡するといった代替手段によって侵害回避が容易であっただろうと基本的には評価できます。緊急状況性の欠如を推認することになるでしょう。ただ，もともとその場に出向く用事があったといった事情がある場合はその推認を弱める事情となります（⑤）。

他方，侵害者を待ち受けて反撃した場合，出向く場合に比べれば緊急状況性の欠如を推認する力は弱まります。特に，自宅まで相手がやってきたような場合，反撃者は居住権者ですから，家を出ていく理由は原則ありません。もっとも，そのような場合でも，例えば侵害を予期してから侵害者が襲来するまでの

間に時間的余裕があったのであれば逃げることもでき，侵害回避が容易といえます（④）し，侵害場所に留まることに相当な理由があるともいえなくなってきます（⑥）。また，さまざまな凶器やトラップを用意している場合は，侵害を回避しないことに合理的理由がない方向で評価され（⑦），侵害者の侵害に対して一方的に防御している中で何とか反撃した状況であれば，緊急状況性を肯定する方向で評価すべきです（⑨）。侵害者の実際の侵害内容が予想していたよりも苛烈なものであれば，公的機関に救助を求める間がなかったと評価できる場合もあります（⑧）。

他方，わざとやられたふりをして相手優位と思わせつつ，隙をみせたときに強力な反撃行為に出ようとしていたような場合は積極的加害意思があるような場合と同視でき，緊急状況性を否定する方向の主観的事情として評価できます（⑩）。

従前から恨みを抱いていたような事情（①）があれば，それも行為者の意思内容（⑩）を推認させる事情となり，侵害の予期の程度やその内容（②）も意思内容と関連する事情となります（③）。

> 積極的加害意思が認められる場合と同視すべき緊急状況性が欠如した状況
> →①〜⑩全部

このように，**積極的加害意思が認められる場合と同視すべき緊急状況性が欠如した状況**があったか否かとの関係では，全ての考慮要素が使えます。

結局のところ，**最決平29.4.26が挙げた全ての考慮要素をストックして，その考慮要素に該当する事実をすべて抽出，評価するほかはありません**。

(!) 考慮要素が多いぶん，やみくもに抽出して論じてしまうと文章構造が非常にわかりにくくなります。自分が採用する結論との関係で積極事実と消極事実に分けきってから「確かに〜，しかし〜」構文であったり，「まず〜，他方〜」構文にあてはめる形で論述するとよいでしょう（「確かに〜しかし〜だがしかし〜」のようにならないよう気を付けましょう）。

(!) なお，単に考慮要素を暗記するだけでは絶対に考慮要素を使いこなせるように

はなりません。判例の事案を問題文に見立てて「自分ならどのような事実を抽出して評価するか」を考えたり，過去問（令和4年司法試験等）を解いたり，演習すべきです。

3 知識の整理（短答過去問を題材に）

> 正当防衛に関する次の1から5までの各記述を判例の立場に従って検討した場合，正しいものはどれか。　　　　　　　　　　（司法試験平成22年第4問）
> 1 相手方による侵害を予期している者が，その侵害から自己の権利を防衛するには侵害に先んじて相手方に加害行為をすることが効果的な状況において，相手方による侵害が間近に押し迫る前に加害行為をした場合，正当防衛が成立する余地はない。
> 2 相手方による侵害を予期していた者が，それを避けずにその侵害に臨み，予期された侵害に対し反撃した場合，正当防衛が成立する余地はない。
> 3 相手方を挑発して相手方による侵害を自ら招いた者が，それに対し反撃した場合，正当防衛が成立する余地はない。
> 4 いわゆるけんか闘争状態にある者が，相手方に対して加害行為をした場合，正当防衛が成立する余地はない。
> 5 相手方による侵害に対し反撃した者が，その侵害から予想された被害よりも大きい被害を相手方に与えた場合，正当防衛が成立する余地はない。

解答・解説

解答：1

1 **正解** 判例で「急迫」性とは，法益の侵害が現に存在しているか，または間近に押し迫っていることを意味します。「相手方による侵害が間近に押し迫る前に加害行為をした場合」は「急迫」性の要件をみたさず，正当防衛は成立しません。

2 **誤り** 従来の判例では，侵害の予期がある場合であり，かつ，積極的加害意思が存在する場合は「急迫」性が否定されました。最決平29.4.26では，積極的加害意思がなく単なる侵害の予期に留まる場合であっても諸般の事情に照らして反撃行為に出ることが36条の趣旨に照らし許容されるものとはいえない場合は「急迫」性が認められないとします。逆に考えれば，侵害の予期が認められる場合であっても「急迫」性が認められる場合はあるとするのが判例の考え方です。侵害の予期があれば正当防衛が成立する余地がないとするのは誤りです。

3 **誤り** 判例では，自招侵害の場合は何らかの反撃行為に出ることが正当とされる状況であれば正当防衛が成立する余地があるとします。自招侵害の場合に正当防衛が成立する余地がないとするのは誤りです。

4 **誤り** 判例では，喧嘩に関しては正当防衛が成立する余地があるとされています。

5 **誤り** 「急迫」性ではなく「やむを得ずにした」か否かに関する選択肢です。「やむを得ずにした」か否かは，結果の相当性ではなく行為の相当性を意味するといわれます。結果的に侵害から予想される被害よりも大きい被害を相手に与えてしまったとしても，「やむを得ずにした」と判断されることも多くあります。

6 誤想防衛

　誤想防衛は重要な論点ですが，複数の類型があることも相まって，理解が難しいです。受験生からすれば「おい！　甲！　誤想すんなや！事案処理が難しくなってるやないかい！」という感じでしょう。ここでは，前提知識をさらっとおさらいしつつ，通説に沿った誤想防衛の処理手順についてまとめます。

●令和4年司法試験出題趣旨

　そして，Aの甲に対する急迫不正の侵害が否定されると考えた場合，防衛者である乙はこれが存在すると認識していることから，急迫不正の侵害があると誤信した上で，主観的には防衛行為に及んでいることになるため，かかる誤信に基づいて対抗行為に及んだ乙に故意犯が成立するかどうかを検討する必要がある。通説は，故意を認めるためには，「罪」（＝犯罪）を犯す意思が必要である以上，その認識対象は，構成要件に該当する違法な行為として理解すべきであることを前提に，構成要件該当事実の認識・予見があっても，違法性阻却事由を誤信しているときには故意犯の成立を否定する。同説によれば，行為者の認識・予見した事情が正当防衛に該当する事情である場合には，違法性を基礎付ける事実の認識が欠けるとして責任段階で故意が阻却され（その誤信について過失がある場合に限って，過失犯の成立を認める。），過剰防衛と評価される事実を認識していた場合には，違法性を基礎付ける事実の認識が認められ故意犯が成立する。そこで，乙に故意犯が成立するか否かを判断するに当たっては，乙の認識・予見した事実が，正当防衛と評価されるか，過剰防衛と評価されるかを明らかにする必要がある。そして，判例実務では，防衛行為の危険性や防衛手段としての必要最小限度性等の事情を考慮して「やむを得ずにした行為」に当たるか否かを判断しているところ，乙が認識していた事実は，Aが甲の顔面を拳で一方的に殴打しようとしているというものであったのに対し，乙は，Aの背後から，何の警告もせずにAの右上腕部を本件ナイフで強く突き刺し，Aに加療約3週間を要する右上腕部刺創の傷害を負わせており，かかる乙の行為は，明らかにAの行為の危険性を大きく上回るものと評価できる上，甲，乙及びAがいずれも20歳代の男性であり，各人の体格に大差がなかったことなども併せて考慮すれば，Aを後ろから羽交い締めにするなど，より侵害性が軽微な手段が他に存在したといえることから，乙の行為は，その認識した事実を前提としても「やむを得ずにした行為」とは評価できない。したがって，故意は阻却されず乙に傷害罪が成立するが，乙の誤信

▼石橋MEMO▼

もはや超端的な解説やんけ…。

ここが答案上の肝!!

した侵害を前提とすると，乙の行為は過剰防衛としての性質を有することから，刑法第36条第2項の適用（又は準用）の可否も問われることになるため，この点についても根拠とともに自説を論じる必要がある。

●令和4年司法試験採点実感

次に，Aの甲に対する急迫不正の侵害が否定されると考えた場合，防衛者である乙はこれが存在すると誤信した上で，主観的には防衛行為に及んでいることになるため，かかる誤信に基づいて対抗行為に及んだ乙に故意犯が成立するか否かについて論じることが必要であったが，乙に誤想（過剰）防衛が成立するかという問題提起や検討をするにとどまり，これが成立する場合にいかなる帰結が導けるかに言及できていない答案が散見された。誤想（過剰）防衛は，講学上の概念にすぎず，これに該当すると評価されたとしても，そこから直ちに何らかの帰結が導き出されるものではないことは明らかであって，これらの答案は，講学上の概念や用語がいかなる意味を持つものかを理解しないまま，無自覚に論証パターンを記述しているにすぎないとの懸念を抱かせるものであった。通説の立場から故意犯の成立を認めるためには，乙の本件行為が，乙の認識した事実を前提としても「やむを得ずにした行為」とは評価できないことを指摘する必要があるが，具体的な事実関係に即して，この点を明確に示すことができた答案からは，刑法の基本的な理解が修得されているとの印象を受けた。本事例において，正当防衛状況を肯定する答案は少数であったが，中には，Aによる急迫不正の侵害を肯定しながら誤想（過剰）防衛の成否を検討する答案や，正当防衛の要件のうち相当性以外の要件充足性を肯定しながら，相当性の要件を満たさないことから正当防衛は成立しないと論じるのみで過剰防衛の成否に全く言及しない答案など，論理的整合性や刑法の基本的な理解が疑われる答案も少なからず見られた。

●平成27年司法試験出題趣旨

違法性阻却事由に関する錯誤の刑法上の位置付けについて，論拠を示して論ずることとなる。具体的には，故意責任が認められる理由を示し，誤想防衛ないし誤想自救行為が故意責任にどのように影響するのかを論ずることとなろう。その上で，甲の認識していた事態が正当防衛ないし自救行為の要件に該当するかを個別具体的に検討する必要がある。特に，甲の行為が過剰性を有する場合，誤想過剰防衛ないし誤想過剰自救行為となることから，甲の行為が，相当性，必要性を有する行為といえるかを，問題文にある具体的な事実を挙げて検討することが求められる。これらの検討の結果，過剰性が認められる場合には甲に傷害罪が成立することとなろうが，誤想防衛ないし誤想自救行為として，傷害罪の故意を否定する場合，更に，侵害について誤信した点についての過失を検討する必要がある。これに過失があるとすれば，過失傷害罪が成立することとなろう。

1 分析

❶ 前提知識

まず,「罪を犯す意思」(刑法38条1項本文)は,**構成要件的故意**と**責任故意**に分かれます。前者は客観的構成要件に該当する事実に対する認識及び認容を意味し,後者については①**違法性阻却事由が存在しないことに対する認識**と②**違法性の意識**を意味します(後述の制限故意説からの説明)。

①については,更にⅰ**違法性阻却事由の要件に関する錯誤**(違法性(=法律の)の錯誤)とⅱ**違法性阻却事由の要件に該当する事実に関する錯誤**(争いがありますが,通説は違法性(=法律の)の錯誤ではなく事実の錯誤として処理をします)に分かれます。

②は要否,必要だとして現実の認識が必要なのか可能性の認識で足りるのか,責任故意の要素なのか責任故意とは別個の責任要素なのかが問題となります。

図示すると以下のとおりです。

刑法の学習及び起案においては論点の犯罪体系上の位置付けはとても重要なポイントです(誤想防衛は図で示した★の部分)。

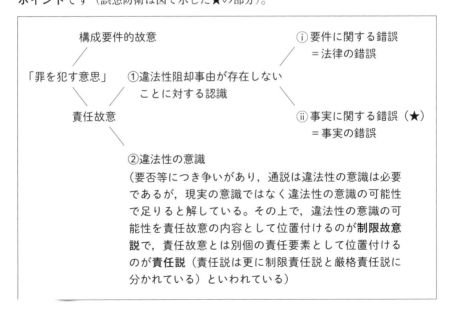

❷　誤想防衛論の本質

　通説は、誤想防衛（違法性阻却事由（正当化事由）についての錯誤ともいう）を**事実の錯誤**と捉えます。法律の錯誤とは捉えません。以下、通説に従って説明します。

　まず、違法性阻却事由に対して錯誤があるとは、**違法性阻却の要件をみたす事実が存在しないにもかかわらず、行為者は違法性阻却の要件に該当する事実があると考えている**ということです。例えば、以下のような場合を指します。

・客観的には「急迫不正の侵害」がないのにあると思っていた。
・客観的には「急迫不正の侵害」が認められ、「やむを得ずにした」とはいえない行為を行ったものの、本人は「やむを得ずにした」行為だと思っていた。
・客観的には「急迫不正の侵害」が認められず、かつ、「やむを得ずにした」行為を行っているものの、本人は「急迫不正の侵害」がある中で「やむを得ずにした」行為だと思っていた。

　そもそも、故意責任の本質は、**反規範的態度に対する道義的非難**に求められます。「悪いとわかっていたのにやったんだったら、そりゃああんた処罰されるよ」ということです。

　そうすると、自分の行為が正当防衛（悪くない行為）だと思っていた場合、「悪いと思ってた」という故意責任を問う前提を欠きます。だからこそ、故意が阻却されるのではないかが問題となります。

　後述の通り、誤想防衛には複数の類型があるのですが、誤想防衛が問題となる場面に共通するのは、「**客観的には正当防衛の要件をみたす事実が存在しないが、主観的には正当防衛の要件をみたす事実が存在すると勘違いしている**」ことです。これが大事なポイントです。このような場合に、①**責任故意が認められるのか**（故意犯の罪名に関する問題）、②**責任故意が認められる過剰事案では36条2項の適用をどう考えるか**（科刑の問題）、③**責任故意が認められなかった場合に過失犯の成否をどう考えるか**（過失犯の罪名に関する問題）という3点が問題となります。

(!) ②は自説（論証）を覚えて現場で吐き出せばよいので，事前準備が効きます。また，③についても，誤想防衛を事実の錯誤とみる通説からは，故意犯が否定された場合に過失犯をサラッと検討すれば十分です。

答案上しっかりと展開しなければならないのは①です。答案上の処理手順について，令和4年司法試験出題趣旨が丁寧に示しています（63頁）。

要は，**行為者の主観面を基準として正当防衛の要件をみたすか否かを検討し，みたすのであれば責任故意が阻却され，みたさないのであれば責任故意が認められる**ことになります。誤想防衛という言葉を用い，「甲は『急迫不正の侵害』を誤認しており，誤想防衛が成立するので責任故意が阻却される」と書くだけではなく，**構成要件肯定→違法性阻却事由としての正当防衛の要件をみたさない旨を認定→誤想した場合の処理に関する論証**をはり，**行為者の主観を基準とした事実関係のもとで正当防衛の要件にあてはめ→結論**という流れでしっかりと検討しましょう。以下では，誤想防衛の類型整理を行い，類型ごとの処理をみていくことにします。

Ⅰ類　型： 狭義の誤想防衛	「急迫不正の侵害」を誤想して正当防衛行為を行う場合
Ⅱ類　型： 防衛行為の誤想	「急迫不正の侵害」に対して「やむを得ずにした」とはいえない行為を行ったものの，「やむを得ずにした」行為と誤想している場合
Ⅲ類　型： ③誤想過剰防衛	ⅰ「急迫不正の侵害」を誤想しつつ「やむを得ずにした」とはいえない行為を行い，「やむを得ずにした」ものではないと認識している場合（狭義の誤想過剰防衛） ⅱ「急迫不正の侵害」を誤想しつつ「やむを得ずにした」とはいえない行為を行い，「やむを得ずにした」行為と誤想している場合（二重の誤想過剰防衛）

❸　Ⅰ類　型

責任故意が阻却され，**故意犯は成立しません**。当然ながら，過剰な行為を行ったわけではなく，**36条2項を適用してよいかといった問題は生じません**。

結局，過失が認められれば過失犯が成立しますが，過失も認められなければ不可罰です。

❹ Ⅱ類型

責任故意が阻却されて故意犯が成立しない点及び過失犯についてはⅠ類型と同じです。もっとも，Ⅱ類型については客観的に「急迫不正の侵害に対して，自己又は他人の権利を防衛するため」（36条1項），「防衛の程度を超えた行為」（同条2項）をした場合なので，36条2項の適用場面です。したがって，**過失犯が成立する場合は36条2項が適用されることで刑の任意的減免を受けます。**

なお，Ⅱ類型で過失犯が成立する場合に36条2項が適用されるということは，過失犯が成立する場合はⅠ類型よりⅡ類型のほうが行為者に有利な結果となります。これは，Ⅰ類型の場合は客観的には「急迫不正の侵害」がなかったわけですが，Ⅱ類型の場合は客観的に「急迫不正の侵害」が認められ，Ⅱ類型の行為者のほうが緊急性の高い状況下で対応しているといえるからです。

❺ Ⅲ類型

狭義の誤想過剰防衛（ⅰ）については，「やむを得ずにした」ものではないと認識しています（過剰性を認識している）。よって，責任故意を問えるため**故意犯が成立します。**36条2項は同条1項の「急迫不正の侵害」の存在を前提とし，誤想過剰防衛の場合に同条2項を適用することはできません。もっとも，36条2項の趣旨は，過剰行為であっても急迫不正の侵害を認識している以上，責任が減少するとみることができる点にあると考えられます（これは36条2項の趣旨に関する責任減少説からの説明）。よって，**誤想過剰防衛においても責任減少自体は認められ，同条同項の準用は認められるべきでしょう。**

ただし，急迫不正の侵害の誤信に過失が認められ，かつ過剰行為ではない場合（要は狭義の誤想防衛の場合）に過失犯が成立して刑が科される余地が残るにもかかわらず，誤想過剰防衛の場合は故意犯が成立して刑が免除される可能性があるのでは，後者の方が不相当な行為を行っている事案があるにもかかわらず不均衡です。そこで，**36条2項の準用の効果は，必要的減刑に限ると考える**

べきでしょう。

他方，二重の誤想過剰防衛（ⅱ）の場合は，「やむを得ずにした」であると認識しています（過剰性を認識していない）。よって，責任故意は問えません。

したがって，故意犯は成立せず，過失があれば過失犯が成立することになります。36条2項に関しては狭義の誤想過剰防衛（ⅰ）と同じ処理です。

2 判 例

【最決昭62.3.26（勘違い騎士道事件（狭義の誤想過剰防衛））】
　なお，所論にかんがみ，職権により判断する。原判決の認定によれば，空手三段の腕前を有する被告人は，夜間帰宅途中の路上で，酩酊した水島幸子とこれをなだめていた播磨安年とが揉み合ううち同女が倉庫の鉄製シヤツターにぶつかつて尻もちをついたのを目撃して，播磨が水島に暴行を加えているものと誤解し，同女を助けるべく両者の間に割つて入つた上，同女を助け起こそうとし，次いで播磨の方を振り向き両手を差し出して同人の方に近づいたところ，同人がこれを見て防禦するため手を握つて胸の前辺りにあげたのをボクシングのフアイテイングポーズのような姿勢をとり自分に殴りかかつてくるものと誤信し，自己及び同女の身体を防衛しようと考え，とつさに播磨の顔面付近に当てるべく空手技である回し蹴りをして，左足を同人の右顔面付近に当て，同人を路上に転倒させて**頭蓋骨骨折等の傷害を負わせ，八日後に右傷害による脳硬膜外出血及び脳挫滅により死亡させた**というのである。右事実関係のもとにおいて，本件回し蹴り行為は，被告人が誤信した播磨による急迫不正の侵害に対する防衛手段として相当性を逸脱していることが明らかであるとし，**被告人の所為について傷害致死罪が成立し**，いわゆる誤想過剰防衛に当たるとして刑法三六条二項により刑を減軽した原判断は，正当である（最高裁昭和四〇年（あ）第一九九八号同四一年七月七日第二小法廷決定・刑集二〇巻六号五五四頁参照）。

被告人の回し蹴りは，被害者の頭蓋骨という「身体を」骨折させるものなので生理的機能に障害を与えるものとして「傷害」にあたり，かつ，被害者は脳硬膜外出血及び脳挫滅により「死亡」し，かかる結果は傷害に「よって」生じています。また，暴行罪（208条）の故意もありますから，**傷害致死罪（205条）の構成要件**をみたします。また，被害者は防御するため手を握って胸の前辺りに上げただけです。このため，「急迫不正の侵害」は認められず，**正当防衛（36条1項）による違法性阻却は認められません**。

他方，被告人は被害者がボクシングのファイティングポーズのような姿勢をとり，自分に殴りかかってくるものと誤信しながら上記行為をするに至っているので，**被告人の主観を基準に正当防衛の要件をみたすのであれば，故意責任を問うことができず責任故意が阻却されて傷害致死罪が成立しません。**

そこで，被告人の主観を基準に正当防衛の要件をみたすか否かを検討すると，被害者がボクシングのファイティングポーズのような姿勢をとり自分に殴りかかってくる場合，それは被告人に対する「急迫不正の侵害」にあたります。被告人は，自己及び女性の身体を防衛しようと考えて上記行為に及んでいるので「自己又は第三者の権利を防衛するため」といえます。

また，「やむを得ずにした」に関して，被告人も被害者も素手ですから，武器としては対等です。しかし，被告人は空手三段の腕前であるのに対し，被害者は素人で，**被告人が被害者を攻撃した場合に甚大な被害が出る危険性**があります。また，被告人の行為は回し蹴りという骨が砕ける可能性が十分にある危険な行為を被害者の頭部という枢要部を目がけて行うもので，**危険性は相当高かったと評価できます。被害者はファイティングポーズをとっただけなので，被告人は警察を呼んで止めさせるといった代替手段もとりえたでしょう。**

以上からすれば，被告人の主観を基準に考えると「やむを得ずにした行為」ということはできず，正当防衛は成立しません。被告人に故意責任を問うことができる以上，**責任故意が認められ傷害致死罪が成立します。**

科刑に関しては，**判決文上は「刑法三六条二項により刑を減軽」**としか書かれていませんが，本音の立場では，36条2項を準用し，かつ，免除の余地がないため刑の減軽としたと考えておけばよいでしょう。

3 知識の整理（短答過去問を題材に）

次の【見解】ⅠないしⅢに従って，後記の【記述】アないしウについて正誤を検討した場合，後記1から5までのうち，正しいものはどれか。

（司法試験平成19年第20問）

【見　解】
Ⅰ　行為者が正当防衛に当たる事実があると誤信した場合には故意が否定され，

過失犯が成立し得るにとどまる。違法性の意識の有無は故意の成立とは無関係であるが，違法性の意識の可能性がなければ，責任を肯定することはできない。
Ⅱ　行為者が正当防衛に当たる事実があると誤信した場合には故意が否定され，過失犯が成立し得るにとどまる。違法性の意識は故意の要件であり，違法性の意識が認められない場合には故意が否定される。
Ⅲ　行為者が正当防衛に当たる事実があると誤信した場合であっても，故意は否定されないが，誤信についてやむを得ない事情があった場合には責任が否定される。違法性の意識の有無は故意の成立とは無関係であるが，違法性の意識の可能性がなければ，責任を肯定することはできない。

【記　述】
ア　行為者は，実際には正当防衛に該当する事実が存在しないのに，これが存在すると誤信した。この誤信にやむを得ない理由があった場合，行為者に犯罪は成立しない。
イ　行為者は，実際には正当防衛に該当する事実が存在しないのに，これが存在すると誤信した。この誤信が不注意によるものであった場合，行為者に故意犯は成立せず，過失犯が成立し得る。
ウ　行為者は，事実に関する誤信はなかったものの，正当防衛の成立要件について誤解していたため，正当防衛が成立しないのに，成立すると誤信した。この誤信にやむを得ない理由があったとはいえない場合，行為者に故意犯は成立しない。

1　【見解】Ⅰに従うと，【記述】アは誤りである。
2　【見解】Ⅰに従うと，【記述】ウは正しい。
3　【見解】Ⅱに従うと，【記述】イは誤りである。
4　【見解】Ⅱに従うと，【記述】ウは正しい。
5　【見解】Ⅲに従うと，【記述】アは誤りである。

解答・解説

解答：4

1 **誤り** 【記述】アには「行為者は，実際には正当防衛に該当する事実が存在しないのに，これが存在すると誤信した」とあります。他方，【見解】Ⅰの前段部分には「行為者が正当防衛に当たる事実があると誤信した場合には故意犯が否定され，過失犯が成立し得るにとどまる」とあります。このことから，【記述】アの事案においては少なくとも故意犯は成立せず過失犯の成立可能性のみが残るとわかります。他方，【記述】アには「この誤信にやむを得ない理由があった場合」とあります。「この誤信にやむを得ない理由があった場合」は，言い換えれば，違法性の意識の可能性すらなかったということで，【見解】Ⅰの後段部分には「違法性の意識の有無は故意の成立とは無関係であるが，違法性の意識の可能性がなければ，責任を肯定することはできない」とあります。この見解によれば【記述】アの事実関係においては責任が否定されて過失犯も成立しません。したがって，【見解】Ⅰに従うと，【記述】アは正解ですが，「【見解】Ⅰに従うと，【記述】アは誤りである」としているのは誤りです。

2 **誤り** 【記述】ウは「行為者は，事実に関する誤信はなかったものの，正当防衛の成立要件について誤解していた」とあります。事実の錯誤ではなく，法律の錯誤が生じています。したがって，この場合は，【見解】Ⅰの「行為者が正当防衛に当たる事実があると誤信した場合」にはあたりません。よって，故意犯成立の余地が残ります。

また，【記述】ウは「正当防衛の成立要件について誤解していたため，正当防衛が成立しないのに，成立すると誤信した。この誤信にやむを得ない理由があったとはいえない場合」で，違法性の意識の可能性はあったといえます。

したがって，【見解】Ⅰに従うと，故意犯が成立しないとする【記述】ウは誤りとなるにもかかわらず「【見解】Ⅰに従うと，【記述】ウは正しい」は誤りです。

3 **誤り** 【記述】イは「行為者は，実際には正当防衛に該当する事実が存在しないのに，これが存在すると誤信した」とあり，「行為者が正当防衛に当たる事実があると誤信した場合には故意が否定され，過失犯が成立し得るにとどまる」とする【見解】Ⅱに従うと過失犯の成立可能性が残ります。

また，【記述】イには「この誤信が不注意によるものであった場合」とあり，違法性の意識はないが違法性の意識の可能性はあったとわかります。そうだとすれば，「違法性の意識は故意の要件であり，違法性の意識が認められない場合には故意が否定される」とする【見解】Ⅱによれば，故意が否定され，【記述】イの事案では，過失犯が成立する可能性が残ります。したがって，【見解】Ⅱに従うと，【記述】イは正しく，「【見解】Ⅱに従うと，【記述】イは誤りである」とするのは誤りです。

4 **正解** 【記述】ウは「行為者は，事実に関する誤信はなかったものの，正当防衛の成立要

件について誤解していた」とあり，「行為者が正当防衛に当たる事実があると誤信した場合には故意が否定され，過失犯が成立し得るにとどまる」とする【見解】Ⅱによれば，故意犯の成立可能性が残ります。

　また，【記述】ウによれば「誤信にやむを得ない理由があったとはいえない場合」で，違法性の意識はないが違法性の意識の可能性はあったといえます。そして，【見解】Ⅱは「違法性の意識は故意の要件であり，違法性の意識が認められない場合には故意が否定される」とする考え方で，故意犯の成立可能性は消えます。したがって，【見解】Ⅱに従うと，【記述】ウは正しいです。

5　**誤り**　【記述】アは「行為者は，実際には正当防衛に該当する事実が存在しないのに，これが存在すると誤信した」あり，事実の錯誤が認められ，【見解】Ⅲによれば「行為者が正当防衛に当たる事実があると誤信した場合であっても，故意は否定されない」ので，この時点では故意犯成立の可能性が残ります。ただし，【見解】Ⅲによれば「誤信についてやむを得ない事情があった場合には責任が否定される。違法性の意識の有無は故意の成立とは無関係であるが，違法性の意識の可能性がなければ，責任を肯定することはできない」のであり，【記述】アは「この誤信にやむを得ない理由があった場合」とあります。行為者の責任が否定されることとなり，犯罪は成立しないこととなります。したがって，【見解】Ⅲに従うと，【記述】アは正解となるにもかかわらず「【見解】Ⅲに従うと，【記述】アは誤りである」は誤りです。

7 間接正犯

間接正犯は司法試験と予備試験の過去問で何度も出ている重要論点です。体系上の位置付けがわかりにくく，かつ，共同正犯や教唆犯との区別が難しかったりするためか，苦手意識を持っている受験生が多いのではないでしょうか。今後も出題が予想されるので，しっかりと学んでください。

●平成25年司法試験出題趣旨

まず，①については，間接正犯の成否が問題となり，乙がAの存在に気付いた時点で，乙の道具性が失われるか否かの検討が求められる。乙の道具性が失われると考える場合には，間接正犯における実行の着手時期いかんによって，予備か未遂かなど，甲の罪責に違いが出てくることから，この点に関する自己の見解を明らかにした上で，的確な当てはめを行うことが望まれる。他方，乙の道具性が失われないと考える場合には，因果関係や故意についても，的確な当てはめを行い，実行行為者として甲に成立する罪責を明らかにする必要がある。

▼石橋MEMO▼

忘れがち!!

体系が大事!

●平成25年司法試験採点実感

（3）甲の罪責について
ウ　殺人罪の成否につき，多くの答案が間接正犯の成否について一応言及していたものの，そのほとんどが，「乙が途中でAの存在に気付いたから間接正犯は成立しない」旨簡潔に述べるのみで，間接正犯の実行着手時期に言及した上，殺人予備罪にとどまるのか，殺人未遂罪が成立するのかを明らかにした答案は僅かであった。

1　分　析

❶　間接正犯の犯罪体系上の位置付け

間接正犯は，**自ら実行行為を行わず，他人を利用して犯罪を行った者**を意味します。なお，実行行為を行った者を正犯，自ら実行行為を行った者を**直接正犯**と呼びます。したがって，**間接正犯は単独正犯の一種であり，共犯の一種ではありません**（誤って理解している受験生は気を付けましょう）。

次に、間接正犯の体系上の位置付け（答案でどの要件に紐づけて展開する論点か）です。**正犯性に紐づけても、実行行為性に紐づけて論じても、いずれでも誤りではありません。**例えば実行行為性に紐づけて論じるのであれば、以下のような流れが一つの解答として想定できます

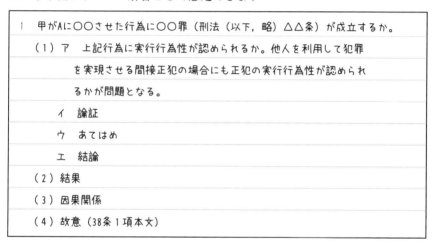

他方、正犯性に紐づけるのであれば、以下のような流れが一つの解答として想定できます。なお、あくまで論証例であり、唯一の正解ではありません。

1　甲がAに〇〇させた行為に〇〇罪（刑法（以下、略）△△条）が成立するか。
（1）ア　まず、上記行為を行った甲に正犯性が認められるか。他人を利
用して犯罪を実現させる間接正犯の場合にも正犯性が認められ
るかが問題となる。
イ　論証
ウ　あてはめ
エ　結論
（2）実行行為性

（3） 結果
（4） 因果関係
（5） 故意

❷　間接正犯の要件論

　間接正犯は，他人を利用して犯罪を実現する場合をどれだけ自分で犯罪を実現した場合と同視することができるかという論点です。「**直接正犯のように自ら実行行為を行った場合と同視できること**」が必要です。

　そのようにいえるための要件としては，客観的要件として「**被利用者を利用し，犯罪実現過程を支配したこと**」，主観的要件として**正犯意思**（＝他人を自己の犯罪実現のための道具として利用する意思（最決平9.10.30））が必要です。

　なお，支配性要件では，被利用者を支配することが必要なのではありません。**被利用者は利用するだけであり，支配の対象は犯罪実現過程**（因果関係と結果）です。また，**間接正犯の論点で出てくる正犯意思と共同正犯における正犯意思は，言葉は同じですがその内容が違います**（共同正犯の要件としての正犯意思の内容は，自己の犯罪として行う意思を指す）。

　支配性の判断には，規範的障害説，行為支配説，自律的決定説等があります。裁判実務では**諸般の事情を総合考慮して支配性を判断**します。したがって，試験においては何説に立つか否かはどうでもよく，むしろ，点取りゲームの観点からは**問題文から支配性に関する事実を全て抽出して評価した者が勝ち**といえるでしょう。

　その際，支配性要件のあてはめがメイン（＝点の取りどころ）です。判断の考慮要素としては，①**利用者と被利用者の関係性**，②**未成年者か否か**，③**是非弁別能力の有無**，④**利用者による働きかけの態様**，⑤**簡単に行える行為か否か**（複雑になればなるほど自分で決めなくてはならず，支配性が薄れる），⑥**被利用者の規範的障害の有無**（反対動機を形成して逆らえたか否か）をインプットしておきましょう（答案では，問題文で使える事情は全てピックアップして下さい）。

　なお，利用支配性が認められれば，間接正犯における正犯意思も認められる場合がほとんどです。それ故，利用支配性を肯定した後に正犯意思を肯定する

際は「前述の事情からすれば、正犯意思も認められる」のように、コンパクトに論じることが多いでしょう。

以上の要件論を基に、事案ごとに処理すれば足りるのですが、判例をベースとした事案類型ごとに間接正犯論をまとめると以下になります。

(!) 判例のいい回しを抽象化しておいた部分（太字部分）は答案で使える部分ですので、インプットしてしまうことをオススメします。

1　是非弁別能力を欠く場合
　　間接正犯肯定（是非弁別能力を欠く**被利用者は物事の良し悪しを判断できず、利用者は指示に抗われることなく犯罪を遂行できるので利用支配性がある**といえるから）
2　是非弁別能力がある場合
　(1)　故意のある者
　　ア　未成年者の利用（最決昭58.9.21、最決平13.10.25）
　　　　意思を抑圧していたか否かで支配要件を判断
　　イ　成年者（被害者）の利用（最決平16.1.20）
　　　　被害者をして利用者の命令に応じて命令内容以外の行為を選択することができない精神状態に陥らせたか否かで支配要件を判断
　　ウ　故意ある幇助的道具事例

	利用者	被利用者
判例	実行正犯（直接？間接？）	幇助
学説1	共謀共同正犯	単独正犯
学説2	教唆犯	単独正犯

　(2)　故意のない者（利用者に過失がある場合、過失がない場合、軽い罪の故意はある場合）
　　　間接正犯肯定（故意のない被害者につき最決昭27.2.21、故意のない第三者につき最決昭31.7.3）

また，利用者が計画内容を被利用者に告げていなかったものの，被利用者が途中で利用者の計画に気付いたような途中知情事案では，その時点で支配性要件が欠けます。ただし，**支配性が否定されたとしても，間接正犯の着手時期次第では未遂犯が成立**します。必ず着手時期を論じましょう。

　また，その際の共犯関係については，**客観的には教唆犯，主観的には間接正犯**という状況です（通説）。したがって，**抽象的事実の錯誤の処理も忘れない**ようにしましょう。

　他方，利用者が計画内容を伝えた上で被利用者を利用する形態であって，かつ，**支配要件が認められないことにより間接正犯が否定される事案**では，その後にいきなり教唆を検討するのではなく，**第一次的に共謀共同正犯を検討し，それが否定された場合に教唆に流す**ことになります（最決平13.10.25）。

(!) いきなり教唆犯に流す答案が散見されるところですので気を付けましょう。

2 判　例

【保険金目的自殺強要事件（最決平16.1.20）】
1　第1審判決が被告人の所為につき殺人未遂罪に当たるとし，原判決がそれを是認したところの事実関係の概要は，次のとおりである。

　被告人は，自己と偽装結婚させた女性（以下「被害者」という。）を被保険者とする5億9800万円の保険金を入手するために，**かねてから被告人のことを極度に畏怖していた被害者**に対し，事故死に見せ掛けた方法で自殺することを暴行，脅迫を交えて執ように迫っていたが，平成12年1月11日午前2時過ぎころ，愛知県知多半島の漁港において，被害者に対し，乗車した車ごと海に飛び込んで自殺することを命じ，被害者をして，自殺を決意するには至らせなかったものの，被告人の命令に従って車ごと海に飛び込んだ後に車から脱出して被告人の前から姿を隠す以外に助かる方法はないとの心境に至らせて，車ごと海に飛び込む決意をさせ，そのころ，普通乗用自動車を運転して岸壁上から下方の海中に車ごと転落させたが，被害者は水没する車から脱出して死亡を免れた。

　これに対し，弁護人の所論は，仮に被害者が車ごと海に飛び込んだとしても，それは被害者が自らの自由な意思に基づいてしたものであるから，そうするように指示した被告人の行為は，殺人罪の実行行為とはいえず，また，被告人は，被害者に対し，

その自由な意思に基づいて自殺させようとの意思を有していたにすぎないから，殺人罪の故意があるとはいえない**というものである。
2　そこで検討すると，原判決及びその是認する第1審判決の認定並びに記録によれば，本件犯行に至る経緯及び犯行の状況は，以下のとおりであると認められる。
（1）被告人は，いわゆるホストクラブにおいてホストをしていたが，客であった被害者が数箇月間にたまった遊興費を支払うことができなかったことから，**被害者に対し，激しい暴行，脅迫を加えて強い恐怖心を抱かせ，平成10年1月ころから，風俗店などで働くことを強いて，分割でこれを支払わせるようになった。**
（2）しかし，被告人は，被害者の少ない収入から上記のようにしてわずかずつ支払を受けることに飽き足りなくなり，**被害者に多額の生命保険を掛けた上で自殺させ，保険金を取得しようと企て，平成10年6月から平成11年8月までの間に，被害者を合計13件の生命保険に加入させた上**，同月2日，婚姻意思がないのに被害者と偽装結婚して，保険金の受取人を自己に変更させるなどした。
（3）被告人は，自らの借金の返済のため平成12年1月末ころまでにまとまった資金を用意する必要に迫られたことから，生命保険契約の締結から1年を経過した後に被害者を自殺させることにより保険金を取得するという当初の計画を変更し，被害者に対し直ちに自殺を強いる一方，被害者の死亡が自動車の海中転落事故に起因するものであるように見せ掛けて，災害死亡時の金額が合計で5億9800万円となる保険金を早期に取得しようと企てるに至った。そこで**被告人は，自己の言いなりになっていた被害者に対し，平成12年1月9日午前零時過ぎころ，まとまった金が用意できなければ，死んで保険金で払えと迫った上，被害者に車を運転させ，それを他の車を運転して追尾する形で，同日午前3時ころ，本件犯行現場の漁港まで行かせた**が，付近に人気があったため，当日は被害者を海に飛び込ませることを断念した。
（4）**被告人は，翌10日午前1時過ぎころ，被害者に対し，事故を装って車ごと海に飛び込むという自殺の方法を具体的に指示し，同日午前1時30分ころ，本件漁港において，被害者を運転席に乗車させて，車ごと海に飛び込むように命じた。**被害者は，死の恐怖のため飛び込むことができず，金を用意してもらえるかもしれないので父親の所に連れて行ってほしいなどと話した。**被告人は，父親には頼めないとしていた被害者が従前と異なる話を持ち出したことに激怒して，被害者の顔面を平手で殴り，その腕を手拳で殴打するなどの暴行を加え，海に飛び込むように更に迫った**。被害者が「明日やるから。」などと言って哀願したところ，**被告人は，被害者を助手席に座らせ，自ら運転席に乗車し，車を発進させて岸壁上から転落する直前で停止して見せ，自分の運転で海に飛び込む気勢を示した上，やはり1人で飛び込むようにと命じた。しかし，被害者がなお哀願を繰り返し，夜も明けてきたことから，被告人は，「絶対やれよ。やらなかったらおれがやってやる。」などと申し向け**た上，翌日に実行を持ち越した。
（5）**被害者は，被告人の命令に応じて自殺する気持ちはなく，被告人を殺害して死

を免れることも考えたが，それでは家族らに迷惑が掛かる，逃げてもまた探し出されるなどと思い悩み，車ごと海に飛び込んで生き残る可能性にかけ，死亡を装って被告人から身を隠そうと考えるに至った。

（6）翌11日午前2時過ぎころ，被告人は，被害者を車に乗せて本件漁港に至り，運転席に乗車させた被害者に対し，「昨日言ったことを覚えているな。」などと申し向け，更に，ドアをロックすること，窓を閉めること，シートベルトをすることなどを指示した上，車ごと海に飛び込むように命じた。被告人は，被害者の車から距離を置いて監視していたが，その場にいると，前日のように被害者から哀願される可能性があると考え，もはや実行する外ないことを被害者に示すため，現場を離れた。

（7）それから間もなく，被害者は，脱出に備えて，シートベルトをせず，運転席ドアの窓ガラスを開けるなどした上，普通乗用自動車を運転して，本件漁港の岸壁上から海中に同車もろとも転落したが，車が水没する前に，運転席ドアの窓から脱出し，港内に停泊中の漁船に泳いでたどり着き，はい上がるなどして死亡を免れた。

（8）**本件現場の海は，当時，岸壁の上端から海面まで約1.9m，水深約3.7m，水温約11度という状況にあり**，このような海に車ごと飛び込めば，脱出する意図が運転者にあった場合でも，飛び込んだ際の衝撃で負傷するなどして，車からの脱出に失敗する危険性は高く，また脱出に成功したとしても，冷水に触れて心臓まひを起こし，あるいは心臓や脳の機能障害，運動機能の低下を来して死亡する危険性は極めて高いものであった。

3　上記認定事実によれば，被告人は，事故を装い被害者を自殺させて多額の保険金を取得する目的で，自殺させる方法を考案し，それに使用する車等を準備した上，被告人を極度に畏怖して服従していた被害者に対し，犯行前日に，漁港の現場で，暴行，脅迫を交えつつ，直ちに車ごと海中に転落して自殺することを執ように要求し，猶予を哀願する被害者に翌日に実行することを確約させるなどし，**本件犯行当時，被害者をして，被告人の命令に応じて車ごと海中に飛び込む以外の行為を選択することができない精神状態に陥らせていた**ものということができる。

被告人は，以上のような精神状態に陥っていた被害者に対して，本件当日，漁港の岸壁上から車ごと海中に転落するように命じ，**被害者をして，自らを死亡させる現実的危険性の高い行為に及ばせたものであるから，被害者に命令して車ごと海に転落させた被告人の行為は，殺人罪の実行行為に当たる**というべきである。

また，前記2（5）のとおり，被害者には被告人の命令に応じて自殺する気持ちはなかったものであって，この点は被告人の予期したところに反していたが，**被害者に対し死亡の現実的危険性の高い行為を強いたこと自体については，被告人において何ら認識に欠けるところはなかったのであるから，上記の点は，被告人につき殺人罪の故意を否定すべき事情にはならない**というべきである。

まず，**自殺教唆罪**（202条前段）と**殺人罪**（199条）のいずれが成立するかにつき，上記の事実関係に照らせば，自殺意思の任意性は認められず，自殺教唆罪は成立しません。

他方，犯行当時，被害者をして，**被告人の命令に応じて車ごと海中に飛び込む以外の行為を選択することができない精神状態に陥らせていた**と認定できることを理由に，被利用者を利用し，犯罪実現過程を支配したと評価できるとして殺人罪の成立を認めたと評価できます。

> 【四国八十八か所巡礼窃盗事件（最決昭58.9.21）】
> 所論にかんがみ，職権をもつて判断すると，原判決及びその是認する第一審判決の認定したところによれば，被告人は，**当時一二歳の養女紀美を連れて四国八十八ケ所札所等を巡礼中，日頃被告人の言動に逆らう素振りを見せる都度顔面にタバコの火を押しつけたりドライバーで顔をこすつたりするなどの暴行を加えて自己の意のままに従わせていた同女に対し，本件各窃盗を命じてこれを行わせた**というのであり，これによれば，被告人が，**自己の日頃の言動に畏怖し意思を抑圧されている同女を利用して右各窃盗を行つたと認められる**のであるから，たとえ所論のように同女が是非善悪の判断能力を有する者であつたとしても，**被告人については本件各窃盗の間接正犯が成立する**と認めるべきである。

是非弁別能力があっても諸般の事情から**未成年者の意思が抑圧されていたと評価できる場合**は，利用者を利用し，犯罪実現過程を支配したと評価できるとして窃盗罪の成立を認めます。

> 【スナック強盗事件（最決平13.10.25）】
> なお，所論にかんがみ，職権で判断する。
> 原判決及びその是認する第１審判決の認定によると，本件の事実関係は，次のとおりである。
> スナックのホステスであった被告人は，生活費に窮したため，同スナックの経営者Ｃ子から金品を強取しようと企て，自宅にいた**長男Ｂ（当時12歳10か月，中学１年生）**に対し，「ママのところに行ってお金をとってきて。映画でやっているように，金だ，とか言って，モデルガンを見せなさい。」などと申し向け，覆面をしエアーガンを突き付けて脅迫するなどの方法により同女から金品を奪い取ってくるよう指示命令した。Ｂは嫌がっていたが，被告人は，「大丈夫。お前は，体も大きいから子供には見えないよ。」などと言って説得し，犯行に使用するためあらかじめ用意した覆面用のビニール袋，エアーガン等を交付した。これを承諾したＢは，上記エアーガン等を携えて一人で同スナッ

クに赴いた上，上記ビニール袋で覆面をして，**被告人から指示された方法により同女を脅迫したほか，自己の判断により，**同スナック出入口のシャッターを下ろしたり，「トイレに入れ。殺さないから入れ。」などと申し向けて脅迫し，同スナック内のトイレに閉じ込めたりするなどしてその反抗を抑圧し，同女所有に係る現金約40万1000円及びショルダーバッグ1個等を強取した。被告人は，自宅に戻って来たBからそれらを受け取り，現金を生活費等に費消した。

　上記認定事実によれば，本件当時Bには**是非弁別の能力があり，被告人の指示命令はBの意思を抑圧するに足る程度のものではなく，Bは自らの意思により本件強盗の実行を決意した上，臨機応変に対処して本件強盗を完遂した**ことなどが明らかである。これらの事情に照らすと，所論のように**被告人につき本件強盗の間接正犯が成立するものとは，認められない。**そして，被告人は，生活費欲しさから本件強盗を計画し，Bに対し犯行方法を教示するとともに犯行道具を与えるなどして本件強盗の実行を指示命令した上，Bが奪ってきた金品をすべて自ら領得したことなどからすると，**被告人については本件強盗の教唆犯ではなく共同正犯が成立する**ものと認められる。したがって，これと同旨の第1審判決を維持した原判決の判断は，正当である。

　最決昭58.9.21とは異なり，**被利用者の未成年者は自らの意思で行動し，臨機応変に対処していた**事実からすれば，意思の抑圧が認められず，**間接正犯とはなりません。**一方，共謀及び共謀に基づく実行は認められるので，**共謀共同正犯が成立する**と判断されたと評価できます。

【闇米不法運搬事件（最判昭25.7.6）】
　しかし，原判決の事実摘示を挙示の証拠と対照して，これを読めば，原判決の認定事実は，**判示会社の代表取締役である被告人が渡辺申作と共謀の上被告人の娘昂子を介して会社の使用人佐藤源治に命じて同人を自己の手足として判示米を自ら運搬輸送した趣旨であって，佐藤源治を教唆し又は同人と共謀した趣旨でないことが明白である。**そして，かく認めることは，挙示の証拠に照し社会通念上適正妥当である。従つて，**佐藤源治等がその情を知ると否とにかゝわらず被告人の行為が運搬輸送の実行正犯たることに変りはない**のである。されば，原判決には，罪となるべき事実を確定しない理由不備の違法は認められないから，論旨は採ることができない。

　いわゆる故意ある幇助的道具の場面についての判例です。**被利用者に故意があり，犯罪実現過程を利用者が支配したとはいい難い**です。裁判例は被利用者が機械的事務処理者であることから**支配性を認めて利用者に正犯性を肯定して**います（上記判例は利用者のことを「**実行正犯**」と呼ぶにとどまり，直接正犯と解

しているのか間接正犯と解しているのかは判然としません。かつ，いずれとも解し得ますが，間接正犯の場合は少なくとも支配要件については上記のように解しているとみることができる）。

また，判決文内で共謀を否定し，**利用者には**（直接正犯あるいは間接正犯の形で）**実行正犯が，被利用者には幇助犯が成立する**と判断したと評価できます。

3 知識の整理（短答過去問を題材に）

> 次の1から5までの各記述を判例の立場に従って検討した場合，正しいものはどれか。(司法試験令和2年第1問/予備試験令和2年第11問)
>
> 1 甲は，Xに対し，暴行や脅迫を用いて，自殺するように執拗に要求し，要求に応じて崖から海に飛び込んで自殺するしかないとの精神状態に陥らせた上で，Xを崖から海に飛び込ませて死亡させた。この場合，甲に，Xに対する殺人罪は成立しない。
>
> 2 甲は，追死する意思がないのにあるように装い，その旨誤信したXに心中を決意させた上で，毒物を渡し，それを飲み込ませて死亡させた。この場合，甲に，Xに対する殺人罪は成立しない。
>
> 3 甲は，財物を奪取するために，当該財物の占有者Xに対し，反抗を抑圧するに足りる程度の暴行や脅迫を用いて，当該財物を差し出すしかないとの精神状態に陥らせた上で，当該財物を差し出させた。この場合，甲に，Xに対する強盗罪は成立せず，窃盗罪の間接正犯が成立する。
>
> 4 甲は，日頃から暴行を加えて自己の意のままに従わせて万引きをさせていた満12歳の実子Xに対し，これまでと同様に万引きを命じて実行させた。この場合，Xが是非善悪の判断能力を有する者であれば，甲に，窃盗罪の間接正犯は成立せず，Xとの間で同罪の共同正犯が成立する。
>
> 5 甲は，Xが管理する工事現場に保管されている同人所有の機械を，同人に成り済まして，甲をXであると誤信した中古機械買取業者Yに売却し，同人に同機械を同所から搬出させた。この場合，甲に，Xに対する窃盗罪の間接正犯が成立する。

解答・解説　　　　　　　　　　　　　　　　　　　　　　　解答：5

1 **誤り**　自殺教唆罪が成立するかをみます。「要求に応じて崖から海に飛び込んで自殺するしかないとの精神状態に陥らせた」とあり、自殺意思の任意性は認められません。したがって、自殺教唆罪は成立せず、通常の殺人罪を検討します。

その上で、問題となるのが被害者の行為を利用している点です。ここで殺人罪の実行行為性が（あるいは正犯性が）認められるかにつき、間接正犯論に関する知識を用いて、被害者を利用し、犯罪実現過程を支配していたといえるか、正犯意思が認められるかを検討します。

事例では甲は当然にXを利用し、上述のとおり「要求に応じて崖から海に飛び込んで自殺するしかないとの精神状態に陥らせた」わけです。被害者をして利用者の命令に応じて命令内容以外の行為を選択することができない精神状態に陥らせたと評価できます。したがって、被利用者を利用し、犯罪実現過程を支配したといえ、同様の理由から正犯意思も認められます。よって、間接正犯として殺人罪の実行行為性（あるいは正犯性）が認められ、その他の構成要件該当性も問題なく認められる以上、殺人罪が成立します。以上より、本選択肢は誤りです。

2 **誤り**　肢1と同じです。自殺意思の任意性が認められませんから、自殺教唆罪は成立せず、他方で殺人罪が成立します。

3 **誤り**　判例の立場によれば、強盗罪における「暴行又は脅迫」は客観的にみて相手方の反抗を抑圧するに足る暴行又は脅迫であることを要します。かつ、それが認められたのであれば被害者が自ら財物を差し出したとしてもそこから財物を奪う行為は「強取」にあたります。

4 **誤り**　未成年者を利用した間接正犯事例はいくつか判例がありますが、支配要件に関しては、是非弁別能力の有無だけで決まるのではなく、意思を抑圧するに足りる支配を行っていたか否かが重要なメルクマールです。したがって、本選択肢の事例では、Xに是非弁別能力があったとしても、「日頃から暴行を加えて自己の意のままに従わせて万引きをさせていた」ので、甲はXの意思を抑圧していたと評価できます。

5 **正解**　Yは甲をXと誤信していますから、利用者である甲の指示に抵抗するはずがありません。是非弁別能力がない幼児に指示して万引きをしているのと状況は同じです。間接正犯が成立します。

8 承継的共同正犯

承継的共同正犯は，学説上複数の考え方が存在します。更に，重要な最高裁判例も出ています。ただ，それぞれの違いを正確に押さえている受験生は少ないと思われます。それ故，過去問で既に何度も問われていますが，これからの出題可能性も高い論点といえるでしょう。要チェックや！

●平成28年司法試験出題趣旨

また，丙は，その後，乙と共にV方金庫内にあった現金をV方外へ持ち出しているが，これが容易に可能となったのは，Vが，乙から右ふくらはぎをナイフで刺されて血を流して動けない状態となっていたためであった。既に検討しているように，乙がVの右ふくらはぎをナイフで刺した行為は強盗罪の暴行に該当することから，更に，丙がVのそのような状況を利用して乙と共に現金を手に入れた行為につき，丙にいかなる犯罪が成立するかを検討する必要がある。その検討に当たっては，いわゆる**承継的共犯の成否を論じる必要がある**ところ，その際には問題の所在を意識した論述を行う必要がある。すなわち，丙と乙との間の共謀はV方内で成立した現場共謀であることを指摘しつつ，丙が関与する前（共謀成立前）の乙の行為に関して責任を負うことがあり得るのかについて，共犯の処罰根拠を含めて，承継的共犯の問題につき説得的に規範定立を行い，その上で，定立した自説の規範に，具体的な事実を指摘して的確な当てはめを行うことが求められる。具体的には，承継的共犯について，いわゆる中間説（限定的肯定説）の立場を採った場合には，丙が乙の先行行為によって生じた状況を自己の犯罪遂行の手段として積極的に利用したか否かを論じる必要がある。この点に関しては，丙が分け前をもらえると考えていたことや，丙はVが身動きできないので簡単に現金を奪うことができると考えていたことなどの各事実を的確に指摘して結論を導き出すことが求められ，その上で，Vの傷害・死亡結果について丙もその責任を負うかにつき，丙が何を利用したのかなどを意識し，理由付けも含め的確に論じることが求められる。また，承継的共犯について，いわゆる全面的否定説の立場を採った場合には，丙に窃盗罪が成立することになると考えられる。その結論を導くに当たっては，Vは丙が関与する前に既に乙の行為によって反抗を抑圧されており，丙はVに一切の暴行・脅迫を加えておらず，かつ，Vも丙の存在を認識していないことなどの各事実を的確に指摘して説得的に論じることが求められ，更に，乙とはいかなる範囲で共同正犯が成立するのかをも含め的確に指摘する必要がある。

▼石橋MEMO▼

それな！

ここの読み方は注意が必要ですね。後述の通り，限定肯定説といっても複数の考え方があるので，ここではその中の1つが示されているにすぎません。

> ●平成28年司法試験採点実感
>
> 　次に②の点については，承継的共犯についての問題の所在を意識しつつ，的確な規範定立を行うことが求められていたところ，大多数の答案は相応に論述されていたが，いわゆる論証パターンに沿った論述に終始していると思われるものがほとんどであり，共犯の処罰根拠を含め，承継的共犯の問題の所在について意識した上で的確に論述されていると認められた答案は少数であった。また，承継的共犯の肯否に関しては，いわゆる中間説（限定的肯定説）を採るものがほとんどであったが，規範定立と事実の当てはめが一致していない答案も少なからず見受けられたところであり，これらの答案は，事実を拾って説得的に論じるとの意識が乏しいと思われた。なお，承継的共犯に関しては，近時の最高裁判例（最二決平成24年11月6日刑集66巻11号1281頁）が存在するところ，同判例を意識して論述していた答案は少数であったが，いわゆる重要判例のある問題点については，これを意識して論述することがより望ましいものといえる（※上記最高裁判例については，当初掲載した採点実感等に関する意見では平成26年と記載していましたが，平成24年の誤りでしたので訂正しました）。丙につき承継的共犯の成立を肯定した場合には，次に丙がＶの死亡結果について責任を負うかを論じる必要があったところ，理由もなく丙がＶの死亡結果について責任を負うとした答案が相当数存在したが，この結論が妥当かは疑問なところであり，このような答案については，承継的共犯を正確に理解できているのか，疑問を抱かざるを得なかった。また，全面的否定説の立場を採って承継的共犯を否定するなどして，丙について窃盗罪の成立を認めた場合には，Ｖは丙が加担する前に既に乙の暴行・脅迫によって反抗を抑圧されており，丙はＶに対して一切の暴行・脅迫を加えておらず，かつ，Ｖも丙の存在を認識していないことなどの，問題文に現れた事実を指摘して説得的に論じた上で，乙とはいかなる範囲で共同正犯が成立するのかを検討し，これらを的確に論述することが求められていたところ，前者については概ね指摘して論述することができていても，後者の共同正犯の成立範囲についてまで検討できていた答案は少数であった。これは各論点の体系的位置付けや論点相互間の理論的結び付きについての理解が不十分なためではないかと思われた。

（理解せずに暗記するからこうなる!!反省!!）

（少数!?!?）

1　分析

❶　承継的共同正犯の意義と問題の所在

　承継的共同正犯は，先行行為者が犯罪の実行に着手した後に，後行行為者がその事実を認識しながら加担して，その後の構成要件該当行為をした場合に，

いかなる範囲で先行行為者との共同正犯を認めるべきかという論点です。

共同正犯は，一般に共謀及び共謀に基づく実行が成立要件として必要とされます。そして，現在の通説である**因果的共犯論**（犯罪者間で結果に対して因果性を与え合うことにより共同して犯罪結果を惹起する点を共犯の処罰根拠と考える立場）や**個人責任の原則**（自己が因果性を与えた範囲でしか責任を負わないとする考え方）を徹底すると，後行行為者の加担前に先行行為者の行為によって生じた犯罪結果については共同正犯を成立させることはできません（要件的には，共謀に「基づく」実行とはいえないのではないかという「**基づく**」**の解釈問題**になります）。

他方，その点を徹底すると，**処罰範囲が狭まりすぎ妥当ではない**とも思われます。

このように，**因果的共犯論や個人責任の原則の要請と処罰範囲の妥当性確保の要請をどのように調整すべきかというのが，承継的共同正犯に関するさまざまな考え方の出発点**ですから，その点を踏まえて判例や学説のうち，受験に必要と思われるものを押さえましょう。

なお，先行行為者が行った加担前の行為についての共謀が認められるような事例では，そもそも承継的共同正犯の議論は生じません。また，最判平24.11.6（91頁）は，**共同正犯の処罰根拠を，行為の相互利用補充関係ではなく結果に対する因果性に求めている**（共同正犯の処罰根拠を相互利用補充関係に求める立場も存在しますが，24年最判は結果に対する「因果関係」とはっきり明言しています。対等な当事者同士での共同正犯類型であれば，相互利用補充関係で説明ができますが，上下関係がある共謀共同正犯のような場合は相互利用補充関係が観念しがたい点に鑑みれば，答案上も相互利用補充関係ではなく因果性で論じるべき）ので，その点には注意しましょう。

❷ 主な学説

(1) 全面肯定説

かつては，**犯罪は全体が構成要件上不可分**であるとして，その一罪性を理由に承継的共同正犯を全面的に**肯定する説**（全面肯定説）が存在しました。もっ

第1章 刑法総論

とも，現在では少数説にとどまります。受験生が答案上展開することはほぼないでしょう（見解対立問題で触れることがあるかも程度の位置付けです）。

そういう意味では，**現在は因果的共犯論や個人責任の原則を出発点とする点はどの説も共通しています**。その中で，**承継的共同正犯を全面的に否定する立場**（全面否定説）**と一定の場合に肯定する立場**（限定肯定説）**が対立していると考えておけばよいでしょう。**

(2) 全面否定説

全面否定説は，因果的共犯論を出発点として「共犯の成立を認めるためには構成要件該当事実すべてに因果性を及ぼしている必要がある」という考えを前提にします（因果的共犯論や個人責任の原則を徹底する立場）。**先行者が実行に着手している場合はその部分については後行者が因果性を及ぼせないため，承継的共同正犯の成立は認められない**とします。因果的共犯論や個人責任の原則からダイレクトに導かれます。

(3) 限定肯定説

限定肯定説は，受験上は以下の3つの考え方に触れておけば十分です。

限定肯定説①	後行者が先行者の行為を自己の犯罪遂行の手段として積極的に利用する意思の下で犯罪の途中から関与し，先行者の行為を利用した場合に承継的共同正犯を肯定する伝統的な考え方	この考え方は大阪高判昭62.7.10と同じ「積極的利用」基準を承継的共同正犯が成立するか否かのメルクマールとする考え方ですが，少なくとも傷害罪に関しては，後掲最判平24.11.6が積極的利用はあくまで加担後の暴行の動機ないし契機に過ぎず，刑事責任を問う理由とはならないと断言していますから，傷害罪に関しては「積極的利用」基準は判例の立場ではないといってよいでしょう。
限定肯定説②	全面否定説のように「共犯の成立を認めるためには構成要件該当事実すべてに因果性を及ぼしている	後掲最判平24.11.6の判決文上のいい回しはこれに近いといえるでしょう。

限定肯定説②	必要がある」とは**考えず**，犯罪の本質である**法益侵害結果との間に**後行者の行為が因果性を有していればそれで**足り**，そのような関係が認められれば承継的共同正犯を成立させてよいとする考え方（要は法益侵害との間の因果性に着目する考え方ですね。因果的共犯論と個人責任の原則のいずれも修正する立場といってもよいでしょう）	
限定肯定説③	全面否定説のように「共犯の成立を認めるためには構成要件該当事実**すべてに因果性を及ぼしている**必要がある」と**考えつつ**，共謀加担後の犯罪事実（後行行為）と手段たる行為（先行行為）が不可分一体である場合は，後行者の行為は**一体的な犯罪事実に**因果性を有するといえることを根拠に承継的共同正犯を成立させてよいとする考え方（因果的共犯論は徹底しつつ，個人責任の原則に修正を加える立場といってもよい）	後掲最決平29.12.11の判決文上のいい回しはこれに近いといえるでしょう。

❸ 主な判例

(1) 大阪高判昭和62.7.10（傷害罪，恐喝罪に関して）

「思うに，**先行者の犯罪遂行の途中からこれに共謀加担した後行者に対し先行者の行為等を含む当該犯罪の全体につき共同正犯の成立を認め得る実質的根拠は，後行者において，先行者の行為等を自己の犯罪遂行の手段として積極的に利用したということにあり，これ以外には根拠はない**と考えられる。従つて，いわゆる承継的共同正犯が成立するのは，**後行者において，先行者の行為及びこれによつて生じた結果を認識・認容する**に止まらず，**これを自己の犯罪遂行の手段として積極的に利用する意思**のもとに，実体法上の**一罪**（狭義の単純一罪に限らない。）を構成する先行者の犯罪に途中から共謀加

> 担し，右行為等を現にそのような手段として利用した場合に限られると解するのが相当である。
> 　もっとも，例えば，「暴行又ハ脅迫」により被害者の反抗を抑圧した状態に置き，その所持する財物を「強取スル」ことによつて成立する強盗罪のように，一罪であつても一連の行為により一定の結果を発生させる犯罪（強姦，殺人等についても同様である。）については，後行者が，先行者の行為等を認識・認容して犯行に共謀加担すれば（例えば，先行者が強盗目的で暴行中，自らも同様の目的で右暴行に加わり，あるいは，反抗抑圧の結果を生じた段階でこれに加わつて，自ら金品を強取するなど），多くの場合，先行者の行為等を自己の犯罪遂行の手段として積極的に利用したと認めるのが相当であるといい得るから，これらの犯罪については，当裁判所の見解によつても，全面肯定説によつた場合と（特異な場合を除き）おおむね結論を異にしないと考えられる。しかし，例えば，**先行者が遂行中の一連の暴行に，後行者がやはり暴行の故意をもつて途中から共謀加担したような場合には，一個の暴行行為がもともと一個の犯罪を構成するもので，後行者は一個の暴行そのものに加担するのではない上に，後行者には，被害者に暴行を加えること以外の目的はないのであるから，後行者が先行者の行為等を認識・認容していても，他に特段の事情のない限り，先行者の暴行を，自己の犯罪遂行の手段として積極的に利用したものと認めることができず**，このような場合，当裁判所の見解によれば，共謀加担後の行為についてのみ共同正犯の成立を認めるべきこととなり，全面肯定説とは結論を異にすることになる。

　多くの受験生になじみのある昭和62年判決です。いわゆる**「積極的利用」の有無を基準に承継的共同正犯の成否を考え，傷害罪の共同正犯について述べています**（事例判断ではありますが，結論は否定）。その後，ほかの犯罪類型においても「積極的利用」基準が用いられています。
　もっとも，最判平24.11.6（91頁）は，同じ傷害罪の承継的共同正犯が問題となっている事案において「積極的利用」の有無によって承継的共同正犯の成否が左右されるわけではないと断言しています。少なくとも**傷害罪については「積極的利用」基準は判例の立場ではない**といい切ってよいでしょう。
　因果的共犯論は，犯罪「結果」に対して与えた因果性を処罰根拠とする考え方です。先行行為及びその結果を積極的に利用したことと犯罪「結果」に因果性を与えることは，直ちに結びつくものではない以上，そのような説示となったと思われます。

(2) 最判平24.11.6（傷害罪に関して）

　そこで検討すると，前記1の事実関係によれば，被告人は，Aらが共謀してCらに暴行を加えて傷害を負わせた後に，Aらに共謀加担した上，金属製はしごや角材を用いて，Dの背中や足，Cの頭，肩，背中や足を殴打し，Dの頭を蹴るなど更に強度の暴行を加えており，少なくとも，共謀加担後に暴行を加えた上記部位についてはCらの傷害（したがって，第1審判決が認定した傷害のうちDの顔面両耳鼻部打撲擦過とCの右母指基節骨骨折は除かれる。以下同じ。）を相当程度重篤化させたものと認められる。この場合，被告人は，共謀加担前にAらが既に生じさせていた傷害結果については，被告人の共謀及びそれに基づく行為がこれと因果関係を有することはないから，傷害罪の共同正犯としての責任を負うことはなく，共謀加担後の傷害を引き起こすに足りる暴行によってCらの傷害の発生に寄与したことについてのみ，傷害罪の共同正犯としての責任を負うと解するのが相当である。原判決の上記2の認定は，被告人において，CらがAらの暴行を受けて負傷し，逃亡や抵抗が困難になっている状態を利用して更に暴行に及んだ趣旨をいうものと解されるが，そのような事実があったとしても，それは，被告人が共謀加担後に更に暴行を行った動機ないし契機にすぎず，共謀加担前の傷害結果について刑事責任を問い得る理由とはいえないものであって，傷害罪の共同正犯の成立範囲に関する上記判断を左右するものではない。

　上記の判例は，先行者が被害者に暴行を加え，そのあと加担した後行者も共同して暴行を開始したが，後行者が生じさせた暴行のほうが激しかったという事案です。法廷意見が述べる「因果関係」は，**因果的共犯論における因果性と同じ意味合い**と考えられ，この法廷意見は共同正犯の処罰根拠を因果性に求め，承継的共同正犯の成否も因果性の観点から判断することを明言し，少なくとも傷害罪に関しては積極的利用基準を明確に否定したといえます。

　また，千葉裁判官はその補足意見において以下のように述べます。

　1　法廷意見の述べるとおり，被告人は，共謀加担前に他の共犯者らによって既に被害者らに生じさせていた傷害結果については，被告人の共謀及びそれに基づく行為がこれと因果関係を有することはないから，傷害罪の共同正犯としての責任を負うことはなく，共謀加担後の暴行によって傷害の発生に寄与したこと（共謀加担後の傷害）についてのみ責任を負うべきであるが，その場合，共謀加担後の傷害の認定・特定をどのようにすべきかが問題となる。一般的には，共謀加担前後の一連の暴行により生じた傷害の中から，後行者の共謀加担後の暴行によって傷害の発生に寄与したことのみを取出して検察官に主張立証させてその内容を特定させることになるが，実際にはそ

れが具体的に特定できない場合も容易に想定されよう。その場合の処理としては，安易に暴行罪の限度で犯罪の成立を認めるのではなく，また，逆に，この点の立証の困難性への便宜的な対処として，因果関係を超えて共謀加担前の傷害結果まで含めた傷害罪についての承継的共同正犯の成立を認めるようなことをすべきでもない。この場合，実務的には，次のような処理を検討すべきであろう。傷害罪の傷害結果については，暴行行為の態様，傷害の発生部位，傷病名，加療期間等によって特定されることが多いが，上記のように，これらの一部が必ずしも証拠上明らかにならないこともある。例えば，共謀加担後の傷害についての加療期間は，それだけ切り離して認定し特定することは困難なことが多い。この点については，事案にもよるが，証拠上認定できる限度で，適宜な方法で主張立証がされ，罪となるべき事実に判示されれば，多くの場合特定は足り，訴因や罪となるべき事実についての特定に欠けることはないというべきである。もちろん，加療期間は，量刑上重要な考慮要素であるが，他の項目の特定がある程度されていれば，「加療期間不明の傷害」として認定・判示した上で，全体としてみて被告人に有利な加療期間を想定して量刑を決めることは許されるはずである。**本件を例にとれば，共謀加担後の被告人の暴行について，凶器使用の有無・態様，暴行の加えられた部位，暴行の回数・程度，傷病名等を認定した上で，被告人の共謀加担後の暴行により傷害を重篤化させた点については，「安静加療約3週間を要する背部右肋骨・右肩甲部打撲擦過等のうち，背部・右肩甲部に係る傷害を相当程度重篤化させる傷害を負わせた」という認定をすることになり，量刑判断に当たっては，凶器使用の有無・態様等の事実によって推認される共謀加担後の暴行により被害者の傷害を重篤化させた程度に応じた刑を量定することになろう。**また，**本件とは異なり，共謀加担後の傷害が重篤化したものとまでいえない場合**（例えば，傷害の程度が小さく，安静加療約3週間以内に止まると認定される場合等）には，まず，共謀加担後の被告人の暴行により傷害の発生に寄与した点を証拠により認定した上で，「安静加療約3週間を要する共謀加担前後の傷害全体のうちの一部（可能な限りその程度を判示する。）の傷害を負わせた」という認定をするしかなく，これで足りるとすべきである。仮に，共謀加担後の暴行により傷害の発生に寄与したか不明な場合（共謀加担前の暴行による傷害とは別個の傷害が発生したとは認定できない場合）には，傷害罪ではなく，暴行罪の限度での共同正犯の成立に止めることになるのは当然である。

2 なお，このように考えると，いわゆる承継的共同正犯において後行者が共同正犯としての責任を負うかどうかについては，強盗，恐喝，詐欺等の罪責を負わせる場合には，共謀加担前の先行者の行為の効果を利用することによって犯罪の結果について因果関係を持ち，犯罪が成立する場合があり得るので，承継的共同正犯の成立を認め得るであろうが，少なくとも傷害罪については，このような因果関係は認め難いので（法廷意見が指摘するように，先行者による暴行・傷害が，単に，後行者の暴行の動機や契機になることがあるに過ぎない。），承継的共同正犯の成立を認め得る場合は，容易には想定し難いところである。

ポイントは以下の通りとなります。

- 傷害罪の承継的共同正犯に関して「積極的利用」基準を否定した。
- 共謀加担前に先行者が生じさせていた傷害結果については因果関係（因果性）が認められないことを理由に承継的共同正犯を否定した。
- 共謀加担後に後行者によって先行者が発生させた傷害結果が重篤化された部分に関する傷害罪の共同正犯に関しては、「傷害の発生に寄与したことについてのみ」共同正犯が成立することを明らかにした。この点については、千葉裁判官の補足意見では重篤化させた限度で共同正犯となる旨が示され、調査官解説では重篤化の有無にかかわらず寄与が認められる加担後の傷害全体に関して共同正犯が成立すると述べており、考え方が分かれている。
- なお、平成24年判決のように加担前の傷害に関する傷害罪の承継的共同正犯が否定された場合であって、かつ、傷害結果がいずれの行為から生じたかが不明な事案においては、一定の要件をみたす限りにおいて加担前の行為についての傷害罪の共同正犯は刑法207条で肯定されるとするのが最決令和2.9.30である。

(3) 最決平29.12.11（詐欺未遂罪に関して）

> 前記（1）の事実関係によれば、被告人は、本件詐欺につき、共犯者による本件欺罔行為がされた後、だまされたふり作戦が開始されたことを認識せずに、**共犯者らと共謀の上、本件詐欺を完遂する上で本件欺罔行為と一体のものとして予定されていた本件受領行為に関与している**。そうすると、だまされたふり作戦の開始いかんにかかわらず、**被告人は、その加功前の本件欺罔行為の点も含めた本件詐欺につき、詐欺未遂罪の共同正犯としての責任を負う**と解するのが相当である。

この判例は、先行者が被害者に対して欺罔行為をし、その後被害者が詐欺に気づいて警察とともに「だまされたふり作戦」を開始したあとに先行者と共謀した後行者が被害品（実際は空箱）の交付を受けた事案です。

不能犯についての議論と相まって論点は複数ありますが、少なくとも後行者に承継的共同正犯を肯定したことは明らかです。

問題はその理由付けです。本判例が述べる「本件詐欺を完遂する上で本件欺罔行為と一体のものとして予定されていた本件受領行為に関与」という部分の

意味合いはなお未解明なところが多いです（言い回し的には前述のとおり限定肯定説③と親和性があるでしょう）。同時に，前記限定肯定説②③のいずれからも説明可能な判例ともいわれています。

❹ 試験対策として押さえておくべきポイント

学説と判例を紹介してきましたが，受験生にとっては，「結局どう書けばいいの？」が最大の関心事でしょうから，それについて解説します。

まず，**全面否定説と限定肯定説はいずれも押さえておくべきです**。その上で，限定肯定説に関しては，**限定肯定説②で答案上の処理を行えば足りる**でしょう。根拠は以下の通りです。

- 最高裁が犯罪ごとの判断をしているものの承継的共同正犯が問題となるすべての事案に対する判断をしているわけではないこと。
- 限定肯定説②を採用すればこれまでなされてきた承継的共同正犯に関する議論と整合的な説明を答案上展開することができること。
- 平成28年司法試験採点実感で最判平24.11.6を踏まえることが望ましいと述べられていること。

論証の規範としては，最判平24.11.6の千葉裁判官が補足意見の「共謀加担前の先行者の行為の効果を利用することによって犯罪の結果について因果関係を持ち，犯罪が成立する場合があり得る」を参照することをオススメします。

具体的には，以下のように規範を定立すればよいのではないでしょうか。（「利用」という言葉が出てきていますが，あくまで結果に対する因果性を最終的に問題としている点で，「積極的利用」基準を用いているわけではありません）。

> そもそも，60条が「全て正犯とする」として一部実行全部責任を負わせる根拠は，共犯者が相互に結果に対して因果性を及ぼして特定の犯罪を実現する点にある。かかる根拠に鑑み，共謀加担前の先行者の行為が効果を持ち続け，後行者がそれを利用して犯罪の結果に対して因果性を与えた場合は，共謀に基づく実行が認められると考える。

いずれにしても，承継的共同正犯を論じる際は，**先行行為後の現場共謀を必**

ず認定すること，それ故に先行者が行った犯罪事実は後行者との共謀に「基づく」実行とはいえないのではないかという**共同正犯の要件に絡めて論点を展開**することを忘れてはいけません。

その上で，**判例を踏まえた自説を展開**します。

❺ 限定肯定説②から見た各犯罪の処理

最後に，限定肯定説②を用いた場合における主な犯罪事例の処理についてまとめておきました。ぜひ，学習の際に利用していただければ幸いです。

強盗殺人事例（基本犯＋加重結果から成る犯罪類型）	・甲が強盗目的でVを殺害し→乙が途中加功→甲乙が財物を強取 ・甲が強盗目的でVを殴ってけがをさせる→乙が途中加功→甲乙が財物を強取
	承継的共同正犯：死傷結果については否定，強盗罪の限度で肯定
強盗罪	・甲が強盗目的でVを暴行→乙が途中加功→甲乙が財物を強取
	承継的共同正犯：肯定
殺人罪	・甲が殺害目的でVを殴打して死因形成→乙が途中加功→甲乙が殺害目的で殴打
	承継的共同正犯：否定（加功後の行為につき殺人未遂罪の共同正犯が成立）
恐喝罪，詐欺罪	・甲が恐喝目的で暴行→乙が途中加功→甲乙に対する財物の交付 ・甲が詐欺目的で欺罔→乙が途中加功→甲乙に対する財物の交付
	承継的共同正犯：肯定

監禁罪	・甲によるVの監禁→乙の途中加功→甲乙による監禁継続
	承継的共同正犯：否定
傷害罪	複数のパターンが想定されるので，ケースに分けて考えます。
	・ケース1：甲による殴打によってPという結果（ex.腹部の傷害）が発生→乙が途中加功→乙による殴打によってQという結果（ex.頭部の傷害）が発生
	Pに関する傷害罪の承継的共同正犯は否定され，加功後に発生したQに関する傷害罪の共同正犯のみが成立することとなります。
	・ケース2：甲による殴打によってP¹という結果が発生（ex.腹部の傷害）→乙が途中加功→乙による殴打によってP¹が相当程度重篤化してP²となった
	傷害罪の承継的共同正犯自体は否定するのが判例の立場ですが，このケースの場合は乙が加功後にP¹をP²まで重篤化させていますので，いわば先行者の殴打と後行者の殴打が相まって傷害結果P²を生じさせているといえます。そこで，乙が加功後の傷害についての共同正犯の範囲がP²なのか，それともP²－P¹なのかが問題となり，これについては千葉裁判官の補足意見では後者の考え方が示され，調査官解説では前者の考え方が示されていたことは解説部分でお伝えしていました。仮に出題された場合，自分が採用する立場を一言答案に示しておけば加点につながる部分だと思われます。
	・ケース3：甲による殴打によってPという結果が発生（ex.腹部の傷害）→乙が途中加功→乙による殴打から傷害結果が発生することはなかった
	Pに関する傷害罪の承継的共同正犯は否定され，加功後の行為についての暴行罪の共同正犯のみが成立することとなります。

・ケース4:甲がVの頭部を殴打→乙が途中加功→乙がVの頭部を殴打→Vは頭部の傷害を負ったが,傷害結果が甲の殴打から生じたのか乙の殴打から生じたのかが不明

まず,因果関係不明類型の場合は「疑わしきは被告人の利益に」の原則により,乙との関係では甲の行為によって傷害結果が生じたと仮定して検討することとなります。その場合に承継的共同正犯の成否が問題になるわけですが,これは他のケースと同様に否定されることになります。ただし,207条の要件をみたす限り傷害罪の共同正犯を認めるのが最決令2.9.30ですので,このケースでは承継的共同正犯の検討の後に207条の検討を行うことを忘れないようにしましょう。207条については,同時傷害の特例の章で学ぶこととします。

2 知識の整理(短答過去問を題材に)

学生A,B及びCは,次の【事例】における甲の罪責について,後記【会話】のとおり検討している。【会話】中の①から⑤までの( )内から適切な語句を選んだ場合,正しいものの組合せは,後記1から5までのうちどれか。

(平成29年司法試験第19問/平成29年予備試験第11問)

【事　例】
　甲は,乙がVに対して暴行を加えていたところに通り掛かり,乙との間で共謀を遂げた上,乙と一緒にVに対して暴行を加えた。Vは,甲の共謀加担前後にわたる一連の暴行を加えられた際に1個の傷害を負ったが,Vの傷害が,甲の共謀加担前の乙の暴行により生じたのか,甲の共謀加担後の甲又は乙の暴行により生じたのかは,証拠上不明であった。

【会　話】
学生A．私は,共犯は自己の行為と因果関係を有する結果についてのみ責任を負うという見解に立ち,後行者は,共謀加担前の先行者の暴行により生じた傷害結果には因果性を及ぼし得ないと考えます。事例の場合,甲には①(a.暴行罪・b.傷害罪)の共同正犯が成立すると考えます。

事例とは異なり，Ｖの傷害が甲の共謀加担後の甲又は乙の暴行により生じたことが証拠上明らかな場合，甲には傷害罪の共同正犯が②（c.成立する・d.成立しない）と考えます。

学生Ｂ．A君の見解に対しては，甲に対する傷害罪の成立範囲が③（e.狭く・f.広く）なり過ぎるとの批判が可能ですね。

学生Ｃ．私は，事例の場合には，同時傷害の特例としての刑法第207条が適用され，甲は，Ｖの傷害結果について責任を負うと考えます。その理由の一つとして，仮に甲が乙と意思の連絡なく，Ｖに暴行を加えた場合に比べ，事例における甲が④（g.不利・h.有利）に扱われることになるのは不均衡であると考えられることが挙げられます。

学生Ｂ．乙には，甲の共謀加担前後にわたる一連の暴行の際にＶに生じた傷害結果についての傷害罪が成立するのであり，傷害結果について責任を負う者が誰もいなくなるわけではないということは，Ｃ君の⑤（i.見解に対する批判・j.見解の根拠）となり得ますね。

1 ①a ②c ③e ④h ⑤i
2 ①b ②d ③f ④g ⑤j
3 ①a ②c ③f ④g ⑤j
4 ①b ②c ③e ④h ⑤i
5 ①a ②c ③e ④g ⑤j

解答・解説

解答：1

まず，【事例】によれば「Ｖの傷害が，甲の共謀加担前の乙の暴行により生じたのか，甲の共謀加担後の甲又は乙の暴行により生じたのかは，証拠上不明であった。」とあり，甲との関係では「疑わしきは被告人の利益に」の原則により，Ｖの傷害が，甲の共謀加担前の乙の暴行により生じたと仮定して考えていくことになるとわかります。

その上で，学生Ａは最初のコメントにおいて「私は，共犯は自己の行為と因果関係を有する結果についてのみ責任を負うという見解に立ち，後行者は，共謀加担前の先行者の暴行により生じた傷害結果には因果性を及ぼし得ないと考えます」と述べています。この時点で，学生Ａが共同正犯の処罰根拠については因果的共犯論に立ち，かつ，承継的共同正犯については全面否定説あるいは限定肯定説に立っていることがわかります。そして，全面否定説に立てば，当然に傷害罪の承継的共同正犯は成立しません。限定肯定説に立ったとしても傷害罪については承継的共同正犯が否定され，**①はａが正解**です。

続く②は，「事例とは異なり，Ｖの傷害が甲の共謀加担後の甲又は乙の暴行により生じたことが証拠上明らかな場合」を想定し，この場合は加担後の行為について傷害罪の共同正犯が成立することが明らかです（この場合は承継的共同正犯の問題ではありません）。**②はｃが正解**です。

次に，学生Ｂは学生Ａに対する批判を述べています。学生Ａは傷害罪の承継的共同正犯を否定する立場をとり，その立場に対しては傷害罪の共同正犯の成立範囲が狭まります（話の流れ的に，共同正犯の成立範囲が広まるというのはおかしいはずです）。したがって，**③はｅが正解**です。

学生Ｃは207条の適用について話しています。これは，仮に共謀がない場合は207条で共同正犯が成立するのに，共謀があることによって，共謀がない場合よりも重く非難されるべき事案において共同正犯が不成立となるのは不均衡であるという話です。したがって，**④はｈが正解**です。

最後に，学生Ｂは，207条の適用を否定する立場についての見解です。207条を適用すべきであるとする学生Ｃに対する批判という位置付けです。したがって，**⑤はｉが正解**です。

よって１が正解となります。

9 共犯関係の解消

共犯関係の解消は，承継的共同正犯や共謀の射程と並ぶ重要論点です。他方，出題可能性が高いのに，共犯関係の解消に対する判例の考え方を誤解している受験生が多いです。因果的共犯論や判例の相場観をしっかりと理解して，得点源にしましょう。

●令和3年司法試験出題趣旨

第2暴行に先立って，甲丙間の共犯関係が解消されたとの説明について論じる必要があるところ，共犯関係の解消を認めるための**要件を明らかにした上で**，それを本事例の具体的な事実関係に当てはめた場合，共犯関係の解消を肯定できるとの説明を，論拠を示しつつ論じることが求められる。

●令和3年司法試験採点実感

共犯関係の解消の有無については，いかなる場合に解消を肯定できるのかについて自らの見解を示した上，根拠として問題文に現れた具体的な事実関係を的確に示しながら，①及び②を論じる必要があった。例えば，因果性遮断説の立場からは，関与者の因果的寄与が解消されたと認められるかが判断基準となるところ，第1暴行後，甲は丙の暴行を制止しようとしたこと，甲は丙から殴打されて気絶したこと，丙は気絶した甲を放置したまま第2暴行を実行していること，甲は乙に暴行を加えることを発案した首謀者的立場にあること，甲は自ら第1暴行を実行していること，甲は凶器として木刀を準備しているところ，丙は第2暴行で同木刀を使用していることなどの具体的事実を示して，心理的因果性及び物理的因果性の両面から甲の因果的寄与が解消されたといえるかを丁寧に検討する答案は高い評価となった。……共犯関係の解消については，因果性の遮断などの判断基準が明示できない答案や，解消を判断する上で関係する事実を指摘するにとどまり，その論拠の説明が不十分なものが多く見られた。

●平成28年司法試験出題趣旨

甲は，その後，乙に対して中止するように言ったにもかかわらず乙が本件強盗を実行していることから，甲が乙の実行した本件強盗に関してその責任を負うのか，共犯関係からの離脱が問題となる。これを論じる際には，共犯の処罰根拠を意識した問題の所在の摘示及び規範の定立が求められる。その上で，甲の離脱を認めるか否かに関しては，甲と乙の

▼石橋MEMO▼

事実をいかに使いきれるかがポイント!

趣旨から解釈!

やりとり（中止指示と乙の了承を前提に，甲が道具の回収指示をしていないこと），甲から渡された現金3万円で乙が用意したナイフや開錠用具，かばんといった**道具の重要性**，甲が首謀者であること，甲から乙への中止指示が犯行直前であり，かつ，その指示方法も，組長から中止指示を受けて直ちに告げたわけではなく，乙が電話をかけてきた際に告げたものであることなどの各事実を踏まえ，定立した規範にこれら事実を的確に当てはめて結論を導き出す必要がある。その結論としては，心理的因果性は除去されていたとしても物理的因果性が除去されていないとして離脱を認めないとするもの，心理的因果性が除去されていることに重点を置き離脱を認めるものなどがあり得るが，離脱を認める場合には，物理的因果性が残っているにもかかわらず離脱を認めると考えた理由につき事案に即してより説得的に論じることが求められる。

> これは超加点事由だね。

●平成28年司法試験採点実感

　甲の罪責の検討に当たっては，まず，甲が何らの実行行為を行っていないことから，共謀共同正犯の肯否を簡潔に論じた上で，問題文に現れた事実を当てはめて甲の共同正犯性を肯定し，次に，甲が乙に対して本件強盗の中止を指示したにもかかわらず乙がこれを実行した点に関して，甲について共犯関係からの離脱が認められるかについてその判断基準を示しつつ論じ，離脱を認めない場合にはⅤの死亡結果についても甲が責任を負うのかや，丙との共謀の成否について，離脱を認めた場合には甲に強盗予備罪が成立することを指摘した上で，予備罪の共同正犯の成否等について，問題文に現れた事実を的確に当てはめて論じることが求められていた。……共犯関係からの離脱を論じるに当たって，問題の所在を意識しつつ的確な規範定立を行うことが求められていたところ，共犯の処罰根拠も含め，大多数の答案は相応に論述されていたが，他の論点と同様，単にいわゆる論証パターンに従って論述しているにすぎないと思われたものが相当数見受けられた。更に，定立した規範へは，甲と乙のやりとり（中止指示と乙の了承を前提に，甲が乙に対し，開錠道具やナイフ，かばんといった道具の回収指示をしていないこと），甲から渡された現金3万円で乙が購入した開錠道具やナイフ等の道具の重要性，甲が首謀者であること，甲から乙への中止指示が犯行直前であり，かつ，その指示方法も，組長から中止指示を受けて直ちに告げたわけではなく，乙が電話をかけてきた際に告げたものであることなどの問題文に現れた事実を指摘した上で，心理的因果性及び物理的因果性に着目して結論を導き出すことが求められていた。多くの答案では，前記各事実の指摘は概ねできていたが，その答案のほとんどが，その後，単に，心理的因果性が除去されても物理的因果性が除去されないため離脱は認められないと指摘するにとどまっており，その場合に共犯関係からの離脱が認められない理由についてまで説得的に論述できていた答案は少数であった。また，前記各事実の指摘が不十分なまま，安易に，甲について共犯関係

> からの離脱を認めた答案も少なからず存在した。甲について共犯関係からの離脱を認めた場合には，物理的因果性が残っているにもかかわらず離脱を認めると判断した理由につき，問題文に現れた事実を指摘しつつ，より説得的に論じることが求められていたのであるが，このような論述ができていた答案は極めて少数であり，これは論文式試験における事実摘示の重要性についての認識が不十分であるためではないかと思われた。

1 分 析

❶ 共犯関係の解消と共犯からの離脱

共犯関係の解消という論点は，共犯者間で共謀した犯罪が完遂されないうちに，共犯者の一人が離脱したあと，他の共犯者が共謀した犯行を完遂した場面で出てきます。XとYが「犯罪Aと犯罪Bをやろう」と話し合っていたものの，Xが犯罪Aの前，あるいは犯罪Aのあと，かつ，犯罪Bの前に抜けたときに，その後にXは自己が離脱後のYによる犯罪についても罪責を追うのか（Xが抜けた後のYの犯罪をXの罪責から引き算してよいのか）という，いわば**引き算の議論**です（これに対し，**共謀の射程**というのは，XとYが「犯罪Aをやろう」と話し合っていたものの，Yが犯罪Aに加えて犯罪Bまでやったときに，過剰部分である犯罪BについてまでXが罪責を負うのかという**足し算の議論**です）。

なお，ここでは離脱という言葉と解消という言葉を以下のように使い分けます。

離脱	立ち去る，抜けるといった事実
解消	離脱後に他の共犯者が生じさせた犯罪結果につき帰責されないという法律効果

これは近時の判例に沿う用語法です。また，問題となる場面は共同正犯か狭義の共犯（教唆及び幇助）かを問いません。**教唆犯あるいは幇助犯が離脱した場合**も，同様に問題となります。

❷ 要件論

　まず，本論点を論じる前提として，他の共犯者と離脱者間に共謀が認められなければなりません。また，他の共犯者が離脱者の離脱後に行った行為が当初の共謀の射程外の場合，共犯関係の解消を論じるまでもなく，離脱者に当該逸脱行為から生じた結果は帰責できません。したがって，**本論点を論じる前に，答案では必ず共謀の認定と共犯者による行為が共謀の射程内であることを確認**しておきましょう（ただし，射程内か否かについては，射程内であることが明らかな場合は答案上に「共謀の射程」という論点を大展開する必要はありません。メリハリという観点からは，**射程内であることが明らかな場合は，共謀に基づく実行が認められるとも思える旨を端的に示すだけにとどめておきましょう**。他方，平成30年予備試験のように射程内か否かが明らかではない事案の場合は最初に「共謀の射程」をしっかり論じるようにしましょう）。

　そして，共犯関係の解消につき，判例は「事情があったとしても，当初の共謀関係が解消したということはできず，その後の共犯者らの強盗も当初の共謀に**基づいて**行われたものと認めるのが相当である」と述べています（最決平21.6.30から抜粋）。

　したがって，この論点を要件に紐づけるのであれば，共同正犯の要件である，①共謀と，②共謀に基づく実行行為のうち，②の**「基づく」の解釈問題**といえます。

　共犯者の一人による解消が認められる場合，そのあとに生じた犯罪結果は離脱者も含めた当初の共謀に「基づく」とはいえず，離脱者はその責任を負わなくなるという理屈です。

> ⚠️ 共謀と共謀に基づく実行行為を論じた後に共犯関係の解消を論じる立場も考えられますが，本書では「基づく」要件内で検討する立場で論じます。

❸ 処理手順

　因果的共犯論の下では，解消が認められるか否かは**自己が与えた犯罪結果に対する因果性を遮断したといえる**かで判断します。その際，**心理的因果性**と**物**

理的因果性を考慮します。

> ⚠ 実行の着手前と着手後に分け，前者の場合は離脱の意思の表明と了承等があれば解消が認められ，後者の場合はそれらに加えて積極的犯罪防止措置等がなければ解消は認められないとする誤った理解をする受験生が未だにいますが，着手前という事情は，あくまで類型的にみて着手前であればあるほど心理的な連帯が弱いが故に与えた犯罪結果に与えた因果性が小さくなることを指す一つの考慮要素です（着手後という事情はその逆）。

結局，犯罪結果に与えた因果性の大小がポイントで，以下のように整理できます。

与えた因果性が大きい場合	表明と了承と積極的犯罪防止措置等が因果性の遮断に必要。
与えた因果性が小さい場合	表明と了承等で足りる。

なお，「等」としているのは，離脱の意思の表明，了承，積極的犯罪防止措置というのはあくまで自己が犯罪結果に対して与えた因果性を遮断する方法の代表例に過ぎず，ほかの場合もあり得ることを示します。

重要なのは「因果性の遮断」です。以下の3STEPで考えておくと，問題文の事情を綺麗に拾うことができるでしょう（もちろん唯一の区分けではないですが，事案分析の思考プロセスとして整理しておくと有用）。

STEP 1	自己が犯罪結果に対して与えた（心理的及び物理的）因果性の大小を認定。
STEP 2	解消に必要な措置を確定。
STEP 3	STEP 2の措置を採っているか否かを認定。

なお，判例は**着手前においては解消を認めやすく，着手後においては解消を認めない**傾向にあります。また，犯罪結果に対して与えた因果性を完全に0にすることは事実上不可能で，ここでの「因果性の遮断」は，事実上0にすることではなく，「**ここまでやれば解消を認めてもよいであろう**」という**規範的な評価**です（そうでないと，解消が認められる事案がかなり少なくなり，妥当ではあ

りません。「ここまでやったのなら**離脱後に生じた犯罪結果は離脱者とは無関係に発生したと評価できるから，刑法的な評価としては共犯関係の解消を認めてあげるべきだよね**」といえるかを考えるほかありません)。

その上で，与えた因果性の大小を認定するにあたっては，以下のような考慮要素をインプットし，具体の事例で使えるものをすべて抽出・評価していきましょう。

被離脱側の事情	被離脱者による**犯行継続の可能性**，被離脱者の**態度**，被離脱者のみによる**新たな共謀の有無**，被離脱者の**動機目的**，被離脱者が離脱者に攻撃して失神させた等の**被離脱者による一方的な解消の有無**（名古屋高判平14.8.29　この裁判例では被離脱者が離脱者に対して暴行を働き失神させているのですが，これは，離脱者の与えた因果性を被離脱者が否定し，離脱者の与えた因果性とは無関係に犯行を継続したことになるため，共犯関係の解消が被離脱者によって生じさせられたと評価できます)。
離脱者側の事情	凶器等の**道具の提供の有無**，犯行現場の位置情報等の**情報提供の有無**，暴力団の組長と子分のような**被離脱者との関係性**，**首謀者的地位の有無**，**重要な役割の有無**，**実行の着手前か否か**（最決平成21.6.20は，強盗との関係では形式的には実行の着手前といえたのですが，被告人らの一連の計画の中では強盗に着手する寸前であったため，実質的には着手後の事例と評価できたことは頭の片隅に置いておきましょう。試験で類似の事案が出た際は形式論→実質論と続ければ説得的な論述になると思います。したがって，実行の着手の前か否かは形式的な判断と実質的な判断を常に考えておくべきでしょう)。

他方，因果性の解消に必要な措置については，事案によるというのが実際のところです。**処罰に値しないといえるほどの措置**をとる必要があると考えておき，事案によって具体的に認定しましょう（ハードルはかなり高い)。なお，共犯関係の解消が認められた場合の効果は，以下のように整理できます。

実行の着手前に解消が認められた場合	予備罪の処罰規定がある場合	予備罪の共同正犯
	予備罪の処罰規定がない場合	不可罰
実行の着手後に解消が認められた場合	未遂罪の共同正犯が成立し，中止犯（43条但書）の要件をみたす限りで中止犯が成立する[※]。	

(※) なお，共犯関係の解消と中止犯の関係については，前者はそのほかの共犯者が

行った犯罪行為から生じた結果を帰責できるかという**犯罪の成否の問題**であるのに対して，中止犯の成否は刑の任意的減免を認めてよいかという**科刑の問題**と整理することになります。要は，ステージの違う話なので，まず共犯関係の解消を検討し，未遂犯を成立させたあとに中止犯を検討するということです。両概念を混同しないように気を付けましょう。

2 判 例

【最決平元.6.26】
一 傷害致死の点について，原判決（原判決の是認する一審判決の一部を含む。）が認定した事実の要旨は次のとおりである。（1）被告人は，一審相被告人の圷隆一の舎弟分であるが，両名は，昭和六一年一月二三日深夜スナックで一緒に飲んでいた本件被害者の花田勝美の酒癖が悪く，再三たしなめたのに，逆に反抗的な態度を示したことに憤慨し，同人に謝らせるべく，車で圷方に連行した。（2）被告人は，圷とともに，一階八畳間において，花田の態度などを難詰し，謝ることを強く促したが，同人が頑としてこれに応じないで反抗的な態度をとり続けたことに激昂し，その**身体に対して暴行を加える意思を圷と相通じた**上，翌二四日午前三時三〇分ころから約一時間ないし一時間半にわたり，竹刀や木刀でこもごも同人の顔面，背部等を多数回殴打するなどの暴行を加えた。（3）被告人は，同日午前五時過ぎころ，圷方を立ち去つたが，その際「おれ帰る」といつただけで，自分としては花田に対しこれ以上制裁を加えることを止めるという趣旨のことを告げず，圷に対しても，以後は花田に暴行を加えることを止めるよう求めたり，あるいは同人を寝かせてやつてほしいとか，病院に連れていつてほしいなどと頼んだりせずに，現場をそのままにして立ち去つた。（4）その後ほどなくして，圷は，花田の言動に再び激昂して，「まだシメ足りないか」と怒鳴つて右八畳間においてその顔を木刀で突くなどの暴行を加えた。（5）花田は，そのころから同日午後一時ころまでの間に，圷方において甲状軟骨左上角骨折に基づく頸部圧迫等により窒息死したが，右の死の結果が被告人が帰る前に被告人と圷がこもごも加えた暴行によつて生じたものか，その後の圷による前記暴行により生じたものかは断定できない。
二 右事実関係に照らすと，**被告人が帰つた時点では，圷においてなお制裁を加えるおそれが消滅していなかつたのに，被告人において格別これを防止する措置を講ずることなく，成り行きに任せて現場を去つたに過ぎないのであるから，圷との間の当初の共犯関係が右の時点で解消したということはできず，その後の圷の暴行も右の共謀に基づくものと認めるのが相当である**。そうすると，原判決がこれと同旨の判断に立ち，かりに花田の死の結果が被告人が帰つた後に圷が加えた暴行によつて生じていたとしても，被告人は傷害致死の責を負うとしたのは，正当である。

被告人は共犯者との暴行開始後に離脱したものの、積極的犯罪防止措置を何らとらなかったことから共犯関係の解消が認められないと判断された事案です。

上記判例が述べる「**離脱の時点においてほかの共犯者がなお制裁を加えるおそれ**」の有無は、**因果性の切断にあたり一つの重要な観点**となります。

すなわち、離脱者が与えた心理的因果性や物理的因果性が離脱時点で除去できていないような事案でも、「離脱の時点においてほかの共犯者がなお制裁を加えるおそれ」がなければ、離脱の意思の表明と了承で共犯関係が解消したと評価しうる事案もあると読めるということになります。

【最決平21.6.30】
1　原判決及びその是認する第1審判決の認定並びに記録によれば、本件の事実関係は、次のとおりである。
（1）被告人は、本件犯行以前にも、第1審判示第1及び第2の事実を含め数回にわたり、共犯者らと共に、民家に侵入して家人に暴行を加え、金品を強奪することを実行したことがあった。
（2）本件犯行に誘われた被告人は、本件犯行の前夜遅く、自動車を運転して行って共犯者らと合流し、同人らと共に、被害者方及びその付近の下見をするなどした後、共犯者7名との間で、被害者方の明かりが消えたら、共犯者2名が屋内に侵入し、内部から入口のかぎを開けて侵入口を確保した上で、被告人を含む他の共犯者らも屋内に侵入して強盗に及ぶという住居侵入・強盗の共謀を遂げた。
（3）本件当日午前2時ころ、共犯者2名は、被害者方の窓から地下1階資材置場に侵入したが、住居等につながるドアが施錠されていたため、いったん戸外に出て、別の共犯者に住居等に通じた窓の施錠を外させ、その窓から侵入し、内側から上記ドアの施錠を外して他の共犯者らのための侵入口を確保した。
（4）見張り役の共犯者は、屋内にいる共犯者2名が強盗に着手する前の段階において、現場付近に人が集まってきたのを見て犯行の発覚をおそれ、屋内にいる共犯者らに電話をかけ、「人が集まっている。早くやめて出てきた方がいい。」と言ったところ、「もう少し待って。」などと言われたので、「危ないから待てない。先に帰る。」と一方的に伝えただけで電話を切り、付近に止めてあった自動車に乗り込んだ。その車内では、被告人と他の共犯者1名が強盗の実行行為に及ぶべく待機していたが、被告人ら3名は話し合って一緒に逃げることとし、被告人が運転する自動車で現場付近から立ち去った。
（5）屋内にいた共犯者2名は、いったん被害者方を出て、被告人ら3名が立ち去ったことを知ったが、本件当日午前2時55分ころ、現場付近に残っていた共犯者3名と共にそのまま強盗を実行し、その際に加えた暴行によって被害者2名を負傷させた。

> 2　上記事実関係によれば，被告人は，共犯者数名と住居に侵入して強盗に及ぶことを共謀したところ，共犯者の一部が家人の在宅する住居に侵入した後，見張り役の共犯者が既に住居内に侵入していた共犯者に電話で「犯行をやめた方がよい，先に帰る」などと一方的に伝えただけで，**被告人において格別それ以後の犯行を防止する措置を講ずることなく待機していた場所から見張り役らと共に離脱したにすぎず**，残された共犯者らがそのまま強盗に及んだものと認められる。そうすると，**被告人が離脱したのは強盗行為に着手する前であり，たとえ被告人も見張り役の上記電話内容を認識した上で離脱し，残された共犯者らが被告人の離脱をその後知るに至ったという事情があったとしても，当初の共謀関係が解消したということはできず，その後の共犯者らの強盗も当初の共謀に基づいて行われたものと認めるのが相当である**。これと同旨の判断に立ち，被告人が住居侵入のみならず強盗致傷についても共同正犯の責任を負うとした原判断は正当である。

　共犯者による住居侵入後強盗の着手前に離脱した事案において，**形式的には強盗の着手前でも，強盗の直前という意味で実質的には着手後の離脱の場合と同視し得る事実関係であったこと**，**従前から犯行を繰り返していた点で心理的な連帯が強かったといえること**といった事実関係が重視され，積極的犯罪防止措置を取らずに離脱した以上，共犯関係の解消は認められないと評価した判例です。

3　知識の整理（短答過去問を題材に）

> 　次の1から5までの各記述を判例の立場に従って検討した場合，正しいものはどれか。
> 　　　　　　　　　　　　　　　　　　　　（令和4年司法試験第7問）
> 1　甲は，友人乙がV所有の自動車（以下「V車」という。）の車体をバットで叩いて損壊しているのを発見し，自分も加勢しようと考え，乙に気付かれないように物陰から石を投げ付け，V車の窓ガラスを割った。乙は，その直後に周囲を見回し，物陰にいた甲の姿をみて，甲がV車に石を投げ付けたと認識したが，それ以降は，甲及び乙のいずれも，V車の損壊行為を行わなかった。この場合，甲には，器物損壊罪の共同正犯が成立する。
> 2　甲と乙は，友人丙がVから暴行を受けているのを発見し，丙を助けるために意思を通じ，正当防衛としてVに暴行を加えた。これにより，攻撃の意思

を失い攻撃をやめたVが現場から逃走したため，甲は，暴行をやめたが，乙は，Vを追いかけて更にVに暴行を加えて傷害を負わせた。その間，甲は，乙の行動に驚き，乙が暴行を加えるのを傍観していた。この場合，甲には，傷害罪の共同正犯が成立する。

3　甲と乙は，Vに対する強盗を共謀し，乙が先にV方に入り，甲のための侵入口を確保したが，現場付近に人が集まってきたことに気付いた甲は，乙に電話をかけ，「もう犯行をやめた方がよい。先に帰る。」と一方的に告げて，その場から立ち去った。その後，乙は，Vから現金を強取し，その際，Vに傷害を負わせた。この場合，甲には，住居侵入罪及び強盗致傷罪の共同正犯が成立する。

4　甲と乙は，Vに対する強盗を共謀し，甲がVに包丁を示して，「金を出せ。」と要求したが，甲は，Vに憐憫の情を抱き，Vに「金は要らない。」と言うとともに，乙にも「お前も強盗なんかやめておけ。」と言ってその場を立ち去った。その後もVは甲の脅迫によって反抗抑圧され続けており，乙は，その状態を利用してVから現金を強取した。この場合，甲には，中止犯が成立する。

5　甲と乙は，Vの殺害を共謀し，甲がVをナイフで切り付けて傷害を負わせたが，甲は，Vに憐憫の情を抱き，犯行をやめようと決意した。甲は，更にVを切り付けようとする乙を羽交い締めにし，Vがその隙に逃走したため，乙は，犯行を継続できず，Vは，死亡するに至らなかった。この場合，甲と乙には，いずれも中止犯が成立する。

解答・解説

解答：3

1 **誤り** 共同正犯の成立要件は共謀及び共謀に基づく実行が必要です。本選択肢では甲による器物損壊時点において甲乙間に意思連絡が認められず，両者の間に共謀が認められません。

2 **誤り** 本肢は最判平6.12.6を下敷きにしていることは明らかです。まず，甲乙による最初の暴行については正当防衛が成立するため違法性が阻却される結果，傷害罪の共同正犯が成立することはありません。したがって，乙によって更に加えられた暴行について傷害罪が成立するか否かが問題となります。もっとも，甲乙間に共謀は認められるものの，乙による更なる暴行については本選択肢の事実関係からすれば共謀の射程外と評価でき，共謀に基づく実行とはいえません。加えて，乙による更なる暴行に関する甲乙間での新たな共謀も認められません。

3 **正解** 住居侵入罪に関しては共謀共同正犯が認められることは争いがありません。問題は強盗致傷罪の共同正犯が成立するかという点です。これについては，最決平21.6.30と同様，形式的には強盗の着手前ではありますが，強盗の直前という意味で実質的には着手後の離脱の場合と同視し得る事実関係であることからすれば，「もう犯行をやめた方がよい。先に帰る。」と一方的に告げて，その場から立ち去るだけでは因果性の除去は認められないというべきでしょう。

4 **誤り** 本肢の事実関係の下では，共犯関係の解消は認められません。中止犯というのは，共犯関係の解消が認められ，犯罪の成否として未遂罪が成立した後の科刑の問題ですから，共犯関係の解消が認められない以上は中止犯を論じるまでもありません。

5 **誤り** 甲については，本肢の事実関係からすれば共犯関係の解消が認められ，かつ，中止犯も認められます。もっとも，中止犯の効果は一身専属的ですから，共犯者には連帯しません。したがって，乙にも中止犯が成立するとしている点が誤りです。

10 共謀の射程・共犯の錯誤

共謀の射程と共犯の錯誤は、その概念を混同している受験生が多いです。両者の違いを押さえた上で、特に共謀の射程に対するアプローチの仕方を学んでいきましょう！

●平成27年司法試験出題趣旨

また、甲が新薬の書類を持ち出した当時、甲は新薬開発部を異動しており、新薬の書類に対する管理権を失っていたことから、「甲自身が管理する新薬の書類を持ち出す。」という乙の持ち掛けに対して、甲は、「後任部長が管理する新薬の書類を持ち出す。」行為をしたことになる。そこで、甲の同行為が甲乙間の共謀ないし乙の教唆行為によるものかどうかが問題となるが、この点は、乙の持ち掛けと甲の行為との間に**因果性**が認められることを簡潔に述べれば足りると思われる。

▼石橋MEMO▼

結局、因果性やで!!

1 分 析

❶ 共謀の射程と共犯の錯誤

まず、共謀に基づいて犯罪が実現される場合について考えると、共謀の内容どおりに犯罪が遂行されることもあれば、その共謀の内容とは異なる犯罪まで行われることもあることは容易にわかるでしょう。

例えば、XとYがAを傷害しようという話し合いをしたのに、カッとなったYがAを殺してしまったような場面を想定します。このような場合にXにどのような範囲で共同正犯が認められるのかという場合に、共謀の射程の議論なのか、共犯の錯誤の議論なのかが問題となります。要するに、**当初共謀から逸脱した行為が行われた場合**、両論点が絡んできます。その上で、この場面設定の下で、両論点の区別に関する結論から述べますと、以下のようになります。

| 共謀の射程 | 逸脱行為が当初の共謀に「**基づく**」行為といえるかという因果性の話 |

共犯の錯誤	逸脱行為が当初の共謀に「基づく」行為といえるとして，**当該行為に対する故意があるか否か**という話（なお，理論的にはこの錯誤論の処理によって各人の罪名が確定した後に共犯形式を確定することになりますが，共犯形式の確定については，通説の部分的犯罪共同説が保護法益と行為態様からみた重なり合いの有無という錯誤論と同一の基準で判断するとしているため，まとめて論じることが多いと思われます。**理論的には別の話をしているが，基準が同じなのでまとめている**という整理でよいでしょう）

　共謀の射程は，共同正犯の要件である共謀に「基づく」実行要件の解釈なのでいわば**客観面の話**です。それに対し，**共犯の錯誤は主観面の話**になります。そして，刑法の犯罪体系においては**客観→主観という流れで判断**します。そのため，まず共謀の射程を検討し，そこで**射程外となったらそもそも逸脱行為については錯誤論を論じるまでもなく責任を負わず**，他方，**射程内となった場合に更に共犯の錯誤論が登場し故意の有無を検討**します。

　⚠️ まずはこの違い及び検討順序を頭の中に叩き込んでください。ここを間違えると，射程の問題なのに錯誤で処理してしまった……といった事態を招きかねません。

　具体例でみていきましょう。例えば，甲と乙が，ナイフを用いてAを傷害する共謀を行い，計画を実行している最中に，乙が殺意を持ってAを殺害してしまったとします。この場合，通説によれば**刑法38条2項により甲に殺人罪は成立しません。**
　しかし，傷害罪の限度で重なり合うため，**傷害罪の限度で共同正犯が成立し，加重結果についても帰責できるので**，**傷害致死罪の共同正犯**になります。この説明は，いわゆる抽象的事実の錯誤という論点に基づきます。
　他方，事例を変えて，甲と乙がナイフを用いてAを傷害する共謀を行ったものの，Aの所在がわからなかったので計画の実行をキャンセルし，数日後に偶然乙がAを発見し，殺意を抱いたのでAを殺害してしまったとします。この場合，**甲に傷害致死罪の共同正犯が成立すると説明する人はいません。**
　しかし，錯誤論だけだと説明ができません。乙の行為が当初の甲との共謀と

は無関係に行われたから（共謀の射程外だから）という説明を介在させる必要
があります。前者の事例では共謀の射程が逸脱行為に及んでいることが前提で
す。このように，共謀の射程という議論は，**共犯の錯誤の議論に先行**します。

> ⚠️ なお，上記設例では共犯の錯誤の中でも抽象的事実の錯誤の場面を説明していますが，甲が乙に対して「Aを殴ってこい，ただしAといつも一緒にいるBは殴るな」と命令したものの，乙はBを殴ったというような具体的事実の錯誤が問題となる場面でも，共通して共謀の射程は問題になります。

❷ 共謀の射程の要件論

　共謀の射程は，共犯者による逸脱行為が当初の共謀に「基づいて」いるのか，すなわち**逸脱行為を足し算して罪責を決めるべきか否か**という問題です（足していい＝因果性がある＝逸脱行為が当初の共謀に基づいている）。ただ，それだけではなく，どのような場合に逸脱行為を足し算してよいのか，すなわち因果性が及んでいるのかの考慮要素を把握することが，受験対策としては重要です。以下の考慮要素に着目すればよいでしょう。

当初の共謀内容と実際の犯行内容のズレの有無及び程度（日時，場所，被害者，犯行態様等）／当初の共謀内容を実現する過程で随伴しえる行為か否か，時間場所の連続性／実行行為者の目的／行動制限合意の有無／共謀段階における行為者の影響力

　結局のところ，共謀の射程という論点は逸脱行為を行わなかった者との関係で，「**逸脱行為が無関係に行われたと刑法的に評価できるか否か**」を諸般の事情から考える論点であるといえるでしょう。

> ⚠️ 本試験対策では，あてはめの充実度がものをいう論点です。事実をガンガン拾えるようにしておきましょう。

　あてはめ対策として，以下で共謀の射程や共犯の錯誤が問題となった裁判例をみていきます。逸脱行為が当初共謀と無関係に行われたと評価できるか否かについて考えてみてください（なお，イメージとしては因果関係の危険の現実化

説と同じです。共謀の危険が結果に現実化したといえるのかを色々な事情から判断するということです)。

⚠ 練習のために，百選掲載判例にはない，少しマイナーなものも載せてあります。

2 判 例

【東京高判昭60.9.30】

(事案が長いので簡潔にまとめておくと) 暴力団組長の被告人が配下の組員らに対して被害者の拉致監禁を指示したが，拉致監禁に失敗した組員らが，メンツが立たないと考えて翌日に被害者宅に押し入り殺害した事案

判旨

問題は，その点よりも，A以下の者による実行行為が〈プリンスホテル謀議〉に基づくものといえるかどうかという点にある。……A以下の者の**実行した行為態様は，Zの自宅に侵入し，有無を云わせずZ及び抵抗した同居人を殺害するというものであって，最早，拉致の謀議に基づく実行行為中における殺害という類型にはあてはまらないもの**である。**客観的な行為態様のみならず，実行担当者の主観的な意識の面をも併せ見れば**，そのことは一層明瞭に看取することができる。すなわち，**Z方に対する襲撃は，もともとH組代貸としての面子に拘泥しており，前夜来のEの執拗な煽動によって一層これを痛感させられていたAにおいて**，二〇日早朝，Zの所在が判明したことを契機として決意し，被告人に面倒を見てもらえる訳じゃないというSの反対を，これは**被告人のためではなく，代貸としての男の意地のために行くんだと抑えたうえ**，その趣旨に賛同したE，F，上板橋駅前から合流して同様に賛同したC，Dの四名を指揮して決行したものであって，**実行グループに属する者たちには，最早〈プリンスホテル謀議〉に基づく拉致の実行という意識はなかったのである**（前記第三の二の9の〔1〕ないし〔3〕参照）。

そうだとすれば，さきの設例の場合とは事実を異にすることが明らかであって，本件においては，**被告人に対し，傷害致死罪の限度においても，その刑責を問い得ないもの**というべきである。

仮に配下の組員らによる拉致監禁行為が共謀に基づくものとして共謀の射程が及んでいるのであれば，殺意（故意）のない被告人は刑法38条2項により殺人罪は成立せず，重なり合う傷害罪が成立し，かつ，結果的加重犯としての傷

害致死罪まで罪責を問えることになります。

しかし，本判決は「傷害致死罪の限度においても，その刑責を問い得ない」と述べていますから，そのようなロジックは採用していないといえます。

本判決をコンパクトにまとめると，「最早，拉致の謀議に基づく実行行為中における殺害という類型にはあてはまらない」という客観面，及び「実行グループに属する者たちには，最早〈プリンスホテル謀議〉に基づく拉致の実行という意識はなかつた」という主観面を理由に，傷害致死罪の帰責を否定し，これらの事実関係からすれば配下の組員たちによる殺害行為は拉致監禁に関する当初の共謀の射程外であると判断して，傷害致死罪の成立を否定したものといえます。

【東京地判平7.10.9】

（事案が長いので簡潔にまとめておくと）ある男女が昏酔強盗を計画し，被告人にも声をかけて被害者に睡眠薬入りのビールを飲ませたが，被害者がなかなか眠らなかったので待ちきれなくなった男が被害者を暴行して負傷させることで財物を強取した事案

判旨

　以上のように，被告人とA男らとの間には**昏酔強盗の共謀が事前に成立**し，その実行行為にも着手していたと認められるものの，**昏酔強盗とは手段方法が質的に異なっている暴行脅迫を手段とする強盗についての共謀が認められないのであれば，右暴行によって生じた致傷の結果について直ちに被告人に責任を負わせることはできない**（なお，右傷害の結果を昏酔強盗の機会における傷害と解することもできない。）。そこで，まず，以上の事実関係を前提に，暴行脅迫を手段とする強盗の現場共謀の成否について検討する。

2　確かに，被告人は，前記のとおり，A男がVに暴行を加えた際，それが財物奪取の手段であることを認識しながら，これを制止せず，同人が気絶した後，A男らと共にVから財物を奪った事実が認められる。

　しかし，**被告人は，当初の段階では，飲食店経営者に睡眠薬を飲ませて眠らせた上で金品を取るという昏酔強盗の計画を持ち掛けられてそれに加わっただけであって，被害者が昏酔しない場合に暴行脅迫を加えてでも財物を強取するかどうかについての謀議まではなされておらず，また，その点を予測してもいなかった**。しかも，**A男は，被告人らに謀ることなく，いきなりVに暴行を加えている**ほか，被告人自身は，Vに対して何ら暴行脅迫を加えていない。その当時の心境について，**被告人は，「まさか相手に怪我をさせるとは思わなかった。A男が暴行を加えるのを見てびっくりした。」**などと供述しているが，被告人がその日に初めてA男らから昏酔強盗の計画を持ち掛

けられてそれに加わった経緯や，Ａ男が被告人に謀ることなくいきなりＶに暴行を加えるに至った状況等に鑑みると，被告人の右供述もあながち虚偽とはいい切れない。これらの事実からすれば，**被告人は，Ａ男がＶに対して暴行を加え始めるまでの時点において，昏酔強盗の計画が暴行脅迫を手段とする強盗へと発展する可能性を認識していたとは認められず**，また，Ａ男が暴行を加えている時点においても，右暴行を認容してそれを自己の強盗の手段として利用しようとしたとまでは認められないので，被告人とＡ男らとの間に暴行脅迫を手段とする強盗についての意思連絡があったと認定することはできない。

3　以上のように，被告人にはＡ男らとの間で暴行脅迫を手段とする強盗の共謀が成立したとは認められないので，右共謀の存在を前提として強盗致傷罪の責任を負わせることはできない。

※なお，強盗罪の共謀は否定されたものの，本判決は，承継的共同正犯の理論によって強盗罪の限度で被告人に共同正犯を認めている。

当初共謀の内容が昏酔強盗であるのに対して，**逸脱行為は強盗罪の暴行**です。つまり，**質的な行為態様の差異**が認められます。また，被告人は昏酔強盗の首謀者的地位になく，**あくまで持ち掛けられて加わっただけ**という立場です。したがって，立案者に対する影響力があまりありません。

加えて，時間的場所的な連続性はあるとはいえ，暴行は突発的に行われ，**被告人は予測できなかったという事情**が認められます。これらの事情からすれば，**当初の昏酔強盗の共謀の射程は強盗罪の暴行に及んでいない**といえます。

【最判平6.12.6】
二　原判決の認定事実と判断
1　原判決は，本件の事実関係について，次のように認定している。

被告人は，昭和六三年一〇月二二日の夜，中学校時代の同級生である雨宮，北澤，藤貫栄一及び鈴木千絵とともに，近く海外留学する鈴木の友人曽我真弓を送別するために集まり，アネックス茗荷谷ビル二階のレストラン「デニーズ」で食事をし，翌二三日午前一時三〇分ころ，同ビルとは不忍通りを隔てた反対側にある文京印刷会館前の歩道上で雑談をするなどしていたところ，酩酊して通りかかった岩田が，付近に駐車してあった雨宮の乗用車のテレビ用アンテナに上着を引っかけ，これを無理に引っ張ってアンテナを曲げておきながら，何ら謝罪等をしないまま通り過ぎようとした。不快に思った雨宮は，岩田に対し，「ちょっと待て。」などと声をかけた。**岩田は，これを無視して文京印刷会館に入り，間もなく同会館から出て来たが，被告人らが雑**

談をしているのを見て，険しい表情で被告人らに近づき，「おれにガンをつけたのはだれだ。」などと強い口調で言った上，「おれだ。」と答えた雨宮に対し，いきなりつかみかかろうとし，雨宮の前にいた鈴木の長い髪をつかみ，付近を引き回すなどの乱暴を始めた。被告人，雨宮，北澤及び藤貫（以下「被告人ら四名」という。）は，これを制止し，鈴木の髪から岩田の手を放させようとして，こもごも岩田の腕，手等をつかんだり，その顔面や身体を殴る蹴るなどし，被告人も，岩田の脇腹や肩付近を二度ほど足蹴にした。しかし，岩田は，鈴木の髪を放そうとせず，雨宮の胃の辺りを蹴ったり，ワイシャツの胸元を破いたりした上，鈴木の髪をつかんだまま，不忍通り（車道幅員約一六・五メートル）を横断して，向かい側にある本件駐車場入口の内側付近まで鈴木を引っ張って行った。被告人ら四名は，その後を追いかけて行き，岩田の手を鈴木の髪から放させようとして岩田を殴る蹴るなどし，被告人においても岩田の背中を一回足蹴にし，岩田もこれに応戦した。その後，ようやく，岩田は，鈴木の髪から手を放したものの，近くにいた被告人ら四名に向かって，「馬鹿野郎」などと悪態をつき，なおも応戦する気勢を示しながら，後ずさりするようにして本件駐車場の奥の方に移動し，被告人ら四名もほぼ一団となって，岩田を本件駐車場奥に追い詰める格好で迫って行った。そして，その間，本件駐車場中央付近で，北澤が，応戦の態度を崩さない岩田に手拳で殴りかかり，顔をかすった程度で終わったため，再度殴りかかろうとしたが，藤貫がこれを制止し，本件駐車場の奥で，今度は雨宮が岩田に殴りかかろうとしたため，再び藤貫が二人の間に割って入って制止した。しかし，その直後に雨宮が岩田の顔面を手拳で殴打し，そのため岩田は転倒してコンクリート床に頭部を打ちつけ，前記の傷害を負うに至った。なお，岩田が鈴木の髪から手を放した本件駐車場入口の内側付近から雨宮の殴打により転倒した地点までの距離は，二〇メートル足らずであり，この間の移動に要した時間も短時間であり，被告人ら四名のうち北澤や藤貫は，岩田がいつ鈴木の髪から手を放したか正確には認識していなかった。

2 　原判決は，右認定事実に基づき，岩田が文京印刷会館前で鈴木の髪をつかんだ時点から，雨宮が本件駐車場奥で岩田を最終的に殴打するまでの間における被告人ら四名の行為は，本件駐車場中央付近で北澤を制止した後の藤貫の関係を除き，相互の意思連絡のもとに行われた一連一体のものとして，その全体について共同正犯が成立し，これが過剰防衛に当たると判断した。

三　原判決の認定判断の当否について
1 　原判決の認定した前記事実関係のうち，本件駐車場の奥の方に移動した際，被告人ら四名が「岩田を本件駐車場奥に追い詰める格好で追って行った」とする点については，後述のように，これを是認することはできない。
2 　本件のように，相手方の侵害に対し，複数人が共同して防衛行為としての暴行に及び，相手方からの侵害が終了した後に，なおも一部の者が暴行を続けた場合において，後の暴行を加えていない者について正当防衛の成否を検討するに当たっては，侵害現在時と侵害終了後とに分けて考察するのが相当であり，侵害現在時における暴行が正

当防衛と認められる場合には，侵害終了後の暴行については，侵害現在時における防衛行為としての暴行の共同意思から離脱したかどうかではなく，新たに共謀が成立したかどうかを検討すべきであって，共謀の成立が認められるときに初めて，侵害現在時及び侵害終了後の一連の行為を全体として考察し，防衛行為としての相当性を検討すべきである。

3　右のような観点から，被告人らの本件行為を，岩田が鈴木の髪を放すに至るまでの行為（以下，これを「反撃行為」という。）と，その後の行為（以下，これを「追撃行為」という。）とに分けて考察すれば，以下のとおりである。

(一)　まず，被告人らの反撃行為についてみるに，**岩田の鈴木に対する行為は，女性の長い髪をつかんで幹線道路である不忍通りを横断するなどして，少なくとも二〇メートル以上も引き回すという，常軌を逸した，かつ，危険性の高いもの**であって，これが**急迫不正の侵害に当たることは明らかである**が，これに対する**被告人ら四名の反撃行為は，素手で殴打し又は足で蹴るというもの**であり，また，記録によれば，**被告人ら四名は，終始，岩田の周りを取り囲むようにしていたものではなく，雨宮及び北澤がほぼ岩田とともに移動しているのに対して，被告人は，一歩遅れ，藤貫については，更に遅れて移動している**ことが認められ，その間，**被告人は，岩田を鈴木から離そうとして岩田を数回蹴っているが，それは六分の力であった**というのであり，これを否定すべき事情もない。その他，**岩田が被告人ら四名の反撃行為によって特段の傷害を負ったという形跡も認められない**。以上のような諸事情からすれば，右**反撃行為は，いまだ防衛手段としての相当性の範囲を超えたものということはできない**。

(二)　次に，被告人らの追撃行為について検討するに，前示のとおり，雨宮及び北澤は岩田に対して暴行を加えており，他方，藤貫は右両名の暴行を制止しているところ，この中にあって，**被告人は，自ら暴行を加えてはいないが，他の者の暴行を制止しているわけでもない**。

被告人は，検察官に対する供述調書において，「岩田さんが鈴木から手を放した後，私たち四人は横並びになって岩田さんを本件駐車場の奥に追い詰めるように進んで行きました。このような態勢でしたから，他の三人も私と同じように，岩田さんに対し，暴行を加える意思があったのだと思います。」と供述しているところ，原判決は，右供述の信用性を肯定し，この供述により，被告人ら四名が岩田を駐車場奥に追い詰める格好で迫って行ったものと認定するとともに，追撃行為に関して被告人の共謀を認めている。しかし，**記録によれば，岩田を追いかける際，被告人ら四名は，ほぼ一団となっていたということができるにとどまり，横並びになっていたわけではなく**，また，**本件駐車場は，ビルの不忍通り側と裏通り側とのいずれにも同じ六メートル余の幅の出入口があり，不忍通りから裏通りを見通すことができ，奥が行き詰まりになっているわけではない**。そうすると，**被告人ら四名が近付いて来たことによって，岩田が逃げ場を失った状況に追い込まれたものとは認められない**のであり，「被告人ら四名は，岩田を駐車場奥に追い詰める格好で追って行った」旨の原判決の事実認定は是

認することができない。したがって，また，被告人の右検察官に対する供述中，自分も他の三名も岩田に暴行を加える意思があったとする部分も，その前提自体が右のとおり客観的な事実関係に沿わないものというべきである以上，その信用性をたやすく肯定することはできない。

そして，岩田を追いかける際，被告人ら四名がほぼ一団となっていたからといって，被告人ら四名の間に岩田を追撃して暴行を加える意思があり，相互にその旨の意思の連絡があったものと即断することができないことは，この四人の中には，雨宮及び北澤の暴行を二度にわたって制止した藤貫も含まれていることからしても明らかである。また，雨宮及び北澤は，第一審公判廷において，岩田から「馬鹿野郎」と言われて腹が立った旨供述し，岩田の右罵言が雨宮らの追撃行為の直接のきっかけとなったと認められるところ，被告人が岩田の右罵言を聞いたものと認めるに足りる証拠はない。

被告人は，追撃行為に関し，第一審公判廷において，「**謝罪を期待して岩田に付いて行っただけであり，暴行を加えようとの気持ちはなかった**。鈴木の方を振り返ったりしていたので，北澤が岩田に殴りかかったのは見ていない。藤貫が雨宮と岩田の間に入ってやめろというふうに制止し，**一瞬間があいて，これで終わったな，これから話合いが始まるな，と思っていた**ところ，雨宮が岩田の右ほおを殴り，岩田が倒れた。」旨供述しているのであって，右公判供述は，本件の一連の事実経過に照らして特に不自然なところはない。

以上によれば，被告人については，追撃行為に関し，岩田に暴行を加える意思を有し，雨宮及び北澤との共謀があったものと認定することはできないものというべきである。

4　以上に検討したところによれば，**被告人に関しては，反撃行為については正当防衛が成立し，追撃行為については新たに暴行の共謀が成立したとは認められない**のであるから，反撃行為と追撃行為とを一連一体のものとして総合評価する余地はなく，被告人に関して，これらを一連一体のものと認めて，共謀による傷害罪の成立を認め，これが過剰防衛に当たるとした第一審判決を維持した原判決には，判決に影響を及ぼすべき重大な事実誤認があり，これを破棄しなければ著しく正義に反するものと認められる。

反撃行為については正当防衛が成立します。問題は，**追撃行為という逸脱行為に当初の共謀の射程が及んでいるといえるのか**という点です。

確かに，反撃行為と追撃行為は**時間的場所的には連続**します。ただ，そもそも被告人は被害者の友人に対する突然の暴行に対して友人を守るために反撃行為の共謀に加担したにすぎず，強い加害意欲を持ち合わせていません。

また，反撃行為時に被害者を軽く蹴ったにとどまり，ほかの者が決定的な暴

行を働いていることからも，被害者に対する攻撃に関して中心的役割を担っていたともいえません。更に，反撃行為が終わった際に話し合いが始まると思っていたことからして，被告人は仲間による被害者に対する追撃行為を予期できなかったといえます。

　これらの事情から，追撃行為という逸脱行為に当初の共謀の射程が及んでいるとはいえず，**追撃行為に関する新たな共謀もない以上，被告人が追撃行為についての共同正犯となることはない**といえます。

　なお，追撃行為を行った者に関しては，量的過剰防衛として処理されます。

3 知識の整理(短答過去問を題材に)

共犯と錯誤に関する次のアからオまでの各記述を判例の立場に従って検討した場合,正しいものの個数を後記1から5までの中から選びなさい。

(令和2年司法試験第5問/令和2年予備試験第3問)

ア 甲及び乙がAに対する暴行を共謀したが,Aの態度に激高した甲が殺意をもってAを殺害した場合,甲及び乙に殺人罪の共同正犯が成立するが,乙は傷害致死罪の刑で処断される。

イ 甲及び乙がAに対する強盗を共謀したが,その強盗の機会に,甲が過失によってAに傷害を負わせた場合,甲及び乙に強盗致傷罪の共同正犯が成立する。

ウ 甲及び乙が共謀して,公務員Aに虚偽の内容の公文書の作成を教唆することにしたが,乙はAを買収することに失敗したため,甲に無断で,Bに公文書を偽造することを教唆し,Bが公文書を偽造した場合,甲に虚偽公文書作成罪の教唆犯が成立する。

エ 甲が乙にA方に侵入して金品を窃取するように教唆して,その犯行を決意させたが,乙はA方と誤認して隣のB方に侵入してしまい,B方から金品を窃取した場合,甲にB方への住居侵入罪及びBに対する窃盗罪の教唆犯は成立しない。

オ 甲が乙の傷害行為を幇助する意思で,乙に包丁を貸与したところ,乙が殺意をもってその包丁でAを刺殺した場合,甲に殺人罪の幇助犯が成立し,傷害致死罪の幇助犯は成立しない。

1 0個　2 1個　3 2個　4 3個　5 4個

解答・解説　　　　　　　　　　　　　　　　　　　　　　　　　　　　　解答：2

ア　**誤り**　甲の殺害行為は当初の共謀から逸脱していますが，同一の被害者に対して同一の機会に行われ，共謀の射程の範囲内といえます。したがって，共謀に基づく実行は認められます。他方で，乙に殺意はないため刑法38条2項により殺人罪は乙に成立しません。よって重なり合う傷害罪の限度で犯罪が成立し，かつ，結果的加重犯である傷害致死罪を成立させ，部分的犯罪共同説からは傷害致死罪の限度で共同正犯が成立します。したがって，本選択肢は「甲及び乙に殺人罪の共同正犯が成立する」としている点で誤りです。

イ　**正解**　綿密に考えるまでもなく射程内の行為によって生じた結果です。

ウ　**誤り**　同一の相手方に対して文書に対する公共の信用を害する行為をさせているので，共謀の射程は及び，かつ，公文書偽造の範囲で重なり合います（保護法益は文書に対する公共の信用という点で，行為態様は偽造という点で重なり合います）。

エ　**誤り**　侵入した家が違うだけで当初共謀との関連性は認められる事案です。共謀の射程は肯定され，かつ，具体的事実の錯誤として故意も認められます。したがって，甲にＢ方への住居侵入罪及びＢに対する窃盗罪の教唆犯が成立します。

オ　**誤り**　共謀の射程は及ぶが故意が認められず，刑法38条2項により殺人罪の幇助犯は成立しません。重なり合う傷害罪の限度で犯罪が成立し，かつ，結果的加重犯である傷害致死罪の共同正犯が成立します。

よって，正しいものは1個で**2**が正解。

刑法各論

刑法各論を 得点源に したい。
　▷条文を 意識する。
　　自分で 出題趣旨・採点実感を 分析する。
　　判例も 自分で 探す。
　　つかれたので 休む。

1 同時傷害の特例

同時傷害の特例は，一度まとめておけばこわくない条文です。ただ，頻出条文かといわれるとそうでもなく，まとめ切れていない受験生が多いと思います。もっとも，令和3年の司法試験でその理解が問われ，承継的共同正犯のような超重要論点とも絡むので，要点を押さえておくことは必須です。

▼石橋MEMO▼

●令和3年司法試験出題趣旨

もっとも，仮に共犯関係の解消が認められたとしても，同時傷害の特例（刑法第207条）が適用されるとすれば，甲は「共犯の例による」ことになり，本件傷害に関して刑事責任を負うことになるから，甲が責任を負わないとするためには，同特例が適用されないと解する必要がある。同特例を適用するための要件として，**各暴行が本件傷害を生じさせ得る危険性を有するものであること及び各暴行が外形的には共同実行に等しいと評価できるような状況において行われたことを要する**（最決平成28年3月24日刑集70巻3号1頁参照）と解されているが，本事例の事実関係から，これらの要件は充足されていると考えられるので，**行為者間に一部共犯関係が存在し，傷害結果について明らかに責任を負う者が存在する場合にも同特例を適用できるか，その適用範囲をいかに解すべきか**が問題となる。……次に，仮に，甲丙間の共犯関係が解消していたとしても，同時傷害の特例が適用されるのであれば，甲は本件傷害に関する刑事責任を負うことになるという論理関係を意識した上で，同特例が適用されないとの説明を，論拠を示しつつ論じる必要がある。この点，同時傷害の特例は，複数人の暴行が競合しているにもかかわらず，**傷害結果について誰も責任を負わない不都合を解消するための規定である**と解すれば，暴行の行為者間に一部共犯関係が存在し，傷害結果について明らかに責任を負う者（丙）が存在する本事例のような事案では，同時傷害の特例は適用されないと解される。……次に，甲丙間の共犯関係が解消されていたとしても，同時傷害の特例が適用されるとの反論を，論拠を示しつつ論じる必要がある。ここでは，暴行の行為者間に一部共犯関係が存在する場合であっても，同特例が適用できなくなるとする理由はなく，むしろ同特例を適用しないとすれば，共犯関係が認められないときとの均衡を失することなどを論じることが考えられる。

●令和3年司法試験採点実感

同時傷害の特例の適否については，暴行の一部に共犯関係がある場合

に適用可能かが問題となるところ，この論点に気が付かず，ただ同一機会性を肯定できるか否かの検討に終始したものが見られた。また，この論点に気が付いていても，刑法第207条の解釈において，なぜこのことが問題になるのかを正確に理解しないまま，共犯関係にある場合に適用があるか否かの結論のみを述べる答案も散見された。

> 論点落としは痛い…。

> 点があるのは結論に至る過程!!

1 分析

❶ 刑法207条の趣旨

　刑法207条は，「二人以上で暴行を加えて人を傷害した場合において，それぞれの暴行による傷害の軽重を知ることができず，又はその傷害を生じさせた者を知ることができないときは，共同して実行した者でなくても，共犯の例による」と規定します。**意思連絡がないが故に共同正犯とはならないような場合に，一定の要件の下で例外的に共同正犯を成立**させています。

　この例外規定が置かれた理由について，具体的な事例を想定してみると理解しやすいでしょう。

　例えば，甲と乙が意思連絡なく同一の機会にVを殴打し，Vはけがを負ったものの，そのけがが甲と乙のいずれの暴行によるものであったかがわからなかったような場合を考えてみてください。意思連絡がなく，甲乙に傷害罪の共同正犯が成立しないというのが刑法60条からの帰結です。また，「疑わしきは被告人の利益に」の原則から，単独犯としても暴行罪しか成立しません。しかし，被害者のVはけがを負っているにもかかわらず，甲乙が暴行罪にとどまるというのはおかしな結論です。

　このように，**共同正犯の要件論や利益原則の適用によって不合理な結論が生じる場面が存在**するため，刑法207条が立法されました。つまり，刑法207条の趣旨は，**暴行と傷害の因果関係についての立証責任を例外的に検察官から被告人に転換することにより，不合理な結果を回避**することにあります。

❷ 刑法207条の要件

　条文文言から導かれる要件については抽出できるようにしておき，解釈に

よって導かれる要件については「なぜそのような要件が導かれるのか」を押さえておくとよいでしょう。答案上は，下記①〜④の要件を検討し，かつ，後掲の論点が生じる場合は，論点の論証をはり付けます。

① 意思連絡なく「二人以上で暴行を加えて人を傷害した場合」にあたること（条文文言）
　※最初の「意思連絡なく」というのは「二人以上で暴行を加えて人を傷害した場合」という文言に「共同して実行した者でなくても」という文言を合わせることで導かれる。単に条文文言をあわせて「二人以上で暴行を加えて人を傷害した場合」であり，「共同して実行」していないことという，押さえ方でもOK！
② 「それぞれの暴行による傷害の軽重を知ることができない」or「その傷害を生じさせた者を知ることができない」こと（条文文言）
③ 各暴行が傷害を生じさせうる危険性を有していること（解釈（最決平28.3.24））
　※207条は各自の暴行と傷害結果の間の因果関係を推定して挙証責任を転換させることで妥当な解決を図る趣旨の規定であることからすれば，推定の前提として各暴行が傷害結果を発生させる危険性を有していることが必要となることから要求される。
④ 各暴行が外形的には共同実行に等しい同一の機会に行われたこと（解釈（最決平28.3.24））
　※「共犯の例による」として共同正犯とみなす規定であることから要求される。同一の機会か否かは時間的場所的近接性のみならず，暴行の経緯，動機も考慮して判断する。

　※なお，立証責任の転換という点からは「各行為者が，自己の暴行が傷害結果を生じさせていないことを立証できないこと」も大事になりますが，刑法の問題でこの点を答案に論じることはないでしょう（刑法の問題文で訴訟上の主張立証に関する事実が出てくることはまずないため）。

❸　傷害罪以外の犯罪に対する刑法207条の適用の可否

　傷害致死罪への適用の可否を論文対策として押さえ，ほかは短答対策として

押さえましょう。傷害致死罪に対しても刑法207条の適用を肯定する判例は，刑法207条の趣旨が傷害致死罪に対しても及ぶことを理由とします。他方，「傷害した場合」という刑法207条の条文文言や，刑法207条は例外規定であり，適用範囲は限定的に解すべきことから，傷害致死罪への適用に否定的な見解もあります。

傷害致死罪	肯定（最判昭26.9.20）
強盗致死傷罪	否定（東京地判昭36.3.30）
不同意性交等致傷罪	否定（仙台高判昭33.3.13）

❹ 暴行の一部に共犯関係があるが，傷害結果がいずれの者の行為から生じたかが不明な事例に対する刑法207条の適用の可否

①傷害罪の承継的共同正犯が否定され，かつ，傷害結果が先行者の行為によるものなのか後行者の行為によるものなのかが不明な事例（最決令2.9.30）
②共同の第1暴行の後に共犯関係が解消されたと評価される場合であって，かつ，残余者が第2暴行を単独で行ったが，被害者に生じた傷害結果が第1暴行から生じたのか第2暴行から生じたのかが不明な事例（名古屋高判平14.8.29）

　暴行の一部に共犯関係があるが，傷害結果がいずれの者の行為から生じたかが不明な事例に対する刑法207条の適用の可否です。まず，上記①②の場面で問題となることを押さえてください。その上で，刑法207条の適用の可否については肯定説と否定説が存在します。いずれの立場も理解した上で，**判例が肯定説に立っていることを押さえましょう。**

肯定説 （最決令2.9.30）	共謀の上で加功した場合の方が，共謀をすることなく各自で暴行した場合よりも当罰性が高いにもかかわらず，共謀がない場合には刑法207条を適用して共同正犯を認め，共謀がある場合は刑法207条の適用を否定して共同正犯の成立を認めないのは刑の均衡を害するという均衡論からくる考え方。
否定説	刑法207条は暴行に関与している者が複数存在するにもかかわらず，誰も傷害結果に対する罪責を負わせることができないという不合理を解消するための例外規定であると考え，そう

> だとすれば，少なくとも傷害結果について帰責できる者がいる場合にはかかる趣旨が妥当しないとする考え方。

2 知識の整理（短答過去問を題材に）

> 次の1から5までの各記述を判例の立場に従って検討した場合，正しいものはどれか。　　　　　　　　　　　　　　　（平成20年司法試験第14問）
> 1　甲は，丁寧に手入れがなされていたVの長髪を，同人が寝ている間に無断で切って短くした。甲には傷害罪が成立する。
> 2　甲が，Vを多数回にわたって手拳で殴打したり足蹴にしたりする暴行を加え，その場を立ち去った直後，偶然通り掛かった乙が，倒れているVに対し，更に手拳で殴打したり足蹴にしたりする暴行を加えた。これらの暴行による傷害によってVは死亡したが，その死因となった傷害が，甲乙いずれの暴行によって生じたものであるか判明しなかった。この場合，甲乙それぞれに傷害罪が成立するにとどまる。
> 3　甲は，傷害を負わせる意思なくVの顔面を手拳で殴打したが，甲の意に反して当該殴打によってVが傷害を負った場合，甲には傷害罪は成立しない。
> 4　甲は，Vに精神的ストレスを与えて精神に障害を生じさせようと考え，1か月間にわたり，1時間おきにVに無言電話をかけ続けた。Vに何ら精神の障害が生じなかった場合，甲には暴行罪が成立する。
> 5　甲は，Vに下痢の症状を起こさせようと考え，腐敗した食品を食べさせたところ，Vは，これによって下痢の症状を起こしたが，数時間安静にするうちに完治した。甲には傷害罪が成立する。

解答・解説

解答：5

1 **誤り** 「傷害」とは，人の生理的機能に障害を与えることです。髪の毛を切る行為は，人の生理的機能に障害を与えるものではないとするのが判例です。

2 **誤り** 甲乙間に共謀が認められない以上，承継的共同正犯の論点は生じません。端的に刑法207条の要件をみたすか，傷害致死罪の場合にも，刑法207条の適用を認めてよいかが問題となります。前者については，甲乙間に共謀が認められない中で各々暴行していますから，意思連絡なく「二人以上で暴行を加えて人を傷害した場合」にあたります。また，「死因となった傷害が，甲乙いずれの暴行によって生じたものであるか判明しなかった」ので，「その傷害を生じさせた者を知ることができない」ともいえます。加えて，甲乙の暴行はいずれも「手拳で殴打したり足蹴にしたりする暴行」なので，各暴行が傷害を生じさせうる危険性を有しているといえます。更に，乙による暴行は甲が「その場を立ち去った直後」に行われ，各暴行が外形的には共同実行に等しい同一の機会に行われています。したがって，刑法207条の要件をみたします。判例は傷害致死罪の場合にも刑法207条の適用を認めるので，甲乙は傷害致死罪の共同正犯となります。

3 **誤り** 刑法208条を反対解釈すれば，傷害の故意なく，暴行を加えて傷害結果が生じた場合は傷害罪が成立します。

4 **誤り** 「暴行」とは，人の身体に向けられた不法な有形力の行使を意味します。したがって，無言電話をかけ続けた行為は「暴行」には該当しません。

5 **正解** 肢1で示した「傷害」の定義にあてはまる事案ですから，傷害罪が成立します。数時間後の完治というのはあくまで既遂後の出来事で，傷害罪の成否とは関係ありません。

2 死者の占有

死者の占有は，よく出題されます。犯罪構成要件の客観面で問題となることもあれば，主観面で問題となることもあり，ややトリッキーな論点です。事前準備を万端にしておかないと現場での判断を誤ってしまうでしょう。そこで，死者の占有が問題となる場面及びその処理について確認します。

●令和5年予備試験出題趣旨

……甲が現金を抜き取ってポケットに入れた行為は窃盗罪の客観的構成要件を充足するが，Xが死亡していると誤信していることから，甲に窃盗罪の故意が認められるかについて，死者の占有を認めるか否かとの関係を明らかにしつつ検討する必要がある。

●平成29年司法試験出題趣旨

甲と乙がAのズボンのポケットから財布を持ち去った行為について，甲及び乙の罪責を検討するに当たっては，①窃盗罪（刑法第235条）の客観的構成要件該当性，②死者の占有，③不法領得の意思，④共同正犯の成否（同法第60条）を検討する必要がある。まず，窃盗罪の客観的構成要件該当性については，甲と乙がAのズボンのポケットから財布を奪った時点でAは生きており，財布に対するAの占有が認められるので，甲がAのズボンのポケットから財布を取って，同財布を甲の上着ポケットにしまった行為が，客観的には窃盗罪の窃取に該当することを簡潔に指摘しておくべきである。次に，甲と乙がAから財布を奪った時点で，甲と乙はAが死亡したものと認識していたため，窃盗罪の故意に関してAの占有を侵害する認識が認められるかが問題となる。死者の占有について，判例の立場（最判昭和41年4月8日刑集20巻4号207頁等）による場合には，「被害者からその財物の占有を離脱させた自己の行為を利用して財物を奪取した」と認められるかを検討しなければならない。そして，Aの占有を侵害する認識を肯定する場合，客観的に窃盗罪の構成要件に該当するのみならず，窃盗罪の故意が認められる。Aの占有を侵害する認識を否定する場合は，Aの財布を占有離脱物と認識していたことになり，客観的には窃盗罪の構成要件に当たるとしても，主観的には占有離脱物横領罪の認識を有しているにすぎないこととなるので，抽象的事実の錯誤であることを指摘し，「構成要件の重なり合い」の有無を論じる必要がある。

▼石橋MEMO▼

それな。

●平成29年司法試験採点実感

②の点については、**全く検討されていない答案が相当数あった**が、甲と乙がAから財布を奪った時点で、甲と乙はAが死亡したものと認識していたため、窃盗罪の故意に関してAの占有を侵害する認識が認められるかを論じる必要があった。このように、**主観の問題として死者の占有を論じるべきところ、客観の問題として論じている答案や主観と客観のいずれの問題かを明示しないまま論じている答案**が少なからずあった。死者の占有については、多くの答案が判例の立場で論じていた。最高裁判所昭和41年4月8日判決（刑集20巻4号207頁）は、「被告人は、当初から財物を領得する意思は有していなかったが、野外において、人を殺害した後、領得の意思を生じ、右犯行直後、その現場において、被害者が身につけていた時計を奪取したのであって、このような場合には、被害者が生前有していた財物の所持はその死亡直後においてもなお継続して保護するのが法の目的にかなうものというべきである。そうすると、被害者からその財物の占有を離脱させた自己の行為を利用して右財物を奪取した一連の被告人の行為は、これを全体的に考察して、他人の財物に対する所持を侵害したものというべきであるから、右奪取行為は、占有離脱物横領ではなく、窃盗罪を構成するものと解するのが相当である。」と判示するところ、**甲及び乙の認識において、「被害者からその財物の占有を離脱させた自己の行為を利用して財物を奪取した」と認められるか**を検討する必要があった。この点、甲及び乙について、乙による顔面殴打行為を利用して財布を奪取したとの認識が認められるかを適切に論述している答案が相当数あったが、甲について、傷害罪の共謀を否定し、傷害罪の共同正犯の成立を否定しているにもかかわらず、安易にAの占有を侵害する認識を肯定する答案も散見された。Aの占有を侵害する認識を検討するに当たっては、傷害罪の共同正犯の成否や正当防衛・過剰防衛の成否での検討内容及び結論との整合性を意識して論述することが必要であったが、そのような意識が足りないと思われる答案が目に付いた。Aの占有を侵害する認識を否定する場合は、Aの財布を占有離脱物と認識していたことになり、客観的には窃盗罪の構成要件に当たるとしても、主観的には占有離脱物横領罪の認識を有しているにすぎないこととなるので、抽象的事実の錯誤について論じる必要があったが、この点に関しては、問題の所在を指摘した上、窃盗罪と占有離脱物横領罪との構成要件の重なり合いについて簡潔に論じられている答案が多かった。

> え…それはダメ、絶対！

> まさに、こういうミスをなくしたい所！

1 分 析

❶ 死者の占有が客観面で問題となる場合

　死者の占有という論点について、犯罪構成要件の客観面で問題となる場合と主観面で問題となる場合に分けて考えます。
　客観面で問題となる場合につき、まず、以下の事例をみます。

事例 1	甲は初めから財物を奪取する意思でVを殺してVが身に着けていた時計を奪取した。
事例 2	甲がVを殺して公園に死体を遺棄した後に、通りすがった乙がVを発見し、Vが身に着けていた時計を奪った。
事例 3	甲はVを殺した後にVが身に着けていた時計を奪取した。

　事例 1 は「**殺人犯人が初めから財物奪取意思を有していた**」事案類型です。この場合、甲の行為に**強盗殺人罪**（刑法240条後段）が成立することに争いはありません。

　事例 2 は「**殺人犯人以外の者が死者から財物を奪った**」事案類型です。この場合、乙の行為に**占有離脱物横領罪**（刑法254条）が成立することにほぼ争いはありません。

　問題となるのは **事例 3** です。「**殺人犯人が殺害後に領得意思を生じ財物を奪った**」事案類型ですが、**被害者死亡後にも何らかの形で占有を認めるのであれば窃盗罪**が成立し、**被害者死亡後には一切の占有を認めないと考えれば占有離脱物横領罪**が成立します（なお、強盗罪と解する立場もありますが、強盗罪の暴行又は脅迫は財物奪取に向けられていなければなりませんから、殺害後に領得意思を生じた事案類型において成立させるのは無理があります）。

　このように、死者の占有という論点が犯罪構成要件の客観面で問題となる場合は、「**殺人犯人が殺害後に領得意思を生じ財物を奪った**」事案類型だとまずは押さえてください。

　その上でどのように考えるかですが、まず、窃盗罪の構成要件は「他人の」、「財物」、「窃取」、故意、不法領得の意思に分かれます。まず、「**他人の**」あ

いは「窃取」要件にて被害者が財物を占有していることを認定しなければなりません（私は「他人の」を「他人が所有する」と考えているので，「窃取」要件の中で占有を論じるようにしていますが，教科書によっては「他人の」を「他人の占有する」と解しているものもあります）。

そして，ここでいう占有は，**事実上の占有**を意味し，事実上の占有は**客観的な占有の事実と主観的な占有の意思から社会通念に従い判断**されます。要するに，盗まれた財物の置かれた客観的な状況（場所，被害品のサイズ，見晴らし等）と被害者の被害品に対する意思（ふと置き忘れたに過ぎないのか等）から判断します。

そうすると，**死者には占有の意思がなく，占有が認められないのではないか**ということが問題になります。このことから，事例3 においては占有離脱物横領罪が成立するに過ぎないという考え方があります。もっとも，被害者を殺害して犯人自ら被害者の占有を喪失させ，その後に領得した場合に落とし物を拾った場合と同視するというのは価値判断として妥当でないことは容易に想像できます。

被告人が「Vは俺が殺したので，もはやVが身に着けていた腕時計はそこら辺に落ちている落とし物の財布と同じですよね。落とし物の財布を拾った場合は窃盗罪よりも軽い占有離脱物横領罪が成立するにすぎないんだから，俺がVの腕時計を奪ったとしても同様に占有離脱物横領罪にとどまりますよね？」といってきたら，納得できるでしょうか。

事例3 の処理について，被害者死亡後にも何らかの形で占有を認めるのであれば窃盗罪が成立すると前述しました。「何らかの形で」というのがポイントで，**死者の占有を認めることで窃盗罪を成立させる立場と死者の占有は否定しつつ，一定の場合に被害者の生前の占有に死後もなお刑法上の保護を与えることで生前の占有侵害を観念して窃盗罪を成立させる立場**に分かれます。

判例の立場は後者で，後者の立場に立てば足ります（なお，学説対立問題対策として判例以外の立場も押さえておくのは有意義です）。

(!) 判例の立場で論述しているのに，「死者には原則として占有が認められないが，〜の要件をみたす場合は例外的に死者の占有を認めるべきである」などという論述はくれぐれもしないようにしてください。

この点について，最判昭41.4.8は以下のように判示します。

> 被告人は，当初から財物を領得する意思は有していなかったが，野外において，**人を殺害した後**，領得の意思を生じ，**右犯行直後，その現場において**，被害者が身につけていた時計を奪取したのであって，**このような場合には，被害者が生前有していた財物の所持はその死亡直後においてもなお継続して保護するのが法の目的にかなうものというべきである**。そうすると，被害者からその財物の占有を離脱させた自己の行為を利用して右財物を奪取した**一連の被告人の行為は，これを全体的に考察して，他人の財物に対する所持を侵害したものというべきである**から，右奪取行為は，占有離脱物横領ではなく，窃盗罪を構成するものと解するのが相当である

ポイントは，①**被害者を殺害した殺人犯人との関係において**，②**被害者の生前の占有が窃盗罪との関係で法的保護に値するといえる場合**に，かかる占有を意思に反して移転させる行為は「窃取」にあたるという点です。

②要件についての裁判例の傾向としては，**時間的場所的近接性を中心に据え**つつ，**被害品の管理状態の変動の有無・程度，機会の同一性**といった事情も考慮して**規範的に**判断している点が注目すべき点でしょう。

(!) 受験生は，あてはめにおいて上記の諸事情をすべて拾い上げて規範的に判断しなければなりません。

結局のところ，死者の占有という論点は，「**あなたの死者からの奪取行為，それって被害者が生きている時に奪取したのと実質同じですよね**」といえるかを諸般の事情から判断する**実質論**です。例えば，殺害行為と奪取行為が３日間ほど空いていても，犯人が殺害現場にずっと滞留し，かつ，室内が荒らされて財物の保管状況に変化が生じているといった状況がなければ，実質的には被害者が生きている時に奪ったのと同じと評価できますよね。

(!) 規範的な評価を要件と考える以上，複数の裁判例を読み，あるいは事例問題の演習を通じてあてはめの感覚を養いましょう。

❷ 死者の占有が主観面で問題となる場合

まず，以下の事例をみてください。

> 甲は殺意をもってVの首を絞めたところ，Vがぐったりとなったため死んだものと思った。すると，倒れたVが高級腕時計をしていることに気づいた甲は，その高級腕時計が欲しくなり，高級腕時計を奪って逃走した。なお，甲が高級腕時計を奪った時点において，Vは未だ生きており，死んだふりをしていただけだった。

殺人未遂罪が成立するのは当然として，その後の高級腕時計を奪った行為に着目します。

まず，この時点でVは生きているので，高級腕時計を奪った行為は「他人の財物を窃取」したものとして窃盗罪の客観的構成要件をみたします。

そこで，主観面の検討に移ります。**甲はVが死んだと考えているので，占有移転の認識がなく**（「窃取」したとの認識がなく）**故意が認められないようにも**思えます。まさに，このような事案類型では死者の占有という論点が故意の問題としてあらわれます。

もっとも，先ほど述べたように①被害者を殺害した殺人犯人との関係において，②被害者の生前の占有が窃盗罪との関係で法的保護に値するといえる場合は，生前の占有侵害を理由に「窃取」が認められます。甲が①②を認識していれば，それすなわち甲は被害者の生前の占有侵害を認識していたこととなり，「窃取」に対する故意が認められます。

要するに，死者の占有が主観面で問題となる場合は，甲が「**俺，こいつ殺しちゃったけど，刑法的に考えた場合，こいつの生前の占有を侵害してるなあ**」と考えていたと評価できるのであれば「窃取」に対する故意が認められるということです。

> ⚠ 令和5年予備試験や平成29年司法試験を解けば慣れると思いますので，ぜひチャレンジしてみましょう。

2 判 例

【東京高判平25.6.6（窃盗罪肯定例）】
判決理由
　関係証拠によれば，被告人は，路上に停車中の普通乗用自動車内において，助手席に座っていた被害者に対し，その背後から包丁で左胸部を突き刺し，その場で同人を殺害し，その後，助手席の被害者の遺体上に上着をかぶせて外から見えないようにした上，同車両を発進させ，約20キロメートル離れた駐車場に同車両を駐車させ，被害者の遺体の上にレジャーシートをかぶせて外から見えないようにし，同車両を降りて付近で野宿をしつつ，時々，同車両に戻って遺体の様子を確認したり，同車両の駐車位置を変えるなどしたが，上記殺害の3日後頃，同車両内において，被害者が使用していた手提げバッグを開けたところ，在中していたポシェットの中に現金約18万円が入っているのを見つけたため，生活費等欲しさにこれを取得した事実が認められる。

　以上のとおり，被告人が，本件現金を見つけてこれを取得したのは，被害者が死亡してから**約3日後**であったことは，所論指摘のとおりである。

　しかしながら，**被害者を殺害したのは被告人自身**であり，その後，被告人は，死亡した被害者を乗せたまま同車両を発進走行させ，前記駐車場に同車両を駐車した後，同車両から離れたことはあったものの，**同車両を自己の支配下に置き続けた**。しかも，本件現金は，被害者の死亡から被告人がこれを取得するまでの間，同車両の移動や時間の経過によっても，**被害者による生前の管理状態が何ら変わることなく保たれていたもの**である。

　以上のような事実関係に照らすと，**被告人が本件現金を取得した当時，被害者死亡から約3日経過していたとしても，被害者が生前有していた本件現金に対する占有はなお継続して保護するのが相当である**。そうすると，被告人自身，上記のような事情を十分知った上で本件現金を取得したものであることをも考慮すれば，被害者からその財物の占有を離脱させた自らの行為を利用して同財物を取得した一連の被告人の行為は，これを全体として考察して，他人の財物に対する占有を侵害したものと解されるから，本件については，窃盗罪が成立するというべきである（以上の結論は，所論が引用する最高裁判所昭和41年4月8日第二小法廷判決（刑集20巻4号207頁）の判旨と抵触するものではない。）。

備考
　本判決は，あくまでも事例判決であり，被害者の死後約3日経過後であっても窃盗罪が成立することを一般論として判示したものではないことに注意が必要である。
　判示理由中で触れられている最判昭和41年4月8日・刑集20巻4号207頁は，人を殺害直後，領得の意思を生じ，被害者の腕時計を取得したという事案において，窃盗罪を

認めたものである。
　同最高裁判決を踏まえ，注釈書（大コンメンタール刑法・第２版，第12巻222頁，佐藤道夫・麻生光洋執筆部分）では，被害者の死亡後に領得の意思が生じて財物を取得した場合に窃盗が成立するためには，３つの要件が必要であるとし，同要件として，〔１〕財物取得行為が，致死行為と時間的・場所的に近接し，かつ，両行為が同一の機会になされたといえる場合であること，〔２〕致死行為が被害者の占有を喪失せしめ，行為者がそれに引き続いて直接的に占有を取得すること，〔３〕致死行為による占有侵害の結果を認識し，これを利用して財物を領得するという一個の意思に基づいて財物取得行為が実行されたことを要すると解されている。
　下級審判決においては，財物取得行為と致死行為が同一の機会に行われればよいとする傾向があるとも言われるが，本判決は，その一事例を提供するものとして執務の参考になると思われる。

　死者の占有が「窃取」要件との関係で問題となる事案です（後掲の２つの裁判例も同様）。
　まず，被害者を殺害したのは被告人ですから，**被告人は殺害犯人**です。また，確かに，殺害行為と奪取行為は時間にして約３日，場所にして20キロ離れていて，**時間や場所的な近接性は認められません**。しかし，被害品である現金は被害者が持っていた手提げバッグの中にずっと入っていて，その被害者は助手席から移動されることがなかった上，被告人は時折車両に戻って遺体の様子を確認したり，同車両の駐車位置を変えるなどしていました。**殺害行為から奪取行為までの間，被害品は被告人の管理下に置かれており，かつ，被害品の管理状況に変化がなかったといえます**。
　かかる事実関係からすれば，**規範的にみて被害者の生前の占有が窃盗罪との関係で法的保護に値するといえます**。これらを根拠に「窃取」を認めた裁判例です。

> **【最判昭41.4.8（窃盗罪肯定例）】**
> 　被告人は，当初から財物を領得する意思は有していなかったが，野外において，**人を殺害した後**，領得の意思を生じ，右**犯行直後**，その現場において，被害者が身につけていた時計を奪取したのであって，**このような場合**には，**被害者が生前有していた財物の所持はその死亡直後においてもなお継続して保護するのが法の目的にかなうものというべきである**。そうすると，被害者からその財物の占有を離脱させた自己の行為を利用して右財物を奪取した**一連の被告人の行為は，これを全体的に考察して，他人の財物に対**

> する所持を侵害したものというべきであるから，右奪取行為は，占有離脱物横領ではなく，窃盗罪を構成するものと解するのが相当である

※上記は，死者の占有に関する最高裁のリーディングケースですが，本文でとりあげたので解説は割愛します。

> 【新潟地判昭60.7.2（窃盗否定例）】
> （当事者の主張に対する判断等）
> 一 昭和六〇年二月二五日付起訴状の公訴事実第一の二及び第一の三について
> 　（一）まず検察官は，右起訴状において，公訴事実の第一の二及び第一の三として，「被告人は，殺害したB所有の金品の窃取を企て，1昭和六〇年一月九日ころ，新潟市内のB方（以下，本件居宅という。）において，同女所有の現金約三万円を窃取し，2同月一四日，本件居宅において，同女所有の整理ダンスなど約二五〇点を窃取した。」旨主張し，右各公訴事実記載の日時にも，死亡したBの本件居宅内の財物に対する占有が継続しており，同女を殺害した被告人による財物取得行為は窃盗罪に該当するものとしている。
> 　そこで，検討するに，なるほど，**Bは本件居宅に一人で生活していたものであり，右各公訴事実記載の日時に至つても，右居宅内の財物は同女の死亡を知らない第三者にとつて，同女の占有下にあるものとみられる状態が継続していたものであつて，この限りでは，判示第二の窃盗の犯行（昭和六〇年二月二五日付起訴状の公訴事実第一の一）の場合とほとんど異なるところはないのである。しかし，前認定（判示第一）のとおり，被告人がBを殺害したのは昭和六〇年一月四日午後三時前ころである**ところ，右公訴事実第一の一（判示第二）の犯行がその翌日午後二時ころ同女の死体の現存する情況下で敢行されたのに対し，**右公訴事実第一の二の犯行は同月九日午後五時ころ，同第一の三の犯行は同月一四日午後零時ころといずれも右殺害時からかなりの日時が経過したのちに敢行**されており，しかも，前認定（判示第三）のとおり，**被告人は，その間の同月六日に本件居宅内でBの死体をばらばらに解体したうえ，同日及び同月八日にこれを同所から持ち出して被告人方車庫内に隠匿してしまつている**のである。このような**情況の変化を考慮すると右公訴事実第一の二及び第一の三の時点では，もはや亡Bの本件居宅内の財物に対する占有は失われたものと認めるのが相当**であつて，その相続人による占有の事実も認められないところである。したがつて，殺害犯人たる被告人の所為とはいえ，右各犯行を窃盗とみることはできないところであつて，当裁判所は各公訴事実の同一性の範囲内で判示第四の一，二のとおり各占有離脱物横領罪の成立を認めることとする。

　被告人が被害者宅で被害者を殺害した後に一度殺害現場から離脱しているの

で，犯人による管理状況に変化がみられる事案です。また，殺害から5日，10日とかなり時間が経った後に奪取行為をし，**時間的近接性も認められません**。更に，殺害行為の後に被害者の死体を解体して隠匿しているので，被害者による財物に対する管理状況に変化が生じ，もはや被害者による管理を徴表できる事情が喪失しています。

このような事実関係の下では，規範的にみて被害者の生前の占有が窃盗罪との関係で法的保護に値しません。これらを根拠に「窃取」を否定します。

3 知識の整理（短答過去問を題材に）

> 窃盗罪に関する次の1から5までの各記述を判例の立場に従って検討し，正しいものを2個選びなさい。　(平成26年司法試験第2問／平成26年予備試験第6問)
>
> 1　宿泊客が，旅館の貸与した浴衣を自分のものにしようと考え，これを着用したまま，玄関にいた支配人に「ちょっと向かいのポストまで手紙を出してくる。」と告げ，支配人に「いってらっしゃいませ。」と言われて旅館を立ち去った行為には，窃盗罪は成立しない。
> 2　送金銀行の手違いで，自己名義の預金口座に誤って入金されたことを知った者が，これを自分のものにしようと考え，同口座のキャッシュカードを用いて現金自動預払機から全額を引き出した行為には，窃盗罪は成立しない。
> 3　民家で火災が発生し，消火活動に参加した者が，一人暮らしだった住人の焼死体に付いていた金のネックレスを発見して自分のものにしようと考え，これを取り外して持ち去った行為には，窃盗罪は成立しない。
> 4　施錠された友人所有のキャリーバッグを同人から預かり保管していた者が，在中する衣類を自分のものにしようと考え，友人に無断でキャリーバッグの施錠を解き，同衣類を取り出した行為には，窃盗罪は成立しない。
> 5　パチスロ機を誤作動させてメダルを窃取することを共謀した者が，実行者の犯行を隠ぺいするため，実行者の隣で通常の遊戯方法によりメダルを取得した場合，そのメダルを被害品とする窃盗罪は成立しない。

解答・解説

解答：3と5

1 **誤り** 返却債務の詐取という意味での2項詐欺罪（刑法246条2項）を検討する問題です（窃盗罪は罰金刑があるので詐欺罪のほうが重い）。処分行為における処分意思の内容として，被欺罔者に自己が交付する利益の認識を要求するかのような判例（最決昭30.7.7）があるため，上記行為は「財産上……の利益を得」ることに向けられているとはいえません。したがって，上記行為は「欺いて」とはいえず，詐欺罪は成立しないでしょう。他方，窃盗罪については構成要件をみたすことが明らかです。

☞この判例のように，被欺罔者が移転する利益の具体的内容（1項詐欺なら移転する財物の具体的内容）の認識まで必要であると考えると，移転させる客体を認識させないという詐欺の典型例を処罰できないという非常識な結果を招きます。このような不都合を回避するために，何らかの認識が必要だとしても，認識の対象を緩和して利益が移転することの外形的事実（1項詐欺なら財物が移転することの外形的事実）の認識さえあれば足りると習っている受験生が多いと思います。もっとも，それはあくまで学説であり，ここでは判例の立場を問うています）。

2 **誤り** 誤振込みの場合に窓口で預金を引き出す行為に詐欺罪を成立させる判例があります（最決平15.3.12）が，同判例のロジックは誤振込金をATMから引き出す場合にも当てはまります（ATMからの引出しの場合は窃盗罪）。いわゆる振込人の誤振込みではありませんが，同様に解し，窃盗罪が成立します。

3 **正解** 殺人犯人以外の第三者が死体から財物を領得した事案類型で，占有離脱物横領罪が成立します（窃盗罪の「窃取」が認められません）。

4 **誤り** 施錠された友人所有のキャリーバッグというのがポイントです。封緘物の中身の占有につき，判例（最決昭32.4.25，東京高判昭59.10.30）は，包装物全体の占有は受託者に帰属しているが，中身は委託者に帰属していると解しているのとパラレルに考えます。そうだとすれば，キャリーバッグの中身は未だ友人にあり，その中身の衣類を取り出す行為は窃盗罪を構成します。

5 **正解** 判例そのままの選択肢です。最決平21.6.29は，「Aがゴト行為により取得したメダルについて窃盗罪が成立し，被告人もその共同正犯であったということはできるものの，被告人が自ら取得したメダルについては，被害店舗が容認している通常の遊戯方法により取得したものであるから，窃盗罪が成立するとはいえない」とします。

3 窃盗罪における不法領得の意思

　不法領得の意思は，窃盗罪と横領罪でよく問題となりますが，ここでは窃盗罪の主観的構成要件としての不法領得の意思についてまとめます。
　判例や学説上も見解が分かれているような細かい事例はありますが，重要なのは典型事例を押さえ，それをもとに試験本番の問題文中の事実をすべて抽出し，自分なりに評価することです。幾度となく出題されている論点なので，しっかりと押さえましょう。

●令和5年予備試験出題趣旨

　(1)では，甲は，Xの携帯電話機を離れた場所に捨てておけば，同携帯電話機のGPS機能によって発信される位置情報をXの親族等が取得したとしても，Xの死体発見を困難にできるなどという目的で，同携帯電話機を自己の占有下に移している。これは**犯跡隠蔽の意図**である一方で，**同携帯電話機のGPS機能を利用する意図も含まれる点**を踏まえ，甲に**不法領得の意思を認めるか否かについて利用処分意思の内容を具体的に明らかにしつつ検討する必要がある**。その上で窃盗罪あるいは器物損壊罪の成否を論じることになろう。

▶石橋MEMO◀

とにかく事案に迫ろう。話はそれからだ。

●平成27年司法試験出題趣旨

　次に，丙が甲のかばんを持ち去った理由は，これを交番に持ち込んで逮捕してもらおうというものであり，丙には，**甲のかばんをその本来の用法に使用する意思はおろか，何らかの用途に使用する意思もなかった**。窃盗罪については，判例上，故意とは別個の書かれざる主観的構成要件要素として，不法領得の意思が必要とされている。そして，判例（大判大4・5・21刑録21輯663頁）は，不法領得の意思の内容につき，「**権利者を排除して，他人の物を自己の所有物として，その経済的用法に従い，利用し処分する意思**」と解しているところ（近時の判例として最決平16・11・30刑集58巻8号1005頁がある。），この不法領得の意思の内容をどのように解するのかによって丙の窃盗罪あるいは占有離脱物横領罪の成否が異なることとなるから，**不法領得の意思について，その概念を述べるだけでなく，その内容にも踏み込んで論述し，これに丙の意思を当てはめて，丙に不法領得の意思を認めることができるのかを論ずることが肝要である**。本件のようないわゆる刑務所志願の事案については，下級審の裁判例でも結論が分かれているところであり，いずれの結論を採るにしても，自らが提示した不法領得の意思の概念を踏まえて事実を当てはめて結論することが求められている。仮に，丙について不法領得の意思

点があるのは結論に至る過程!!

を否定した場合には，毀棄罪，具体的には器物損壊罪の成否を論ずることが必要である。

●平成27年司法試験採点実感

　不法領得の意思の問題については，その規範を定立し，事実を当てはめて一定の結論に至ることが求められていたところ，**定義自体は，判例**（大判大4.5.21刑録21輯663頁）**を踏まえて記述されている答案が多**かった。本問のような事案の場合，不法領得の意思をどのように考えるのかが問題となり得るところであるが，いずれの結論を採るにせよ，近時の判例（最決平16.11.30刑集58巻8号1005頁）を踏まえて，説得的に論じることができた答案は評価が高かった。他方，丙に不法領得の意思は認められないという結論を採る答案の中には，丙の行為が器物損壊罪に該当するか否かの検討にたどり着かず，不法領得の意思を否定することによって直ちに丙は何らの罪責を負わないとしているものもあった。不法領得の意思の要否がなぜ議論となり得るのか，その議論の出発点が理解できていないのではないかと思われた。

> 忘れちゃいけないけど忘れがち!!

1 分析

❶ 不法領得の意思とは

　刑法235条のどこをみても「不法領得の意思」という言葉は見当たりません。刑法235条は「他人の」「財物」「窃取」という窃盗罪の客観的構成要件を定め，刑法38条1項本文に「罪を犯す意思」として故意が規定されています。
　もっとも，判例は，**故意とは別の主観的構成要件として，不法領得の意思を要求し**，その内容を「**権利者を排除し他人の物を自己の物と同様にその経済的用法に従いこれを利用し処分する意思**」とします（最判昭26.7.13）。そして，この判例が示す定義のうち，前半部分の「権利者を排除し他人の物を自己の物と同様」にふるまう意思のことを**権利者排除意思**と呼び，後半部分の「その経済的用法に従いこれを利用し処分する意思」のことを**利用処分意思**と呼びます。
　では，権利者排除意思と利用処分意思はなぜ要求されるのでしょうか。

❷ 権利者排除意思が必要な理由及び判断基準

　一般に，権利者排除意思は**使用窃盗との区別の観点**から必要と説明されます。

使用窃盗というのは，**他人の物を一時的に許諾なく使用する**ことを意味します（駐輪場に止めてある知らない人の自転車を一瞬だけ使うような場面を想像してください）。

この使用窃盗は，**不可罰**と考えられています（不可罰とする法律構成はいくつかあるといわれますが，試験との関係では不要な知識と思われますので立ち入りません）。窃盗罪を成立させるべき事案と，使用窃盗として不可罰となる事案の区別は，刑法に明文で規定されている窃盗罪の構成要件（「他人の」,「財物」,「窃取」,故意）ではできません。具体例をみてみましょう。

具体例1	甲はVのスマホを1分だけ使う意思で許可なく持ち去り，1分後に元に戻した。
具体例2	甲はVのスマホを1週間使う意思で許可なく持ち去り，1週間後に元に戻した。

具体例1は，わずかな時間の使用なので使用窃盗として不可罰ですが，窃盗罪の構成要件にあてはめると，Vという「他人の」所有するスマホは「財物」にあたり，持ち去る形でVの意思に反して占有を移転させているので「窃取」しているといえ，かつ，故意も認められます。

他方，具体例2はさすがに窃盗罪が成立すると考える人がほとんどでしょう。ただし，こちらもVという「他人の」スマホという「財物」を持ち去る形でVの意思に反して占有を移転させているので「窃取」しており故意も認められます。

このように，使用窃盗は不可罰といわれているにもかかわらず，**使用窃盗と通常の窃盗は刑法に規定されている構成要件では区別できません**。ですから，使用窃盗との区別のために，故意以外の主観的構成要件として権利者排除意思を要求します。

以上が，権利者排除意思を要求する理由です。

(!) 試験対策として大事なのはいかなる場合に権利者排除意思が認められるのか，その考慮要素です。以下で述べる考慮要素をしっかりとインプットすることで，試験本番で問題文に転がった事情を隅々まで捕捉できるようにしておきましょう。

〈考慮要素〉

返還意思の有無（これがなければ一発退場）／被害品の使用期間や財物の価値／被害者による利用の必要性からみた占有者の利用可能性を剥奪する程度／価値の毀損の有無及び程度

①返還意思が完全にない場合	ex.他人の自転車を最終的に乗り捨てる目的で乗り回した場合
②返還意思はあるが所有者の利用可能性を相当程度害する場合	ex.他人の自動車を4時間乗り回した場合（最決昭55.10.30）
③返還意思があり，利用可能性も相当害したとはいえないが，価値の毀損を伴う場合	ex.会社の機密資料をコピー目的で持ち出してコピー後にすぐに元に戻した場合（東京地判昭55.2.14，東京地判昭59.6.15）

❸ 利用処分意思が必要な理由及び判断基準

利用処分意思が必要な理由について，まずは，器物損壊罪（刑法261条）の構成要件をみてください。

器物損壊罪の構成要件は「他人の物」，「損壊」，故意であることがわかります

> (!) 窃盗罪の構成要件の時は「他人の財物」という条文の言葉を「他人の」と「財物」に分けたのに対し，器物損壊罪の場合は「他人の」と「物」を分けずに記載しています。これは，窃盗罪の場合は「他人の」と「財物」それぞれが論点として問題となりうるのに対し，器物損壊罪が問題となる場面で「他人の」と「物」それぞれが論点となることがないからです。これは，条文文言を押さえる一つのテクニックにもなります。

さて，ここでいう「損壊」は，**物理的な損壊のみならず物の効用を喪失させる一切の行為**を指します（最判昭25.4.21）。それ故，**他人の物を持ち去って隠匿する行為**も「損壊」に含まれます。そうすると，権利者排除意思の部分で検討した **具体例2** （甲はVのスマホを1週間使う意思で許可なく持ち去り，1週間後に元に戻した）の場合，構成要件としては器物損壊罪にも該当してしまいます。

もっとも，器物損壊罪の法定刑は3年以下の懲役又は30万円以下の罰金で，窃盗罪の10年以下の懲役又は50万円以下の罰金よりも軽いので，**両者を区別する必要**があります。

　他方，例えば他人のスマホをハンマーを振るって破壊したような物理的な破壊行為について考えましょう。スマホが盗まれたに過ぎない場合はそのスマホが返還される可能性がありますが，スマホが破壊された場合はそのスマホはもう返ってきません。そうすると，器物損壊行為の方が法益侵害の程度が大きいようにみえます。

　では，一見すると，法益侵害の程度が大きいようにみえる器物損壊罪よりも，**窃盗罪の法定刑が重くなっている理由**は何でしょうか。通説はこれを**窃盗罪**（もっといえば，およそ領得罪）**の利欲犯的性格**に求めています。

　利欲犯的性格とは，財物を利用しようという動機や目的がある犯罪は，国民にとって誘惑的であるが故に利益を欲して犯しやすい側面が高いため，重く処罰することで抑止する必要があるという側面のことを意味します。

　このような毀棄罪との区別の必要性や，領得罪の利欲犯的性格から利用処分意思が導かれているのです。このような理由からすれば，**財物を利用しようという意思がある場合は利用処分意思が認められる**ことになります。一方，**財物の利用を妨害しようという意思**（ex.いやがらせ目的（東京高判平18.4.3））**の場合は，利用処分意思が要求される理由があてはまらないので，利用処分意思が認められません。**

　以上が，利用処分意思が要求される理由になります。

　次に，その内容をみていきます。判例は，利用処分意思を経済的用法に従いこれを利用し，又は処分する意思と定義します。この経済的用法という部分は，本来の用法で足りるとして緩和されたこともありますが，現在はその内容がより緩和されて，利用処分意思が認められるためには**財物から生じる何らかの効用を享受する意思であればよい**とされます。

> ⚠ 下着泥棒を想像してみてください。下着を盗んだとしても，下着を装着するつもりがないことがほとんどでしょう。そうすると経済的用法あるいは本来の用法に従う意思がないが故に，窃盗罪が成立しないというおかしな結論になります。

利用処分意思は，利欲犯的性格から導かれる要件である以上，窃盗に国民を誘うような側面があれば足り，下着から生じる性的興奮を享受する意思の場合でも窃盗罪を成立させてよいはずです。

以上より，受験生は，「利用処分意思とは財物から生じる何らかの効用を享受する意思を意味する」と押さえておきましょう。

(!) 多くの事案はここまで押さえておけば処理できます。更に，ちょっとだけ発展事項までみていきましょう。

利用処分意思のことを「財物から生じる何らかの効用を享受する意思」で足りると前述しました。但し，この「何らかの効用を享受する意思」は漠然としています。それ故，その内容を無限定に許容すると，**処罰範囲が不当に広がり妥当ではない**という意見があります。

そこで，何とか絞り込みを図ろうという話になるわけです。**利欲犯的性格や，犯行の背景や動機についてまで考慮できるとすると，不法領得の意思不要説と実質的に同じになること**に考慮し，目的物を利用させないことにより利益を得る場合や，次頁の最決平16.11.30のように支払督促正本の送達という裁判所の行為から得られる利益があるような場合は利用処分意思を基礎付けないと考えられています。したがって，利用処分意思の「何らかの効用を享受する意思」は，何かしらの利益を得られれば何でもよいわけではなく，**財物自体の利用処分から直接的に利得する意思**を意味し，間接的に利得する意思（ex.動機や背景事情，他の者の行為を介在させて取得できる利益）があったとしても，それは利用処分意思を肯定する事情とはなりません。

このような理解が影響する犯跡隠匿目的での窃取事案や自首目的での窃取事案は，下級審の判断が分かれています（前者の肯定例につき東京高判平12.5.15，否定例につき東京地判昭62.10.6／松山地判平19.7.19，後者の肯定例につき広島高松江支判平21.4.17，否定例につき広島地判昭50.6.24）。ぜひ下級審判例を読んでください。

(!) 犯跡隠蔽目的（但し，それ以外の目的も混在している事案）については，令和5年予備試験に，自首目的については平成27年司法試験で出題済みです。演習を通じて学んでください。

2 判 例

【最二小決平16.11.30】

1 原判決及びその是認する第1審判決の認定並びに記録によれば，本件の事実関係は，次のとおりである。

被告人は，金員に窮し，**支払督促制度を悪用して叔父の財産を不正に差し押さえ，強制執行することなどにより金員を得ようと考え**，被告人が叔父に対して6000万円を超える立替金債権を有する旨内容虚偽の支払督促を申し立てた上，**裁判所から債務者とされた叔父あてに発送される支払督促正本及び仮執行宣言付支払督促正本について，共犯者が叔父を装って郵便配達員から受け取ることで適式に送達されたように外形を整え，叔父に督促異議申立ての機会を与えることなく支払督促の効力を確定させようと企てた。**そこで，共犯者において，2回にわたり，あらかじめ被告人から連絡を受けた日時ころに叔父方付近で待ち受け，支払督促正本等の送達に赴いた郵便配達員に対して，自ら叔父の氏名を名乗り出て受送達者本人であるように装い，郵便配達員の求めに応じて郵便送達報告書の受領者の押印又は署名欄に叔父の氏名を記載して郵便配達員に提出し，共犯者を受送達者本人であると誤信した郵便配達員から支払督促正本等を受け取った。**なお，被告人は，当初から叔父あての支払督促正本等を何らかの用途に利用するつもりはなく速やかに廃棄する意図であり，現に共犯者から当日中に受け取った支払督促正本はすぐに廃棄している。**

2 以上の事実関係の下では，郵便送達報告書の受領者の押印又は署名欄に他人である受送達者本人の氏名を冒書する行為は，同人名義の受領書を偽造したものとして，有印私文書偽造罪を構成すると解するのが相当であるから，被告人に対して有印私文書偽造，同行使罪の成立を認めた原判決は，正当として是認できる。

他方，本件において，被告人は，前記のとおり，郵便配達員から正規の受送達者を装って債務者あての支払督促正本等を受領することにより，送達が適式にされたものとして支払督促の効力を生じさせ，債務者から督促異議申立ての機会を奪ったまま支払督促の効力を確定させて，債務名義を取得して債務者の財産を差し押さえようとしたものであって，受領した支払督促正本等はそのまま廃棄する意図であった。このように，**郵便配達員を欺いて交付を受けた支払督促正本等について，廃棄するだけで外に何らかの用途に利用，処分する意思がなかった場合には，支払督促正本等に対する不法領得の意思を認めることはできない**というべきであり，このことは，**郵便配達員からの受領行為を財産的利得を得るための手段の一つとして行ったときであっても異ならない**と解するのが相当である。そうすると，被告人に不法領得の意思が認められるとして詐欺罪の成立を認めた原判決は，法令の解釈適用を誤ったものといわざるを得ない。

詐欺罪の構成要件としても，不法領得の意思が要求されます。

この判例の事案では，被告人が支払督促正本等について何の利用もするつもりはなく，廃棄する予定であったと主張したため，**不法領得の意思の中でも利用処分意思の有無が問題**となっています。

　被告人の主張を真に受ければ，廃棄目的＝毀棄隠匿目的であるとして利用処分意思が認められないように思えます。他方，被告人は支払督促正本等をだまし取って，支払督促の効力を生じさせ，最終的に督促正本等の効力を発現させようとしていたという側面からすれば利用処分意思が認められるとも思えます。

　もっとも，支払督促の効力を生じさせて債務名義を得るというのは，支払督促正本等から直接的に生じる効果ではなく，裁判所による送達並びに債務者から督促以後申立て等がないことを介して**間接的に生じる利益**です。つまり，**財物から直接生じる利益を享受する意思ということはできません。**

　以上の理由により，利用処分意思は認められず不法領得の意思という要件がみたされないとした判例です。

3　知識の整理（短答過去問を題材に）

　次の１から５までの各記述は，甲の占有する自転車を窃取した疑いで警察官の取調べを受けた被疑者の供述であるが，これらを判例の立場に従って検討した場合，その供述の内容が窃盗罪の成立を否定する主張となるものを２個選びなさい。

（平成22年司法試験第７問）

1　「この自転車を自宅に持ち帰って分解し，売れそうな部品を中古部品屋に売却しようと思っていた。」

2　「この自転車は，河原に捨ててあったので，通勤で使うために自宅に持ち帰ったものだ。」

3　「駅に行く必要があったので，約30分ほどこの自転車に乗り，駅に着いたら駅前に乗り捨てるつもりだった。」

4　「この自転車は，私が甲に貸してあったもので，甲が約束の期限を過ぎても返さないので，甲のいないすきに甲宅から自宅に持ち帰ったものだ。」

5　「この自転車は，甲に対する嫌がらせのため自宅の物置に隠しておこうと持ち帰ったものだ。」

解答・解説

解答：2と5

1 **該当しない** 不法領得の意思に関する主張です。持ち帰って分解して部品を売却するというのは完全に自転車所有者の権限を剥奪しています。権利者排除意思が認められることは問題ありません。他方，利用処分意思については，自転車の用法に従って利用処分しようとしているわけではありませんが，同意思については何らかの効用を得る意思で足りるといわれますから，自転車の部品を売却して得た金銭は被害品の換価物といえ，被害品から直接の効用を得ています。したがって，利用処分意思も認められ，肢1の供述をしたとしても窃盗罪の成立を否定することにはなりません。

2 **該当する** 窃盗罪の客観的構成要件には「他人の」という要件があります。「他人の所有する」という意味合いです（他人の占有するという意味合いと捉える立場もあります）。肢2の主張によれば，自転車は河原に捨ててあった，すなわち所有権が放棄されていたということになります。つまり，他人の所有が認められず「他人の」要件をみたしません。仮に「他人の」を他人の占有するという意味合いでも，河原に捨ててある以上，だれの占有も及んでいませんので，結局同要件をみたしません。したがって，肢2の供述は窃盗罪の成立を否定する主張となります。

3 **該当しない** 不法領得の意思のうち，権利者排除意思に関する供述です。30分ほど使用するだけという部分を見れば権利者を排除していないようにも思えます。ただ，そのあとに乗り捨てるつもりであり，権利者を排除したといってよいでしょう。したがって，権利者排除意思が認められるので，肢3の供述をしたとしても窃盗罪の成立を否定することはなりません。

4 **該当しない** 所謂自己物の取戻し事案です。自己物の取戻し事案は窃盗罪の構成要件をみたすものの，自救行為として違法性阻却の余地があるというのが判例通説の処理手順です。もっとも，この選択肢では取戻しの際に住居侵入を伴っていると思われますから，自救行為として違法性が阻却されることはないでしょう。したがって，肢4の供述をしたとしても窃盗罪の成立を否定することはなりません。

5 **該当する** 不法領得の意思のうち，利用処分意思に関する供述です。嫌がらせのため自宅の物置に隠しておこうと書かれています。ただ，これだけでは財物から何らかの効用を得ているとはいえず，ただの器物損壊目的にすぎません。したがって，肢5の供述は窃盗罪の成立を否定する主張となります。

4 強盗の機会

強盗の機会は、あてはめの段階で事実の抽出力と評価力を問える論点です（逆にいえば、この論点はあてはめゲーということ）。問題文に事実がふんだんにちりばめられている現行の試験では、刑法のみならず予備試験の刑事実務科目でも出題される可能性が高い論点です。ただ、受験生の答案をみていると、そもそもこの論点の構成要件上の位置付けを誤って押さえていたり、あてはめに使う事実を考慮要素化して押さえていない（故にあてはめが不十分な）受験生が多いです。あてはめの考慮要素を学びましょう。

●令和5年司法試験採点実感

出題の趣旨に記載したとおり強盗の手段たる暴行から傷害結果が生じたと認められる場合、強盗の機会性を検討するまでもなく強盗致傷罪が成立するが、緊縛行為が強盗の手段であることに一切触れず、強盗の機会性を長く論じたものが散見された。**強盗の機会説は、強盗の手段説よりも原因行為を拡張する見解であり、強盗の手段から結果が生じた場合に機会説を論じる必要はない**。これらの答案は、機会説の意義を理解しないものであり、低い評価となった。

●平成20年司法試験出題趣旨

甲が、Bにカッターナイフを示すなどした上、現金2万円を奪った行為については、反抗を抑圧するに足りる程度の暴行・脅迫の有無等を中心に、必要かつ十分な具体的事実を抽出して法的評価を示す必要がある。また、Bが居間から逃げ出し、玄関を出た直後に転倒して怪我をしたことについては、**強盗の機会性の有無や因果関係の有無等**に留意しつつ、具体的事実を示しながら強盗致傷罪の成否を検討する必要がある。更に、その後、A方前路上でBが乙から殴る・蹴るなどされて死亡したことに関し、甲が罪責を負うか否かについては、乙との共犯関係に基づく帰責の可否及び甲に成立する強盗罪固有の枠組み（**強盗の機会性ないし因果関係等**）による帰責の可否を本問の事実関係に即して論ずることが必要である。

▼石橋MEMO▼

それな。割と多くの人がココを押さえていないというリアル…。

1 分　析

❶ 強盗の機会の犯罪体系上の位置付け

　刑法240条前段は強盗致傷罪又は強盗傷人罪を，同条後段は強盗致死罪又は強盗殺人罪を規定します。**死傷結果が強盗の手段である暴行又は脅迫から発生した場合に限るとみるのか，そうではなく，死傷結果が強盗の手段である暴行又は脅迫以外の原因行為から生じた場合も含むのか，含むとしてどの範囲で含むのか**が条文上は明らかではありません。

　以上の問題の所在からこの論点が生じます。まずは具体例をみてください。

事例1	甲が強盗目的でVを殴って時計を奪い，けがをさせた。
事例2	甲が強盗目的でVを殴って時計を奪った。その後，犯行現場から少し離れた場所で事件を目撃して追跡してきたAを殴ってけがを負わせた。
事例3	甲が強盗目的でVを殴って時計を奪った。その後，犯行現場から少し離れた場所で事件を目撃して追跡してきたAを殴った。殴られたAはその場から逃げたが，大通りの赤信号を無視して横断歩道を渡ろうとしたためトラックに轢かれて死亡した。

　事例1は典型的な強盗致傷罪です。強盗の機会を答案で論じる必要はありません。この典型事例は**強盗の手段である暴行＝Vのけがの原因行為**という構造ですから，何も問題は生じません。

　事例2のAの傷害結果は，Aの傷害結果は強盗の手段である暴行ではない殴打行為によって生じています。**強盗の手段である暴行≠Vのけがの原因行為**という構造です。したがって，強盗の機会が論点として問題となります。

　事例3は，強盗の機会が論点として問題となることは事例2と同じです。ただし，強盗の機会に原因行為が行われたと認定できたとしても，その後に生じたAの死亡結果との間にトラックに轢かれるという被害者の行為ないし第三者による行為が介在しています。したがって，**強盗の機会性を論じて原因行為が強盗致死罪の実行行為であることを肯定したあとに，その原因行為と結果の間の因果関係を論じなければなりません**。

(!) ここまでの話ですでにおわかりのこととは思いますが，強盗の機会というのは強盗の機会に生じた結果をどこまで含めるかという結果の範囲に関する論点ではなく，実行行為の範囲に関する論点です。勘違いしている受験生が多いので「強盗の機会と呼ばれている論点は実行行為の範囲に関する論点である」としっかり押さえておきましょう。

❷ 考え方

その上で，手段説，機会説，密接関連性説，修正機会説，拡張手段説等々いろいろな説が存在します。

判例実務は「**強盗の機会**」という用語を用います。かつ，無限定に機会性を肯定するのではなく，**犯意の継続性**，**時間的・場所的近接性**，**犯行計画**，**犯行状況の変化の有無及び程度**等の事情（主観的事情と客観的事情）を総合考慮して，強盗と原因行為の間の連続性を，事案に即して吟味します。

(!) 試験対策としては，上記を押さえ，複数の判例にあたり，問題演習を重ね，あてはめの相場観を養えば大丈夫です。

2 判例

【東京高判平23.1.25】
1　原審で取り調べた証拠によれば，次の事実を認めることができる。
（1）被告人は，被害者から金品を奪おうと考え，それを**共犯者である暴力団員のA**に持ち掛けたところ，Aから，被害者を自動車で拉致して，所持する金品を強取し，被害者をどこかに監禁するとともに，被害者方に赴いて金品を強取した上，被害者の記憶を飛ばし，被害を申告しても警察から信用されないようにするため，被害者に覚せい剤を注射して，どこかに捨ててくるように指示された。そして，被告人は，このような犯行の計画について，共同して本件各犯行を実行する予定の者らに説明した。
（2）被告人は，共犯者らのうち4名と共に，平成21年6月27日午後8時37分ころ，勤務先に出勤してきた被害者を拉致して，自動車内に監禁した上，車内で被害者の所持する金品を強取し，次いで，同日午後10時5分ころ，被害者方に赴いて，被害

者のパスポートを強取した後，同日午後10時45分ころ，監禁する場所として用意していたウィークリーマンションに赴き，被害者を居室内に連れ込もうとしたが，被害者に抵抗されて失敗した。
(3) 被告人は，被害者の所持金や被害者方の様子から，**それ以上金品を強取することは困難かもしれないと考えるようになり，Aの指示を仰いだところ，Aから，被害者を小河内ダム付近の小屋に連れて行ってそこに監禁するように指示され，その上で最後には被害者に覚せい剤を注射するように言われたため**，被害者を小河内ダムに連れて行き，Aから**指示があれば，それに従って，被害者から金品の所在を聞き出そうと考えた**。
(4) 被告人は，Aの指示を受けながら，前記共犯者4名と共に，被害者を監禁した自動車で移動し，**翌28日午前0時35分ころ，その途中でAと会い，Aから，覚せい剤を渡された上，被害者に覚せい剤を注射して，埼玉県秩父市内の下久保ダムの橋の上から落とし，殺害するように指示された**。
(5) 被告人は，前記共犯者4名と共に，被害者を監禁した自動車で前記下久保ダムに赴き，**同日午前3時ころ，同共犯者4名に，被害者をそこから落として殺害することを提案したところ，反対されたため**，被害者に覚せい剤を注射して人里離れたところに放置することにして，同日午前3時30分ころ，同共犯者4名のうちの1名をして，被告人の用意した覚せい剤溶液を被害者に注射させた。
(6) 更に，被告人は，前記共犯者4名と共に，被害者を監禁した自動車で山中に移動した上，**同日午前4時ころ，被害者を自動車から降ろして立ち去り，被害者をその場に放置した。その後，被害者は，付近の山中において，覚せい剤使用に続発した横紋筋融解症により死亡した**。

2 以上の事実関係の下では，被告人は，強盗に引き続いて，**当初からの計画に従い，強盗の罪跡を隠滅するために，被害者に覚せい剤を注射して放置する行為に及び，被害者を死亡させるに至ったと認められ，このような強盗の罪跡を隠滅する行為は強盗と一体のものと評価できるから，被害者の死亡の原因となった覚せい剤を注射するなどした行為は強盗の機会に行われたということができる。したがって，本件では，強盗致死罪が成立すると認められる**。

所論は，〔1〕被告人は，同月27日午後10時45分ころ，被害者をウィークリーマンションに**監禁しようとして失敗してからは，被害者から金品を強取することは諦めていた**上，〔2〕最後の強取行為である被害者方におけるパスポートの強取から，被害者の死亡の原因となった覚せい剤を注射して山中に放置する行為まで，**約6時間が経過しており，しかも，強盗が行われた場所及び被害者を監禁する予定であった場所と被害者に覚せい剤を注射して放置した場所とは約50キロメートル離れている**から，本件強盗の手段となる行為と被害者の死亡との間に関連性は認め難い，という。

しかし，まず〔1〕についてみると，被告人は，検察官調書（原審乙23）において，被害者を監禁するのに失敗した後，それ以上被害者から金品を強取することは困難か

もしれないと考えるようになったが，Aからの指示に従って，小河内ダム付近に向かい，Aから指示があれば，被害者から金品の所在を聞き出そうとも考えていた旨供述している。そうすると，被告人は，Aから，覚せい剤を渡されて，被害者の殺害を指示されるまでは，強盗を継続するか，罪跡を隠滅する行為に移るかを決めかねており，その間は強盗から罪跡隠滅に移行する過渡的な状態にあったというべきであるから，強盗の意思を放棄していたということはできない。

次に〔2〕についてみると，強盗と被害者の死亡の原因となった行為の場所及び時刻が離れていたとしても，被告人及び共犯者らは，当初から，罪跡を隠滅するため，被害者に覚せい剤を注射して放置することを計画しており，実際にも，その計画に従って行動したものと認められる。個別にみると，場所の点では，被告人らは，被害者を監禁している自動車で移動し，常時被害者の間近に居続けて，強盗及び罪跡を隠滅する行為に及んだといえるのであり，また，時間の点でも，被告人は，前述したように，暫くは強盗を継続するか，罪跡を隠滅する行為に移るかを決めかねていたものの，強盗の意思を放棄するや直ちに罪跡の隠滅に向けた行動を開始し，それを行うのに適当な場所まで移動した上，共犯者らと罪跡隠滅の方法を話合い，被害者に覚せい剤を注射して放置するに至っている。そうすると，強盗と罪跡を隠滅する行為との間には，連続性ないし一体性があると認められるから，本件強盗の手段となる行為と被害者の死亡との関連性を認め難いとする所論は採用することができない。

あてはめの練習になる裁判例です。強盗の機会性を肯定する結論ですが，**消極事情と積極事情が混在**します。司法試験予備試験における**あてはめ対策にはうってつけ**です（犯行計画も加味して強盗の機会性を判断している点もポイント）。まず，消極事情を整理すると以下のようになるでしょう。

主観面	ⅰ最初の強盗に成功してから監禁場所に連れて行った後にこれ以上の金品強取は困難かもしれないと考えるに至ったこと
客観面	ⅱ強盗の手段である暴行脅迫から原因行為まで，場所にして約50キロメートル，時間にして約6時間も経過していること ⅲ被告人らの犯行は暴力団員Aの指示によるものであったが，そのAによる指示内容に変遷が見られ，現場ではいくらか頓挫しており，状況の変化がみられること

次に積極事情をみていきます。

ⅰに対しては，一度強盗が困難かもしれないと思ったとしても，結局その後Aに指示を仰ぎ，場合によっては被害者から金品の所在を聞き出そうと考えており，被告人は完全に強盗自体を諦めているわけではなく，強盗を継続するか，

罪跡を隠滅する行為に移るかを決めかねるという強盗から罪跡隠滅に移行する過渡的な状態にあったといえます。

ⅱに対しては，もともと強盗の後に被害者を車で運んで証拠隠滅に至るという計画で，その計画通りに遂行しているので計画下では強盗と原因行為の連続性が断絶されたとは評価できません。場所については，当初から原因行為に至るまで車で移動している関係上被害者と被告人は常に一緒にいたということができ，形式的には場所は遠くなっているものの実質的には強盗が行われている状況という点では変化がないといえます。時間については形式的には長い時間が経過しているものの，被告人らはAによる指示を仰ぎつつスムーズに証拠隠滅行為等を遂行しているので断絶がないと評価できます。

ⅲに対しては，そもそも指示に従って犯行を遂行するという犯行形態の下では，指示内容の変遷や現場状況次第で現場による遂行態様が変化することは織り込み済みで，本件程度の変遷や頓挫は強盗の機会性を失わせるほどの事情とはならないといえます。

これらの事情から，強盗の機会性を肯定したといえるでしょう。

【横浜地判平21.6.25】
第2　当裁判所が認定した事実
　関係各証拠によれば，以下の事実を認めることができる。
1　被告人は，判示第4記載の犯行で現金を奪うことに失敗し，自転車で逃走中，判示ローソンE店（以下，「被害店舗」という。）を発見するや，これに押し入って現金を奪うことを決意し，被害店舗出入り口前歩道上に上記自転車を無施錠のまま止め，平成20年8月13日午前2時17分ころ，被害店舗内に入った。
2　被告人は，商品であるカッターナイフを手に取り，包装をとった上，レジカウンターに向かい，客を装って従業員甲山春男（以下，「甲山」という。）を呼び出すと，カッターナイフの刃先を同人の胸の辺りに向けながら，「金を出せ」などといって現金を要求した。
3　甲山は，被告人のカッターナイフを握った手を蹴り上げようとしたり，レジの下に置いてあったスイカ包丁を被告人に向けるなどして抵抗したが，被告人は回り込んでレジカウンターの中に侵入し，甲山の抵抗をものともせずに同人に向かっていったことから，被告人と甲山とはもみ合いになった。
4　そこへ，異変を察知した被害店舗経営者乙川が店舗事務室から駆け付けて甲山に加勢し，3人でもみ合った末，乙川が被告人からカッターナイフを取上げた。
5　そこで，被告人は，甲山の持っていたスイカ包丁を奪おうとし，これを奪われまい

とする甲山及び乙川ともみ合いになったが，甲山がスイカ包丁をレジカウンターの外側に落としたことから，今度は乙川からカッターナイフを奪い返すこととし，甲山及び乙川ともみ合いながら，乙川が持っていたカッターナイフに手を伸ばした。

6 ちょうどそのとき，事件を通報しようと店外に出ていた被害店舗アルバイト店員丙谷が，店舗出入り口から店内に戻って来たことから，乙川は，被告人にカッターナイフが奪われることを防ぐため，カッターナイフを丙谷に向かって投げ渡した。しかし，丙谷は携帯電話で通話をしており，カッターナイフに気付くのが遅れたため，これを受け取ることも，避けることもできず，判示第5記載の傷害を負った。

7 被告人は，現金を奪うことをあきらめて逃走することとし，店外に駆け出し，被害店舗入り口前歩道上に止めてあった自転車にまたがり，両足をペダルに乗せて発進しようとした。

8 自転車が進むか進まないかというとき，被告人を追って店外に出てきた乙川が，被告人を逮捕するため，被告人の左後方から，その右手で被告人が背負っていたリュックサックの上部取手部分をつかみ，左手で被告人のベルトのバックル辺りをつかむようにして被告人に飛びかかった。一方，丙谷も，被告人の逃走を防ぐため，被告人の右後方から，自転車の後輪を蹴った。その結果，被告人が乗った自転車は，進行方向左側に転倒した。その際，乙川は，被告人の下になるようにして，被告人もろとも地面に転倒した。なお，乙川が被告人に飛びかかった行為と，丙谷が被告人の自転車後輪を蹴った行為は，ほぼ同時に行われたものと認められる。

9 その後，地面にうつ伏せに倒れた被告人は，乙川，丙谷及び甲山が上から押さえ付けようとしているにもかかわらず，なおも地面に倒れたまま暴れて逃走を試みたが，結局上記3名及び通行人により取り押さえられて逃走をあきらめ，臨場した警察官に引き渡された。

10 乙川は，被告人の店内及び店外での上記一連の暴行により，あるいは，上記のとおり，乙川が飛びかかり，丙谷が自転車の後輪を蹴って，自転車を乙川及び被告人もろとも転倒させたことにより，その左肘部分に，全治約5日間を要する挫傷の傷害を負った。

第3 当裁判所の判断

1 刑法240条所定の「強盗が人を負傷させたとき」とは，強盗犯人が強盗の機会に人を負傷させた場合をいうのであるが，単に強盗の機会に被害者に傷害の結果が生じればよいというものではなく，強盗犯人の行為と傷害結果との間に刑法上の因果関係の存在することが必要である。

そこで，以下，これを前提に，被告人の行為と丙谷及び乙川の各傷害結果の間に因果関係があるかについて判断する。

2 丙谷の傷害について

（1）前記第2で認定したとおり，被告人は，そもそも強盗犯人として暴行・脅迫を行った者である上，乙川にカッターナイフを取り上げられたにもかかわらず，なおも乙川や甲山から凶器を奪おうとしていたものであるから，乙川としては，もし被告人

にカッターナイフを奪われてしまえば，これによっていかなる危害を加えられるかわからない状況にあったといえる。

加えて，**被告人は身長178センチメートル，犯行当時体重130キログラムを超える大柄な男であったのに対し，乙川は中背でやせ型，甲山は小柄でやせ型であったこと，被告人と乙川，甲山がもみ合っていた場所が手狭なレジカウンターの中であったこと**の諸点からすれば，乙川と甲山が二人がかりで抵抗していたことを考慮しても，**乙川がカッターナイフを持ち続けていたならば，いつ被告人に奪い返されてもおかしくない状況にあった**というべきである。

以上のような切迫した状況を前提とすると，**カッターナイフを丙谷に向かって投げ渡した乙川の行為は極めて自然な**ものといえる。

（2）そして，**なんの前触れもなく刃物を投げ渡された者としては，それを受け取り損ね，あるいは避け損ねて怪我をするというようなことも決して稀有なことではない。**

（3）そうすると，**丙谷の傷害はまさにカッターナイフを奪い返そうとする被告人の行為の危険性が現実化したものといえ，その間に因果関係を認めることができる。**

3　乙川の傷害について

（1）次に，乙川の傷害については，前記第2で認定したとおり，これが店内におけるもみ合いから店外で被告人を取り押さえるまでのいずれかの間に生じたものであることは認められるが，具体的にいかなる機序で生じたものかは明らかではない。そうすると，弁護人が主張するとおり，被告人を逮捕する目的で，乙川が自転車にまたがった被告人に飛びかかり，丙谷が自転車の後輪を蹴って，自転車を転倒させた際に生じたものである可能性も否定できない。

（2）そこで，このような場合に被告人の行為と乙川の傷害との間に因果関係が認められるか否かについて検討する。

前記第2で認定したとおり，被告人は，暴行をやめ，財物奪取をあきらめて逃走を開始し，自転車のペダルに両足を乗せて発進しようとした時点で，乙川に左後方からつかみかかられ，ほぼ同時に丙谷に後輪を蹴られて転倒したものであって，**自転車が転倒して乙川が傷害を負うに際し，同人に対してはおろか，丙谷に対しても何ら積極的な行為はしていない。**

そうすると，**本件において，乙川の傷害が自転車が転倒した際に生じたものであるとした場合には，結局，乙川の傷害を帰属させるべき被告人の行為は存在せず，被告人の行為と乙川の傷害との間に因果関係があるということにはならない**というべきである。

（3）これに対し，検察官は，乙川の傷害結果を帰属させるべき被告人の行為としては，被告人の「逃走行為」の存在をもって足り，乙川らに向けられた暴行ないし積極的な行為は必要ないと主張する。

しかしながら，**強盗致傷罪における傷害の原因行為が強盗の手段たる行為に限ら**

> れず，強盗の機会に行われた行為を含むとはいっても，傷害結果を強盗致傷として帰責する以上，傷害の原因行為は，これが強盗の機会に行われた行為であるということのほか，少なくとも被害者等に向けられた暴行ないし積極的な行為である必要がある。
> 　したがって，検察官の上記見解は当裁判所の採用するところではない。
> 4　以上検討したところによれば，丙谷の傷害については強盗致傷罪の成立を認めることができるが，乙川の傷害については，被告人の行為との間の因果関係を認めるには合理的な疑いを容れる余地が残るから，強盗致傷罪の成立を否定するのが相当である。

　この裁判例は，平成20年司法試験や令和5年司法試験の採点実感で書かれているような強盗の機会と因果関係という異なる概念が，同時に問題となっています。その意味で，とても勉強になるといえるでしょう。

　まず，第3の1で「**単に強盗の機会に被害者に傷害の結果が生じればよいというものではなく，強盗犯人の行為と傷害結果との間に刑法上の因果関係の存在することが必要である**」とあり，強盗の機会説＝強盗の機会に結果が発生すればよいとする説に読めます。しかし，正確には，強盗の機会説＝強盗の機会に行われた原因行為から結果が発生したといえればよいとする説ですから，その点は読み間違えてはなりません。

　要は，この部分の判旨は，「強盗致傷罪を成立させるためには，致傷結果が強盗の手段としての暴行又は脅迫から生じなければならないわけではなく，①**強盗の機会に行われた原因行為**と②**結果の間に因果関係が認められれば，そのような原因行為から致傷結果が生じた場合にも同罪が成立する**」という，2段階の判断枠組みを示したと理解しておくべきでしょう。

　次に，丙谷の傷害について，ここでの原因行為は被告人によるナイフの取り上げ行為です。その後に乙川によるナイフの投げつけ行為という介在事情があり，最終的に丙川に傷害結果が生じたという事実関係を押さえてください。

　そこで，まず検討すべきは，被告人によるナイフの取り上げ行為が強盗の機会に行われているかです。これについては強盗の最中に強盗継続のために行われていることは明らかですから，強盗の機会に行われた原因行為であると当然に認められます。

　次に問題となるのが，かかる原因行為と丙谷の傷害結果との間の因果関係です。**判決文記載の事実関係からすると，切迫した状況だったと認定できます。**

そのような切迫した状況下では，奪った凶器であるナイフを投げつけるという乙川の介在事情は，被告人の原因行為に誘発された異常性のない行為といえます。

したがって，原因行為には乙川がナイフを投げつけることによって，丙谷がけがを負う危険性が内包されていたと刑法上評価できます。つまり，行為の危険が結果に現実化したとして因果関係が肯定されます。

他方，乙川の傷害について，**強盗の機会説**は，機会に行われた被告人の行為をなんでもかんでも原因行為に含めるわけではなく，そこで含まれるのは**強盗の機会に行われた暴行又は脅迫**です。そうだとすれば，逃走行為は暴行又は脅迫ではありませんので，原因行為ではありません。

そうすると，最初の暴行又は脅迫あるいは，丙谷の傷害の部分で検討したナイフを取り上げる行為と乙川の傷害結果の間に因果関係が認められなければ，強盗致傷罪が成立しないことになりますが，ここは判断が分かれるでしょう。

裁判例は，結果的に因果関係を否定しています。ただ，強盗犯人による自転車を用いた逃走を止めるためには飛びついたり蹴り倒したりすることは通常よくあると評価すれば，因果関係が肯定されるでしょう。

(!) いずれにしても，強盗の機会という論点と因果関係の存否は別の概念ですから，しっかりと区別してください。

3 知識の整理（短答過去問を題材に）

> 強盗殺人罪に関する次の【見解】Ａ説ないしＣ説に従って後記【事例】ⅠないしⅢにおける甲の罪責を検討し，後記1から5までの【記述】のうち，正しいものを2個選びなさい。　(平成23年司法試験第7問/平成23年予備試験第12問)

【見　解】

強盗殺人罪が成立するためには，

Ａ説：殺人行為が強盗の機会に行われなければならないとする。

Ｂ説：殺人行為が強盗の手段でなければならないとする。

Ｃ説：殺人行為が強盗の手段である場合に限らず，事後強盗（刑法第238条）類似の状況における殺人行為も含むとする。

【事　例】

Ⅰ　甲は，強盗の目的で，乙に対し，持っていたナイフを突き付け，「金を出せ。出さなかったら殺す。」などと申し向け，反抗を抑圧された乙から現金を奪い取った後，逃走しようとしたが，乙に追跡され，犯行現場から約10メートル逃げたところで，捕まらないようにするため，殺意をもって乙の胸部を刃物で突き刺し，乙を即死させた。

Ⅱ　甲は，乙所有の自動車1台を窃取し，犯行翌日，同車を犯行場所から約10キロメートル離れた場所で駐車させ，用事を済ませた後，同車に戻ってきたところを乙に発見され，同車を放置して逃走した。甲は，乙に追跡されたので，捕まらないようにするため，殺意をもって乙の胸部を刃物で突き刺し，乙を即死させた。

Ⅲ　甲は，乙方において，乙をロープで縛り上げた上，乙所有の現金を奪い取った後，乙方から逃走しようとしたが，乙方玄関先において，たまたま乙方を訪問した丙と鉢合わせとなり，丙が悲鳴を上げたことから，犯行の発覚を恐れ，殺意をもって丙の胸部を刃物で突き刺し，丙を即死させた。

【記　述】

1　Ａ説によれば，事例Ⅰでは強盗殺人罪が成立する。

2　Ａ説によれば，事例Ⅲでは強盗殺人罪は成立しない。

3　Ｂ説によれば，事例Ⅱでは強盗殺人罪は成立しない。

4　Ｂ説によれば，事例Ⅲでは強盗殺人罪が成立する。

5　Ｃ説によれば，事例Ⅱでは強盗殺人罪が成立する。

解答・解説

解答：1と3

1 **正解** 強盗殺人罪（刑法240条後段）の要件である「強盗」該当性は，乙の死亡結果は強盗の手段である持っていたナイフを突き付け，「金を出せ。出さなかったら殺す」などと申し向けたという「脅迫」以外の行為（原因行為）から生じています。かかる原因行為が「暴行」に含まれるのかが問題となります（文言解釈の形にしましたが，文言上の「暴行又は脅迫」は手段としての行為しか含まないと考えて，それ以外の行為もどこまで含めてよいのかという文言解釈ではない形で論じてもよい）。

   その上で，A説は機会説に立っているので，10メートル程度しか離れていない以上時間的・場所的近接性が認められ，逃走中につかまらないように刺した犯意の継続性も認められます。また，被害者による追跡が継続しており，強盗が行われた状況と原因行為が行われた状況の間に断絶は認められません。以上を総合すれば，機会説からは上記原因行為は強盗の機会に行われたと評価でき，原因行為と結果の間の因果関係が当然に認められます。

2 **誤り** 丙の胸部を突き刺すという原因行為は強盗の現場で犯意も継続する中で行われ，強盗の機会に行われたといえることに問題はありません。また，被害者は財物奪取の相手方に限られず，その点も問題はないです。

3 **正解** B説は手段説です。窃取の翌日，盗難車両を犯行場所から約10キロメートル離れた場所で駐車させ，用事を済ませたあと行われた行為によって結果が生じています。明らかに突き刺し行為は強盗の手段とはいえません。

   ☞なお，私は，そもそもこの問題は強盗の機会という論点ではなく事後強盗罪の窃盗の機会で処理する方が自然と考えます。論文で出題されたら240条後段の「強盗」該当性で238条に飛び，「窃盗」，「暴行」をクリアした後，強盗の機会性を否定して「強盗」該当性を否定するでしょう。ただし，少なくともこの問題は強盗の機会の問題として出題されているので，この問題との関係では強盗の機会で判断します。

4 **誤り** 肢3と同じで，手段から死亡結果が生じていません。

5 **誤り** 肢3の通り，窃盗の機会に行われた暴行とはいえません。C説（拡張手段説）からしても強盗殺人罪は成立しません。

5 「欺いて」における重要事項性

　財産犯からの出題はとにかく多いです。その中でも，詐欺罪はかなりよく出ます。そして，詐欺罪の構成要件の「欺いて」該当性が詐欺罪の検討のスタートラインです。多くの判例が存在し，しっかりと押さえておかなければなりません。ここでは，いわゆる重要事項性に関してさまざまな学説・判例を参考にしつつ，受験生が結局どうやって認定していけばよいのかを解説します。

●令和2年予備試験出題趣旨　　　　　　　　　　　▼石橋MEMO▼

　本問は，甲が，(1)本件居室の賃貸借契約締結に際し，その契約書の賃借人欄に変更後の氏名ではなく変更前の氏名を記入するなどした上，同契約書をBに渡したこと，(2)その際，Bに対し，自己が暴力団員であることを告げず，本件居室の使用目的がA宅の監視目的であることを秘しつつ，Bとの間で同契約を締結し，本件居室の賃借権を取得したこと……について，甲の罪責に関する論述を求めるものである。
　……(2)については，2項詐欺罪の成否が問題になるところ，主に論ずべき点として，**客観的構成要件要素である「人を欺く行為」（欺罔行為）の意義を示した上で**，甲には家賃等必要な費用を支払う意思も資力もあったことを踏まえつつ，**甲の属性（暴力団員であるか否か）**や，**本件居室の使用目的（暴力団と関係する活動か否か）**が，前記契約締結の判断の基礎となる重要な事項といえるか否かを検討する必要がある。
　……いずれについても，**各構成要件等の正確な知識**，**基本的理解**や，本事例にある事実を丁寧に拾って的確に分析した上，当てはめを具体的に行う能力が求められる。

ここが腕の見せ所!!

1　分　析

❶　総　論

　詐欺罪における実行行為は，条文上**「欺いて」**と規定されます（条文文言の抜き出し方としては「人を欺いて」でもOK。個人の趣味の領域）。基本書等では欺罔行為と呼ばれます。

(!) 本題に入る前に少しだけ重要事項性の理解にも関わる話を以下の典型事例を確認します。

> 未成年者甲は自己の年齢を偽り，代金を払った上で成人向け雑誌を店主Vから購入した。書店の店主Vは未成年者には成人向け雑誌を販売しない方針をとっていた。

詐欺罪は**財産犯**で，被害者の意思に基づく財産の交付を必要とする交付罪です。素直に考えれば，**被害者が騙されて財産を交付さえすれば，詐欺罪の客観的構成要件を充足するように思えます**。つまり，甲の行為は詐欺罪の客観的構成要件を充足します。しかし，ませた中学生がエロ本を買うなんてことはよくあり，ましてやお金を払って購入していますから，詐欺罪を成立させるのは違和感があります（結論からいうと，判例実務の立場からは上記事例で詐欺罪は成立しません）。

この違和感に基づいた「**騙されて財産が交付されさえすれば何でも詐欺罪の成立を認めていいの？**」「**成立範囲を限定すべきではないの？**」といった問題意識は，古くから存在し，その問題意識に基づいて様々な学説が提唱されました。全体財産説，形式的個別財産説，実質的個別財産説，法益関係的錯誤援用説といった説が，多くの基本書・テキストで紹介されています（内容を確認したい方は各自で行ってください）。

要するに，「**詐欺罪の保護法益は財産であり意思決定の自由ではないため，単なる嘘から国民を守る規定というわけではない。したがって，刑法上保護されるべき**（処罰対象とすべき）**詐欺とは何かを探求しなければならない**」というテーマについて，さまざまな観点からの説明が試みられてきました。

その中でも，実質的個別財産説に対しては，「交付させた」要件の意味合いを実質的にとらえる立場であるという見方もあります。それに対し，詐欺罪には「財産上の損害」要件という書かれざる構成要件があり，そこで実質的に考えていく立場であるという見方もあります。

いずれにしても，実質的個別財産説を勉強することが，「**詐欺罪を論じる時に条文に書かれていない財産上の損害も書くべき？**」という受験生がよく抱く疑問につながります。では，その疑問に対してどのように考えるべきなので

しょうか。

　もちろん,「財産上の損害」を書かれざる構成要件として論じるのは一つの考え方です。

　他方,近時の判例は,詐欺罪の成立範囲の限定を,「欺いて」要件の重要事項性に収斂していると評価されています。

　それ故,私は答案上に「財産上の損害」という要件は示す必要はないと考えています（これは,ただ嘘をつかれただけではなく,重要事項に関する嘘をつかれた場面に限定して詐欺罪を成立させることで詐欺罪の成立範囲を限定する立場になります。従来の全体財産説等は財産上の損害要件や錯誤要件で歯止めをかけようとしていたわけですが,近時の裁判例は歯止めをかける役割を実行行為である「欺いて」に担わせているということです）。

　例えば,最決平22.7.29（168頁）は,他人を航空機に乗せる意図を秘して,搭乗券の交付を受けた被告人の行為に詐欺罪が成立するかが問題となった事案ですが,以下のように述べて「欺いて」における重要事項性を詳細に検討しつつ詐欺罪を肯定しており,財産上の損害に対する言及はしていません。

> ……以上のような事実関係からすれば,**搭乗券の交付を請求する者自身が航空機に搭乗するかどうかは,本件係員らにおいてその交付の判断の基礎となる重要な事項である**というべきであるから,自己に対する搭乗券を他の者に渡してその者を搭乗させる意図であるのにこれを秘して本件係員らに対してその搭乗券の交付を請求する行為は,**詐欺罪にいう人を欺く行為にほかならず**,これによりその交付を受けた行為が刑法246条1項の詐欺罪を構成することは明らかである。

　そこで,本書では,詐欺罪の成立要件として,「財産上の損害」を要求せず,刑法246条1項なら「人」,「欺いて」,錯誤,「財物」,「交付させた」,故意,不法領得の意思,刑法246条2項なら「前項の方法」（「人」と「欺いて」）,錯誤,「財産上……利益」,「得」,故意,不法領得の意思を検討すればよいという立場に立って説明していくこととします。

❷　重要事項性とは

　そうすると,今度は「じゃあ,重要事項って何？」という疑問がわきますが,ある程度の回答を持ち合わせておくべきです。そうでないと,問題文中の事実

を適切に抽出することができません。

ここで,「ある程度ってどういうことだ？ 明確な回答はないのか？」と思うかもしれません。実は,この疑問に対するアンサーを,判例は明確にしていません。事例判断の集積であり,学説上さまざまな見解が提唱され,一概に答えられません。

受験生にとって大事なのは,細かい学説まで押さえることではなく,**問題文の事実を適切に拾い**,**適切に評価できる**ことです。それが可能になる範囲で「じゃあ,重要事項って何？」にアンサーできればよく,「ある程度の」と書いたわけです。

その上で,重要事項性の判断に関する受験的なポイントを「ある程度の」形で示すと,以下のようになるでしょう。

① 基本的には,欺罔事項（＝被害者が達成できなかった交付目的）が**経済的にみて重要な事項といえるか**という観点から判断しよう（但し,後述の通り,社会的重要性を加味した方がよいと思われる場面もある点に注意）。
② 経済的にみて重要か否かは**各判例の判断に表れた事実を考慮要素**の形でストックすることで現場判断が可能な程度に事前準備しておこう。
③ とにかく**問題文の事実は全部拾おう**。特に,メインで出題された場合は**積極事実と消極事実が隠れている**ことが多いので自分が採る結論と同じベクトルの事実だけを恣意的に抽出するのはやめよう。

①に関し,学説的にいえば,判例の重要事項の理解として,**主観的**重要事項であるという立場,**客観的**重要事項であるという立場,**経済的**重要事項であるという立場があります。

また,財産交付における重要事項性の判断にあたって欺罔事項を考慮することに**客観的合理性があるか**,体制化や運用化といった形で**欺罔事項に対する関心が外部化**していたか,当該事案において**錯誤がなければ交付しなかった**といえるかを検討するという整理も存在します。

⚠ ただ,これらの議論は錯そうしています。受験生としては,太字の部分を押さえておき,それらに関する事実が事例に出てきた際に処理ができれば十分です。ここから,具体的にみていきます。

まず，**支払意思・能力の欺罔の場合は，重要事項性が認められることに争いはありません**（例えば金がなくて払うつもりもないのに牛丼を頼んで食べた事例では当然に詐欺罪が成立）。詐欺罪の典型事例である支払意思・能力の偽りの事案では，重要事項性について答案上サラッと認定して次の要件検討に入りましょう。

　他方，**支払意思・能力以外の事案**（目的，身分，年齢を偽った等）**の場合は，重要事項性の判断が出題趣旨であると考えるのが基本**です。この場合，現在の司法試験や予備試験では，重要事項性に関する事実が多く問題文に転がっていることでしょう。この場合には，詐欺罪がただの嘘から保護する規定ではなく，あくまで財産犯であるという点に鑑み，以下の観点から重要事項性を考えていけばよいでしょう。

> 欺罔事項（被害者が達成できなかった交付目的）が経済的にみて重要な事項といえるか（取引における目的と経済的にみて関連しているか）。

　例えば，冒頭の未成年者の成年者向け雑誌の購入事例では，欺罔事項（被害者が達成できなかった交付目的）は，未成年者か否かという点です。もっとも，**書店における雑誌の売買において経済的に重要なのは代金額で，未成年者か否かはあくまで青少年の健全性の保護といった社会的な重要性を基礎づけるに過ぎない**と考えられますから，詐欺罪の成立は否定されます。ほかにも，医師であると偽って被害者の病気に効果のある薬を定価で販売した事例（大決昭3.12.21）の場合，**売主が医師か否かという点は病人が行う薬の売買契約においては経済的に重要な事項とはいえないことから詐欺罪の成立は否定されます**。また，処方箋がなければ購入できない医薬品を処方箋を偽造して対価を払って入手した事例（東京地判昭37.11.29）の場合は，医薬品購入の売買契約においては，**処方箋を出した人が医師か否かは経済的にみて重要な事項ではないことから詐欺罪の成立を否定したと説明できます**。

　更には，物品の効用を偽りつつ相当価格で物品を販売した事例（最決昭34.9.28）では，同裁判例は「なお，たとえ価格相当の商品を提供したとしても，**事実を告知するときは相手方が金員を交付しないような場合**において，ことさら商品の効能などにつき真実に反する誇大な事実を告知して相手方を誤信させ，

金員の交付を受けた場合は，詐欺罪が成立する」と述べます。これは，商品の売買契約においては，**商品の効用が経済的に重要だという前提**で，詐欺罪を肯定しているといえるでしょう。

　なお，このような相当対価を被害者が得ている問題では，**相当対価を得ているという事実が重要事項性を厚く論じなければならないファクターとして機能**します。問題提起の問題の所在の部分，あるいはあてはめの段階で，必ず抽出しましょう。

> ⚠ このような理解を前提として，判例のあてはめ部分で用いられている事実を考慮要素としてストックし，本試験の問題文でも考慮要素と類似の事実を拾いきればよいでしょう。

　なお，経済的に見て重要かという立場に限定せず，**社会的にみて重要か否か**も考慮してよいとする立場もあります。この立場だと，搭乗券の交付に関する最決平22.7.29（168頁）は，テロや不法入国の防止の要請という社会的利益保護の観点から重要事項性を肯定したこととなります。

　ただし，この立場からすると一般に詐欺が成立しないとされる未成年者による成人向け雑誌の購入事案でも「欺いて」を肯定することにつながるのではないかが問題になると思われます。

　最決平22.7.29は，前述の通り，**社会的な観点から重要事項性を肯定した**とも読めます。他方，**身元不明者が登場すると，運行上の安全に支障を来し，到着後に不法入国等のトラブルに航空会社が巻き込まれ，信用毀損等により経済上の不測の不利益を生じさせうる側面**があります。それ故，同判例は**経済的な観点から重要事項性を認定した**（社会的な側面を考慮する必要はない）とも読めます。

　それに対し，詐欺罪が成立することが明らかな寄付金詐欺の事案では，寄付の目的は，「被災者の救済」という社会的な目的です。**重要事項性を経済的観点に限定すると，寄付金詐欺をうまく処理できないのではないか**という話もあります。

⚠ このように，どのような観点から重要事項性の判断を行うかは，色々な言説があります。だからこそ，受験生は，**問題文の事実を抽出して自分なりに評価できれば勝ち**です。私としては，基本的には，経済的観点から重要事項性を判断することをオススメします。但し，詐欺罪を肯定すべきだが，社会的観点からも重要事項性を判断しないとおかしなことになるような事案は，社会的観点も加味したあてはめを行えばよいでしょう。

2　判　例

【最決平22.7.29（搭乗券事件）】
（1）被告人は，ア　Bらと共謀の上，航空機によりカナダへの不法入国を企図している中国人のため，航空会社係員を欺いて，関西国際空港発バンクーバー行きの搭乗券を交付させようと企て，平成18年6月7日，関西国際空港旅客ターミナルビル内のA航空チェックインカウンターにおいて，Bが，A航空（以下「本件航空会社」という。）から業務委託を受けている会社の係員に対し，**真実は，バンクーバー行きA航空36便の搭乗券をカナダに不法入国しようとして関西国際空港のトランジット・エリア内で待機している中国人に交付し，同人を搭乗者として登録されているBとして航空機に搭乗させてカナダに不法入国させる意図であるのにその情を秘し，あたかもBが搭乗するかのように装い，Bに対する航空券及び日本国旅券を呈示して，上記A航空36便の搭乗券の交付を請求し**，上記係員をしてその旨誤信させて，同係員からBに対する同便の搭乗券1枚の交付を受け，イ　Cらと共謀の上，同年7月16日，**上記チェックインカウンターにおいて，Cが，アと同様の意図及び態様により，Cに対する航空券及び日本国旅券を呈示して，バンクーバー行きA航空36便の搭乗券の交付を請求し**，Cに対する同便の搭乗券1枚の交付を受けた。
（2）本件において，航空券及び搭乗券にはいずれも乗客の氏名が記載されているところ，本件係員らは，搭乗券の交付を請求する者に対して旅券と航空券の呈示を求め，旅券の氏名及び写真と航空券記載の乗客の氏名及び当該請求者の容ぼうとを対照して，当該請求者が当該乗客本人であることを確認した上で，搭乗券を交付することとされていた。このように**厳重な本人確認**が行われていたのは，航空券に氏名が記載されている乗客以外の者の航空機への搭乗が**航空機の運航の安全上重大な弊害をもたらす危険性**を含むものであったことや，**本件航空会社がカナダ政府から同国への不法入国を防止するために搭乗券の発券を適切に行うことを義務付けられていたこと**等の点において，当該乗客以外の者を航空機に搭乗させないことが本件航

空会社の航空運送事業の経営上重要性を有していたからであって，本件係員らは，上記確認ができない場合には搭乗券を交付することはなかった。また，これと同様に，本件係員らは，搭乗券の交付を請求する者がこれを更に他の者に渡して当該乗客以外の者を搭乗させる意図を有していることが分かっていれば，その交付に応じることはなかった。
2　以上のような事実関係からすれば，**搭乗券の交付を請求する者自身が航空機に搭乗するかどうかは，本件係員らにおいてその交付の判断の基礎となる重要な事項である**というべきであるから，**自己に対する搭乗券を他の者に渡してその者を搭乗させる意図であるのにこれを秘して本件係員らに対してその搭乗券の交付を請求する行為は，詐欺罪にいう人を欺く行為にほかならず**，これによりその交付を受けた行為が刑法246条1項の詐欺罪を構成することは明らかである。

　搭乗券交付の際に厳重な本人確認が行われているという航空会社の**体制**，本人確認の**趣旨**（経営上の重要性），確認が取れない者に対する厳正な**対応**（搭乗拒否）の観点から，搭乗者が本人か否かという欺罔事項は経済的にみて重要な事項であり「欺いて」の該当性が肯定された判例です（なお，社会的重要性を理由として重要事項性を肯定したとも読める点については前述の通り）。

　本判例では言及されていませんが，**出入国管理及び難民認定法**において航空会社等に旅券等の確認義務を課しています。仮に問題文にかかる規定が資料として掲載されていた場合，重要事項性の判断の際に必ず参照しなければならないでしょう。また，本判例は厳重な本人確認がなされている航空会社について判断したもので，**厳重な本人確認がなされていないような航空会社**については**射程外**と思われます。

【最決平26.3.28（長野ゴルフ場事件）】
1　原判決及びその是認する第1審判決の認定並びに記録によれば，本件の事実関係は次のとおりである。
（1）本件は，暴力団員である被告人が，本件ゴルフ倶楽部の会員であるAと共謀の上，平成22年10月13日，長野県内のゴルフ倶楽部において，同倶楽部はそのゴルフ場利用約款等により暴力団員の入場及び施設利用を禁止しているにもかかわらず，真実は被告人が暴力団員であるのにそれを秘し，**Aにおいて，同倶楽部従業員に対し，「○○○○」等と記載した組合せ表を提出し，被告人の署名簿への代署を依頼するなどして，被告人によるゴルフ場の施設利用を申し込み**，同倶楽部従業員をして，被告人が暴力団員ではないと誤信させ，よって，被告人と同倶楽部との間でゴルフ場利用契約を成立させた上，被告人において同倶楽部の施設を利用し，もって，人を欺

いて財産上不法の利益を得た，という事案である。
（２）本件ゴルフ倶楽部では，暴力団員及びこれと交友関係のある者の入会を認めておらず，入会の際には「暴力団または暴力団員との交友関係がありますか」という項目を含むアンケートへの回答を求めるとともに，「私は，暴力団等とは一切関係ありません。また，暴力団関係者等を同伴・紹介して貴倶楽部に迷惑をお掛けするようなことはいたしません」と記載された誓約書に署名押印させた上，提出させていた。ゴルフ場利用約款でも，暴力団員の入場及び施設利用を禁止していた。共犯者のＡは，平成21年６月頃，本件ゴルフ倶楽部の入会審査を申請した際，上記アンケートの項目に対し，「ない」と回答した上，上記誓約書に署名押印して提出し，同倶楽部の会員となった。
（３）被告人は，暴力団員であり，長野県内のゴルフ場では暴力団関係者の施設利用に厳しい姿勢を示しており，施設利用を拒絶される可能性があることを認識していたが，Ａから誘われ，本件当日，その同伴者として，本件ゴルフ倶楽部を訪れた。
　本件ゴルフ倶楽部のゴルフ場利用約款では，他のゴルフ場と同様，利用客は，会員，ビジターを問わず，フロントにおいて，「ご署名簿」に自署して施設利用を申し込むこととされていた。しかし，Ａは，施設利用の申込みに際し，被告人が暴力団員であることが発覚するのを恐れ，その事実を申告せず，フロントにおいて，自分については，「ご署名簿（メンバー）」に自ら署名しながら，被告人ら同伴者５名については，事前予約の際に本件ゴルフ倶楽部で用意していた「予約承り書」の「組合せ表」欄に，「△△」「○○○○」「××○○××」などと氏又は名を交錯させるなどして乱雑に書き込んだ上，これを同倶楽部従業員に渡して「ご署名簿」への代署を依頼するという異例な方法をとり，被告人がフロントに赴き署名をしないで済むようにし，被告人分の施設利用を申込み，会員の同伴者である以上暴力団関係者は含まれていないと信じた同倶楽部従業員をして施設利用を許諾させた。なお，Ａは，申込みの際，同倶楽部従業員から同伴者に暴力団関係者がいないか改めて確認されたことはなく，自ら同伴者に暴力団関係者はいない旨虚偽の申出をしたこともなかった。
　他方，被告人は，妻と共に本件ゴルフ倶楽部に到着後，クラブハウスに寄らず，車をゴルフ場内の練習場の近くに停めさせ，直接練習場に行って練習を始め，妻から「エントリーせんでええの。どこでするの」と尋ねられても，そのまま放置し，Ａに施設利用の申込みを任せていた。その後，結局フロントに立ち寄ることなく，クラブハウスを通過し，プレーを開始した。なお，被告人の施設利用料金等は，翌日，Ａがクレジットカードで精算している。
（４）ゴルフ場が暴力団関係者の施設利用を拒絶するのは，利用客の中に暴力団関係者が混在することにより，一般利用客が畏怖するなどして安全，快適なプレー環境が確保できなくなり，利用客の減少につながることや，ゴルフ倶楽部としての信用，格付け等が損なわれることを未然に防止する意図によるものであって，ゴルフ倶楽

> 部の経営上の観点からとられている措置である。
>   本件ゴルフ倶楽部においては，ゴルフ場利用約款で暴力団員の入場及び施設利用を禁止する旨規定し，**入会審査に当たり上記のとおり暴力団関係者を同伴，紹介しない旨誓約させる**などの方策を講じていたほか，長野県防犯協議会事務局から提供される他の加盟ゴルフ場による暴力団排除情報をデータベース化した上，予約時又は受付時に利用客の氏名がそのデータベースに登録されていないか確認するなどして暴力団関係者の利用を未然に防いでいたところ，本件においても，被告人が暴力団員であることが分かれば，その施設利用に応じることはなかった。
> 2　以上のような事実関係からすれば，**入会の際に暴力団関係者の同伴，紹介をしない旨誓約していた本件ゴルフ倶楽部の会員であるAが同伴者の施設利用を申し込むこと自体，その同伴者が暴力団関係者でないことを保証する旨の意思を表している**上，**利用客が暴力団関係者かどうかは，本件ゴルフ倶楽部の従業員において施設利用の許否の判断の基礎となる重要な事項である**から，同伴者が暴力団関係者であるのにこれを申告せずに施設利用を申し込む行為は，その同伴者が暴力団関係者でないことを従業員に誤信させようとするものであり，**詐欺罪にいう人を欺く行為にほかならず**，これによって施設利用契約を成立させ，Aと意を通じた被告人において施設利用をした行為が刑法246条2項の詐欺罪を構成することは明らかである。

この判例には，2つの問題があります。

① 会員登録している共犯者において，同伴者である被告人が暴力団員であることを申告せずに，組み合わせ票を提出して，ご署名簿への代理記帳を従業員に求め，施設利用を申し込む行為が，挙動による欺罔として「欺いて」に含まれるか
② 暴力団員という身分が「欺いて」該当性判断における重要事項性をみたすか

①については，同日に出された**最判平26.3.28（宮崎ゴルフ場事件）では否定されています。それに対し，長野ゴルフ場事件では肯定されています**。この違いが生じた理由についてみていきましょう。

まず，宮崎ゴルフ場事件判決が「暴力団関係者であるビジター利用客が，暴力団関係者であることを申告せずに，一般の利用客と同様に，氏名を含む所定事項を偽りなく記入した「ビジター受付表」等をフロント係の従業員に提出して**施設利用を申し込む行為自体は**，申込者が当該ゴルフ場の施設を通常の方法で利用し，利用後に所定の料金を支払う旨の意思を表すものではあるが，**それ以上に申込者が当然に暴力団関係者でないことまで表しているとは認められない**」と示す通り，暴力団関係者お断りの看板が設置されているとしても，ビジ

ター利用客がゴルフ場の利用を申し込むだけでは挙動による欺罔は肯定されません。

それに対し，長野ゴルフ場事件では，宮崎ゴルフ場事件とは異なり，**申込行為を行った共犯者が暴力団関係者を紹介しないこと等が記されている誓約書を交わしてクラブ会員として入会していた**ため，共犯者が連れてくる紹介者は暴力団関係者ではないということが黙示的に保証されていたとみることができる事案でした。この点が，**宮崎ゴルフ場事件と大きく異なっていました**（ほかにも，宮崎ゴルフ事件の現場となったゴルフ場の周辺に位置するゴルフ場においては，暴力団関係者の利用を黙認する例が複数あり，地域的にゴルフ場の利用客が当然に暴力団関係者でないといえる状況ではなかった点も重要なファクターといえるでしょう）。

したがって，暴力団排除活動を推進している施設利用と詐欺罪の成否が問題になった場合は，挙動による欺罔該当性判断において，**ビジター利用客なのか暴力団排除を推進する誓約書に署名している会員なのか否か，暴力団関係者を許容する地域性の有無に着目することが不可欠**といえるでしょう。

なお，「欺いて」における重要事項性がみたされれば，挙動による欺罔行為が肯定されることが多い（あてはめで用いる事実がある程度被る）とは思いますが，例えば，誤振込に関する最決平15.3.12が，挙動による欺罔行為を否定して不作為による欺罔行為と構成しつつ，重要事項性を肯定していることからわかるように，「欺いて」における重要事項性判断と挙動による欺罔行為該当性判断が完全一致するわけではない点には一応気を付けておきましょう。

次に，②については，代金が支払われているため，支払い意思能力の偽りではありません。ただし，入会の際の**アンケート**や**誓約書提出の義務付け**，**データベースによる氏名確認**といった暴力団関係者を排除する施設の**体制**，暴力団関係者の入会を禁止する**約款**，暴力団関係者排除の**趣旨**（経営上の重要性）から重要事項性を肯定し，結果として「欺いて」を肯定しています。

(!) 類似の事案が令和2年予備試験で出題されていますから，ぜひ解いてみてください。

【最決平26.4.7（ゆうちょ銀行事件）】

1 原判決及びその是認する第1審判決の認定並びに記録によれば，本件の事実関係は次のとおりである。

（1）暴力団員である被告人は，自己名義の総合口座通帳及びキャッシュカードを取得するため，平成23年3月10日，郵便局において，株式会社ゆうちょ銀行から口座開設手続等の委託を受けている同局局員に対し，**真実は自己が暴力団員であるのにこれを秘し**，総合口座利用申込書の「私は，申込書3枚目裏面の内容（反社会的勢力でないことなど）を表明・確約した上，申込みます。」と記載のある「おなまえ」欄に自己の氏名を記入するなどして，自己が暴力団員でないものと装い，前記申込書を提出して被告人名義の総合口座の開設及びこれに伴う総合口座通帳等の交付を**申込み**，前記局員らに，被告人が暴力団員でないものと誤信させ，よって，その頃，同所において，前記局員から被告人名義の総合口座通帳1通の交付を受け，更に，同月18日，当時の被告人方において，同人名義のキャッシュカード1枚の郵送交付を受けた。

（2）政府は，平成19年6月，企業にとっては，社会的責任や企業防衛の観点から必要不可欠な要請であるなどとして「企業が反社会的勢力による被害を防止するための指針」等を策定した。

前記銀行においては，従前より企業の社会的責任等の観点から行動憲章を定めて反社会的勢力との関係遮断に取り組んでいたところ，前記指針の策定を踏まえ，平成22年4月1日，貯金等共通規定等を改訂して，貯金は，預金者が暴力団員を含む反社会的勢力に該当しないなどの条件を満たす場合に限り，利用することができ，その条件を満たさない場合には，貯金の新規預入申込みを拒絶することとし，同年5月6日からは，申込者に対し，通常貯金等の新規申込み時に，暴力団員を含む反社会的勢力でないこと等の表明，確約を求めることとしていた。また，前記銀行では，利用者が反社会的勢力に属する疑いがあるときには，関係警察署等に照会，確認することとされていた。そして，本件当時に利用されていた総合口座利用申込書には，前記のとおり，1枚目の「おなまえ」欄の枠内に「私は，申込書3枚目裏面の内容（反社会的勢力でないことなど）を表明・確約した上，申込みます。」と記載があり，3枚目裏面には，「反社会的勢力ではないことの表明・確約について」との標題の下，自己が暴力団員等でないことなどを表明，確約し，これが虚偽であることなどが判明した場合には，貯金の取扱いが停止され，又は，全額払戻しされても異議を述べないことなどが記載されていた。更に，被告人に応対した局員は，本件申込みの際，被告人に対し，前記申込書3枚目裏面の記述を指でなぞって示すなどの方法により，暴力団員等の反社会的勢力でないことを確認しており，その時点で，被告人が暴力団員だと分かっていれば，総合口座の開設や，総合口座通帳及びキャッシュカードの交付に応じることはなかった。

> 2 以上のような事実関係の下においては，総合口座の開設並びにこれに伴う総合口座通帳及びキャッシュカードの交付を申し込む者が暴力団員を含む反社会的勢力であるかどうかは，本件局員らにおいてその交付の判断の基礎となる**重要な事項である**というべきであるから，暴力団員である者が，自己が暴力団員でないことを表明，確約して上記申込みを行う行為は，**詐欺罪にいう人を欺く行為に当たり**，これにより総合口座通帳及びキャッシュカードの交付を受けた行為が刑法246条1項の詐欺罪を構成することは明らかである。

政府が策定した反社会勢力排除の**指針**，銀行による反社会勢力排除を推進する**従前からの取り組み**，反社会勢力に対する貯金等共通**規定の改訂**，警察への照会を代表とする銀行の**体制**，口座利用申込書内に反社会勢力でないこと誓約させる欄が存在する等の**申込書の記載**，**局員の実際の対応**といった事実から，重要事項性を認めて「欺いて」該当性を肯定した判例です。

3 知識の整理（短答過去問を題材に）

詐欺罪の実行の着手に関する次の【事例】及び【判旨】についての後記アからオまでの各【記述】を検討し，正しい場合には1を，誤っている場合には2を選びなさい。　　　　　　　　　　　　　（令和4年司法試験第3問）

【事　例】
　甲及び乙は，既に100万円の詐欺被害に遭っていたVに対し，警察官に成り済まして電話し，犯人検挙及び被害回復のために必要と誤信させ，Vに預金を払い戻させた上，警察官に成り済ました甲がV宅に赴き，捜査に必要であるから現金を預かるとのうそを言ってVから現金をだまし取ることを計画した（以下「本件計画」という。）。その上で，乙は，本件計画に従ってVに電話し，捜査に必要であるから預金を全部払い戻してほしいとうそを言い，これを信じたVが預金を払い戻して帰宅すると，その約1時間後に再び乙がVに電話し，間もなく警察官がV宅に行くとうそを言った。しかし，甲は，V宅に到着する直前，警察官に逮捕された。

【判　旨】
　1回目と2回目の電話における各うそ（以下「本件うそ」という。）を述べた行為は，本件計画の一環として行われたものであり，本件うその内容は，本件

計画上，Ｖが現金を交付するか否かを判断する前提となるよう予定された事項に係る重要なものであった。そして，このように段階を踏んでうそを重ねながら現金を交付させるための犯行計画の下において述べられた本件うそには，Ｖに現金の交付を求める行為に直接つながるうそが含まれており，既に100万円の詐欺被害に遭っていたＶに対し，本件うそを真実であると誤信させることは，Ｖにおいて，間もなくＶ宅を訪問しようとしていた甲の求めに応じて即座に現金を交付してしまう危険性を著しく高めるものといえ，本件うそを一連のものとしてＶに対して述べた段階において，Ｖに現金の交付を求める文言を述べていないとしても，詐欺罪の実行の着手があったと認められる。

【記　述】

ア　【判旨】は，犯罪の実行行為自体ではなく，実行行為に密接で，被害を生じさせる客観的な危険性が認められる行為を開始することによっても未遂罪が成立し得るとする立場と矛盾しない。

イ　【判旨】は，本件うそとその後に予定されたうそを述べる行為全体を詐欺罪の構成要件である「人を欺く行為」と解した上で，一連の実行行為の開始があることから未遂犯の成立を認める立場と矛盾する。

ウ　【判旨】は，実行の着手を判断する際に行為者の犯行計画を考慮する立場を前提としている。

エ　【判旨】は，1回目の電話では実行の着手を認めず，2回目の電話で実行の着手が認められると明示している。

オ　【判旨】は，詐欺罪の実行の着手が認められるためには必ずしも財物交付要求行為が必要ないとの立場を前提としている。

解答・解説

ア　1　この問題は，交付を要求する文言を述べずにされた行為と詐欺罪の実行の着手時期について判断した最一小判平30.3.22（百選Ⅰ63事件）の理解を試しています。法廷意見では，「実行に着手」したか否かに関する密接性と危険性の基準に直接言及していませんが，山口補足意見において，上記基準で法廷意見を説明可能としています。

☞仮に知らなくても，「実行に着手」したか否かについてはクロロホルム事件判決が示した密接性と危険性の基準で判断すると習っている訳ですから，自信をもって正答したいところです。

イ　2　判決文に「本件うそを一連のものとしてＶに対して述べた段階において，Ｖに現金の交付を求める文言を述べていないとしても，詐欺罪の実行の着手があった」とあります。

ウ　1　判決文に「１回目と２回目の電話における各うそ（以下「本件うそ」という。）を述べた行為は，本件計画の一環として行われたものであり」とあります。

エ　2　肢イの箇所で引用しましたが，この判例は「一連のもの」としているので，１回目か２回目かを分けていません。

オ　1　判決文に「Ｖに現金の交付を求める文言を述べていないとしても，詐欺罪の実行の着手があったと認められる」とあります。

6 横領後の横領

平成24年司法試験でガッツリと出題されている論点です。横領罪の各構成要件の検討や罪数に至るまで満遍なく問えるので，今後も出題があるでしょう。問題の所在を押さえつつ，処理手順をマスターしましょう。

●平成24年司法試験出題趣旨

　A社に対する関係で成立する犯罪を検討する際には，抵当権設定行為と同様，業務上横領罪を検討すべきか背任罪を検討すべきかが問題となるが，抵当権設定行為について成立する犯罪を検討する際に定立した規範と矛盾なく論述を展開する必要がある。抵当権設定行為について業務上横領罪の成立を認めた場合，売却行為についても業務上横領罪の成否を検討することになろう。この場合，問題となるのは，横領物に対する横領が認められるか否かである。この点については，最判平成15年4月23日刑集57巻4号467頁が参考になる。この判例は，横領物の横領は不可罰的事後行為であるとしてきた従来の判例を変更し，横領物の横領を認めたものと理解できる。……特に，甲について，2個の業務上横領罪の成立を認めた場合の罪数処理については，上記平成15年4月23日最判がこの点に関する判断を示していないことから，同一主体による同一客体，同一保護法益に対する侵害行為の罪数処理をどのように行うかについて，説得力のある論述を行うことが求められる。

▼石橋MEMO▼

判例が立場を示していない系は出題しやすいのかもね…。

●平成24年司法試験採点実感

　考査委員による意見交換の結果を踏まえ，答案に見られた代表的な問題点を列挙すると以下のとおりである。(中略)
⑩　本件抵当権設定行為及び本件売却行為にA社に対する関係で業務上横領罪の成立を認めた上，罪数処理に対する問題意識を欠いたまま，特に理由を論ずることなく併合罪処理をした答案
⑪　本件抵当権設定行為及び本件売却行為にA社に対する関係で業務上横領罪の成立を認めた上，罪数処理に対する問題意識を有するものの，両罪の関係を共罰的事後行為とのみ指摘し，実際の罪数処理を行っていない答案

甘い!!

1 分　析

❶　横領後の横領の問題の所在

　この論点は，横領後に再度横領を働いた場合に２回目の行為の横領罪の成否をどう考えるべきかという論点です。**犯罪は，各犯罪を規定した条文の保護法益を侵害することで成立します。横領罪の場合は所有権及び委託信任関係が保護法益といわれていますので，１回目の横領でそれら保護法益が侵害されているのであれば，２回目の行為によっても保護法益が侵害される事態は観念できないのではないか**（すでに破壊されているものを再度破壊することはできないのではないか）**というのが問題の所在となるのです。**

　かつての判例（最判昭31.6.26）は，２回目の行為に横領罪の成立を否定していました。それが，**最大判平15.4.23で判例変更され，２回目の行為に横領罪の成立を肯定**するに至りました。

　以下では，被害者から管理を委託されていた土地に勝手に抵当権を設定して登記を了した（以下，「１回目の行為」という）あとに，当該土地を被害者に無断で第三者に売却して移転登記を了した（以下，「２回目の行為」という）という事例をもとに，２回目の行為に横領罪を成立させる際にクリアしなければならない事項をみていきます。

❷　横領後の横領のポイント

　まず，２回目の行為に横領罪が成立するかについては，以下の３点が問題となります。

① ２回目の行為時点で破壊の対象となる委託信任関係が存在しているのか。
② ２回目の行為を不可罰的事後行為とみるべきか。
③ ２回目の行為を不可罰的事後行為とみないとして，１回目の行為との罪数関係をいかに解するか。

　①は，学説上，１回目の**行為の時点で委託信任関係が破壊された以上，２回目の行為の時点では委託信任関係が認められない**という見解があります。まさ

に，❶問題の所在で指摘したような観点です。ただ，状況を客観的にみれば，**一度横領がなされたとしても，被害者と行為者の間の委託信任関係に客観的な変化がない以上，2回目の行為の時点でも委託信任関係は継続しているとみるべき**です。被害者からすれば，1回目の横領に気付いておらず，自分の所有物に対して数回ひどいことをされているのに犯罪としては1回しか成立しないのはおかしな話です。したがって，上記理由から，2回目の行為時点でも行為者と被害者の間に委託信任関係が認められる以上，2回目の行為によって委託信任関係が破壊されたといえます。

②は，**2回目の行為による保護法益の侵害の程度の方が，先行行為によるそれよりも重大**です。1回目の行為は，抵当権設定行為なので土地の所有権の処分権限を侵害しただけです（民法206条を読んでみてください。所有権の内容は使用・収益・処分の3つの権限として規定されており，抵当権は処分権限を奪う権利と民法上説明されています。刑法的には，部分横領と呼ばれています）。他方，2回目の行為は，売却及びその後の登記によって所有権全部を移転させてしまっています（部分横領との対比で全部横領と呼びます）。したがって，**法益侵害の程度が異なる以上，2回目の行為を不可罰的事後行為とみることは妥当でない**でしょう。

最大判平15.4.23は，以下のように2回目の行為を不可罰的事後行為とみておらず，共罰的事後行為と捉えています。

> 委託を受けて他人の不動産を占有する者が，これにほしいままに抵当権を設定してその旨の登記を了した後においても，その不動産は他人の物であり，受託者がこれを占有していることに変わりはなく，受託者が，その後，その不動産につき，ほしいままに売却等による所有権移転行為を行いその旨の登記を了したときは，委託の任務に背いて，その物につき権限がないのに所有者でなければできないような処分をしたものにほかならない。したがって，**売却等による所有権移転行為について，横領罪の成立自体は，これを肯定することができるというべきであり，先行の抵当権設定行為が存在することは，後行の所有権移転行為について犯罪の成立自体を妨げる事情にはならない**と解するのが相当である。

③については，最大判平15.4.23は，1回目の行為の公訴時効が成立していた関係で2回目の行為のみ起訴された事案です。

> このように，所有権移転行為について横領罪が成立する以上，**先行する抵当権設定行為について横領罪が成立する場合における同罪と後行の所有権移転による横領罪との罪数評価のいかんにかかわらず**，検察官は，事案の軽重，立証の難易等諸般の事情を考慮し，先行の抵当権設定行為ではなく，後行の所有権移転行為をとらえて公訴を提起することができるものと解される。

　上記のように罪数関係については明らかにしていません。判例上明らかでないことは学説を理解しようという話になるわけですが，学説上は併合罪説と包括一罪説が存在します。ただ，**被害客体と委託信任関係が同一ですから，併合罪処理は妥当でない**と私は考えます（下級審判例では包括一罪として処理するものがあります（大阪地判平20.3.14））。

　以上より，２回目の行為に対する横領罪の成否を考える時は，委託信任関係要件の検討時に①の問題を論じ，全ての構成要件の検討が終わったあとに②の問題を論じ，罪数処理の際に③の問題を論じればよいでしょう。

2　判　例

> 【最大判平15.4.23】
> 1　所論指摘の第１審判決判示第一，第二の各犯罪事実は，これらに対応する各訴因と同内容であり，その要旨は，「被告人は，宗教法人Ａの責任役員であるところ，Ａの代表役員らと共謀の上，（１）平成４年４月30日，業務上占有するＡ所有の川崎市中原区小杉御殿町（地番略）の土地（以下「本件土地１」という。）を，Ｂ株式会社に対し代金１億0324万円で売却し，同日，その所有権移転登記手続を了して横領し，（２）同年９月24日，業務上占有するＡ所有の同区小杉町（地番略）の土地（以下「本件土地２」という。）を，株式会社Ｃに対し代金1500万円で売却し，同年10月６日，その所有権移転登記手続を了して横領した。」というものである。
> 2　原判決の認定によれば，**上記各売却に先立ち，被告人は，各土地に次のとおり抵当権を設定していた。**すなわち，本件土地１については，昭和55年４月11日，被告人が経営するＤ株式会社（以下「Ｄ」という。）を債務者とする極度額2500万円の根抵当権（以下「本件抵当権〔１〕」という。）を設定してその旨の登記を了し，その後，平成４年３月31日，Ｄを債務者とする債権額4300万円の抵当権（以下「本件抵当権〔２〕」という。）を設定してその旨の登記を了し，また，本件土地２については，平成元年１月13日，Ｄを債務者とする債権額３億円の抵当権（以下「本件抵当権〔３〕」という。）を設定

してその旨の登記を了していた。

　しかし，原判決は，本件抵当権〔1〕，〔3〕の設定の経緯やその際の各借入金の使途等はつまびらかでなく，これらの抵当権設定行為が横領罪を構成するようなものであったかどうかは明瞭でないし，仮に横領罪を構成することが証拠上明らかであるとしても，これらについては，公訴時効が完成しているとし，また，本件抵当権〔2〕の設定は横領に当たるが，本件土地1の売却と本件抵当権〔2〕の設定とでは土地売却の方がはるかに重要であるとして，本件土地1，2を売却したことが各抵当権設定との関係でいわゆる不可罰的事後行為に当たることを否定し，前記（1），（2）の各犯罪事実を認定した第1審判決を是認した。

3　所論は，原判決の上記判断が最高裁昭和29年（あ）第1447号同31年6月26日第三小法廷判決・刑集10巻6号874頁（以下「本件引用判例」という。）に違反すると主張する。

　本件引用判例は，「甲がその所有に係る不動産を第三者に売却し所有権を移転したものの，いまだその旨の登記を了していないことを奇貨とし，乙に対し当該不動産につき抵当権を設定しその旨の登記を了したときは，横領罪が成立する。したがって，甲がその後更に乙に対し代物弁済として当該不動産の所有権を移転しその旨の登記を了しても，別に横領罪を構成するものではない。」旨を判示し，訴因外の抵当権設定による横領罪の成立の可能性を理由に，訴因とされた代物弁済による横領罪の成立に疑問を呈し，事件を原審に差戻したものである。

　なお，所論は，原判決が大審院明治43年（れ）第1884号同年10月25日判決・刑録16輯1745頁に違反するとも主張するが，同判決は，抵当権設定とその後の売却が共に横領罪に当たるとして起訴された場合に関するものであり，本件と事案を異にするから，この点は，適法な上告理由に当たらない。

4　そこで，本件引用判例に係る判例違反の主張について検討する。

　委託を受けて他人の不動産を占有する者が，これにほしいままに抵当権を設定してその旨の登記を了した後においても，その不動産は他人の物であり，受託者がこれを占有していることに変わりはなく，受託者が，その後，その不動産につき，ほしいままに売却等による所有権移転行為を行いその旨の登記を了したときは，委託の任務に背いて，その物につき権限がないのに所有者でなければできないような処分をしたものにほかならない。したがって，売却等による所有権移転行為について，横領罪の成立自体は，これを肯定することができるというべきであり，先行の抵当権設定行為が存在することは，後行の所有権移転行為について犯罪の成立自体を妨げる事情にはならないと解するのが相当である。

　このように，所有権移転行為について横領罪が成立する以上，先行する抵当権設定行為について横領罪が成立する場合における同罪と後行の所有権移転による横領罪との罪数評価のいかんにかかわらず，検察官は，事案の軽重，立証の難易等諸般の事情を考慮し，先行の抵当権設定行為ではなく，後行の所有権移転行為をとらえて公訴を提起することができるものと解される。また，そのような公訴の提起を受けた裁判所

は，所有権移転の点だけを審判の対象とすべきであり，犯罪の成否を決するに当たり，売却に先立って横領罪を構成する抵当権設定行為があったかどうかというような訴因外の事情に立ち入って審理判断すべきものではない。このような場合に，被告人に対し，訴因外の犯罪事実を主張立証することによって訴因とされている事実について犯罪の成否を争うことを許容することは，訴因外の犯罪事実をめぐって，被告人が犯罪成立の証明を，検察官が犯罪不成立の証明を志向するなど，当事者双方に不自然な訴訟活動を行わせることにもなりかねず，訴因制度を採る訴訟手続の本旨に沿わないものというべきである。

　以上の点は，業務上横領罪についても異なるものではない。

　そうすると，本件において，被告人が本件土地1につき本件抵当権〔1〕，〔2〕を設定し，本件土地2につき本件抵当権〔3〕を設定して，それぞれその旨の登記を了していたことは，その後被告人がこれらの土地を売却してその旨の各登記を了したことを業務上横領罪に問うことの妨げになるものではない。

3 知識の整理（短答過去問を題材に）

　横領の罪に関する次の1から5までの各記述を判例の立場に従って検討した場合，正しいものはどれか。 　　　　（令和3年予備試験第8問）

1　所有権留保の約定付き割賦売買契約に基づき24回の均等分割払いで，自動車販売会社から自動車を購入した者が，同車の引渡しを受け，3回分の支払を済ませた時点で，同車の売却代金を自己の生活費として費消するため，同社に無断で，第三者に同車を売却し，これを引き渡した場合，当該行為は，実質的には他人の所有権を侵害する行為ではないから，横領罪は成立しない。

2　スーパーマーケットでレジ係のアルバイトをしていた者が，担当するレジ内の売上金を自己の遊興費として費消するため，店長に無断で，同レジ内から売上金を取り出し，自己のバッグに入れて店外に持ち出した場合，当該行為は，他人の占有ではなく，その所有権を侵害する行為であるから，業務上横領罪が成立する。

3　所有者から動産を賃借している者が，同動産の売却代金を自己の生活費として費消するため，所有者に無断で，第三者に同動産の売却を申し入れたが，同人から買受けの意思表示がない場合，他人の所有権を侵害する状態には至っていないから，横領罪は成立しない。

4 所有者から委託を受けて不動産を占有する者が,所有者に無断で,金融機関を抵当権者とする抵当権を同不動産に設定してその旨の登記を了した後において,同不動産の売却代金を自己の用途に費消するため,更に所有者に無断で,第三者に同不動産を売却してその旨の登記を了した場合,先行する抵当権設定行為について横領罪が成立する場合であっても,後行する所有権移転行為について,横領罪が成立する。

5 窃盗犯人から盗品の売却を依頼された者が,その売却代金を自己の用途に費消するため着服した場合,当該行為は,他人の所有権を侵害する行為であるものの,窃盗犯人との間の委託信任関係は法律上保護に値しないから,横領罪は成立しない。

解答・解説

解答:4

1 **誤り** 横領罪(252条)の構成要件は,委託信任関係に基づく「自己の占有」,「他人の物」,「横領」,故意,不法領得の意思です。この事案にあてはめると,自動車販売会社と購入者の間には所有権留保特約付きの割賦売買契約があり,委託信任関係が認められます。また,その契約に基づいて引き渡しを受け,占有が委託信任関係に基づいて移転しているといえます。つまり,委託信任関係に基づく「自己の占有」が認められます。

更に,所有権留保特約が付いていて,代金未完済です。つまり,「他人の物」該当性も認められます。「横領」に関しても引き渡しまで終えていますから認められます。このように,主観的要件についても問題がなく,構成要件をすべてみたしています。

☞「実質的には」と書いてあると,何かあるように思うのが人間心理です。ですが,この手の問題は,淡々と構成要件にあてはめるという論文思考で処理しましょう。

2 **誤り** 業務上横領罪(253条)の構成要件は,肢1に記載した252条の要件に「業務上」がくっつくだけです。スーパーのレジ内の売上金の占有はアルバイトではなく店長に帰属し,「自己の占有」要件をみたさないことは明らかです。

3 **誤り** 動産売買の場合は売主の売却の意思表示の時点で不法領得の意思が外部に発現して「横領」が認められると考えられています。したがって,この事案では横領罪は成立します。

☞なお,不動産の売買の場合は登記時点で「横領」が認められるといわれています。

4 **正解** 横領後の横領を認めるのが判例です。

5 **誤り** 「窃盗犯人との間の委託信任関係は法律上保護に値しないから」という部分が誤りです。

7 公共の危険

　「公共の危険」という要件は，司法試験と予備試験で出題済みです。客観面と主観面のいずれにおいても問題となり，客観面で問題となる場合は「あてはめ」が，主観面で問題となる場合は「法律論」が試されます。バランスの取れた要件なので，これからも出題されるでしょう。ポイントを整理しておきましょう。

●平成25年司法試験出題趣旨

　本問において，乙がB車にガソリンをまいて火を放ち，B車を全焼させた点については，刑法第110条の建造物等以外放火罪の成否が問題となる。この点についても，同罪の構成要件要素を的確に示しつつ，問題文中の各種事情を的確に当てはめることが必要となり，①「放火」「焼損」の意義及び当てはめ，②B車への放火行為が所有者である甲の指示によるものであることから，刑法第110条第2項にいう「自己の所有に係るとき」に該当するか否かの検討が求められる。そして，同罪は，公共の危険の発生を要するところ，乙がB車に放火した場所は，ひとけのない山中の採石場の駐車場であり，B車の周囲には，他人所有の車両が3台駐車されていたものの，建造物等もなかったことから，本問において，公共の危険が発生したといえるかにつき，その意義や判断基準を明らかにした上で的確な当てはめを行うことが求められる。この点については，刑法第110条の公共の危険とは，同法第108条及び第109条に規定する建造物等への延焼の危険のみに限られず，不特定又は多数の人の生命，身体又は前記建造物等以外の財産に対する危険も含まれると解するのが相当である旨判示した最決平成15年4月14日刑集57巻4号445頁が参考になる。この判例の考え方に従う場合には，同判例に示された公共の危険の意義等を示した上，問題文中の各種事情を具体的に指摘して丁寧に当てはめる必要がある。また，この判例と異なる考え方に立つ場合には，同判例を意識しつつ，公共の危険の意義等についての自己の見解を説得的に論証した上で，的確な当てはめを行うことが求められる。上記検討において，公共の危険が発生したと認めた場合には，乙が他車両に火が燃え移ることはないだろうと思い放火に及んでいることから，更に公共の危険発生の認識の要否についての論述が求められる。この点については，最判昭和60年3月28日刑集39巻2号75頁等の判例が参考になる。……また，甲は，前記採石場の駐車場にB車以外の他車両が駐車されていることさえ認識がなかったものであるところ，（1）ウにおける公共の危険発生の認識の要否についての自己の見解及び当てはめと整合

▼石橋MEMO▼

──何事もまずは判例だよな。

──うむ。

──うむ。

する的確な当てはめが必要となろう。

> ●平成25年司法試験採点実感
> その他，考査委員による意見交換の結果を踏まえ，答案に見られた代表的な問題点を列挙すると以下のとおりとなる。
> エ　建造物等以外放火罪の成否につき，同罪を**抽象的公共危険犯である**とする答案 ←マジかよ…。
> オ　建造物等以外放火罪の成否につき，「焼損」等の構成要件要素や「公共の危険」の意義等の**記載を欠くか，記載していても不正確な答案** ←えぇ…。
> カ　これらの意義についての理解が不十分なためであると思われるが，それぞれの当てはめにつき，**具体的な事実の摘示が不十分な答案** ←多いよな…。
> キ　なお，公共の危険やその認識の要否の各論点につき，**他の見解にも言及しつつ自己の見解を説得的に論述している答案は高い評価**を受けたが，そのような答案は僅かであった。 ←ハイレベル!

1　分析

❶　総論

　放火罪において，司法試験でよく出てくるのが刑法108条の現住建造物等放火罪，刑法109条の非現住建造物等放火罪（1項が他人物，2項が自己物），刑法110条の建造物等以外放火罪（1項が他人物，2項が自己物）です。そして，「公共の危険」という要件が条文上求められているのは刑法109条2項と刑法110条1項2項です。
　この「公共の危険」という要件のポイントは，以下の2点に集約されます。

・「公共の危険」の意義及び判断基準
・「公共の危険」の認識の要否（「公共の危険」が故意の対象となるか）

　以下，それぞれについてみていきましょう。

❷　「公共の危険」の意義及び判断基準

　意義については，最決平15.4.14を押さえる必要があります。

> 「同法（注：刑法）110条1項にいう『公共の危険』は，**必ずしも同法108条及び109条1項に規定する建造物等に対する延焼の危険のみに限られるものではなく，不特定又は多数の人の生命，身体又は前記建造物等以外の財産に対する危険も含まれる**と解するのが相当である。

「公共の危険」の意義に関しては，従来，**刑法108条及び刑法109条の物件に対する延焼の危険に限られるのか，それとも刑法108条及び刑法109条の物件のみならず不特定又は多数人の生命，身体，財産に対する延焼の危険も含まれるのか**が争われていました（細かく分けるともっと説はありますが，試験で不要なので割愛）。まさに，15年判例の事案（放火した自動車からかなり離れていて延焼の危険が認められない場所に農協組合の支店や小学校のような刑法108条及び刑法109条物件が存在し，延焼の危険が認められる範囲には可燃性のごみが置かれている集積場（ただし，後述の通り，15年判例はあてはめにおいてごみ集積場には言及していない）や自動車しか存在していない事例）で差が出てくるわけです。結論としては，15年判例は後者の立場に立つことを明らかにしたので，受験生は後者の意義をしっかり押さえてください。

そして，**不特定「又は」多数であり，「及び」ではないことに注意してください。**

ここで，**不特定とは，偶然性を意味する**という立場が最も適当であると解されます。甲がA駐車場で車を燃やそうと考えてA駐車場に向かったところ，A駐車場には2台の車が停めてあったような事案では，2台という形で特定されているとは考えません。その2台は甲からすれば見知らぬ人の車が偶然停められていたという関係にあります。それ故，不特定の財産に2台の車が該当すると考えます。

なお，延焼の危険が及ぶ財産が例えば基本書一冊だったような場合にも建造物等以外放火罪を成立させるのは妥当でないとして，延焼の危険が財産のみに及ぶ場合には成立範囲を限定させようという考え方がいくつかあります（気になる方は基本書等で確認してみてください）。ただし，15年判例は直接言及していません。上で述べたような極端な事例が出題された場合を除いて，答案上は必要ないでしょう。

そして，「公共の危険」の判断基準については，一般人の危険感を基準にす

る立場（要は、「あぶねえなぁおい！」と思うか否か）と**客観的に判断する立場**が存在しますが、後者で考えておけばよいです。

> ⚠️ 合格との関係では、問題文中に表れたすべての事情を抽出して客観的に評価すれば足ります。

❸ 公共の危険の認識の要否

以下の事案をみてください。

> 甲が乙に対して「AのバイクをW公園で燃やしてこい、あそこにはこの時間帯は誰もいないし自動車も駐車されてないからバレることもないだろう。」と指示し、乙がAのバイクに乗ってW公園に向かったところ、たまたま他人のバイクが駐車されていた。もっとも、乙はその他人のバイクに延焼の危険が認められるような距離にAのバイクを駐車し、火をつけて焼損させた。

甲には「公共の危険」の認識がありません。乙には「公共の危険」の認識があり、「公共の危険」の認識の要否次第で甲の罪責が変わることになります。

では、判例がどのように考えているか。刑法110条1項に関し最判昭60.3.28は、以下の不要説に立っています。

> 刑法110条1項の放火罪が成立するためには、火を放って同条所定の物を焼燬する認識のあることが必要であるが、焼燬の結果**公共の危険を発生させることまでを認識する必要はない**ものと解すべきである。

理由付けについては述べられていないのですが、**刑法110条1項は「よって」という文言を用いていることを理由に、同条を結果的加重犯とみている**といわれています。

他方、刑法110条2項及び刑法109条2項についての判例の立場は明らかではなく、下級審の判断は分かれます。**刑法110条2項に関しては刑法110条1項の犯罪の客体が自己物になっているだけで、刑法110条1項と同様に結果的加重犯であることを理由に、公共の危険の認識は不要である**と考えるのが受験的にはシンプルです。

刑法109条2項に関しては「罰しない」という文言から，「公共の危険」要件を客観的処罰阻却事由であるが故に故意の対象とはならない（＝そもそも構成要件ではない）という考えもあります。
　もっとも，**通説は「公共の危険」は構成要件であると考えていますから，こちらも結果的加重犯とみるのが整合的**でしょう。
　以上が判例の立場です。「甲の罪責を答えよ」というような単に罪責を問う問題では，判例通説の立場で答えれば十分です（なお，掲載した平成25年採点実感には，他説も踏まえると高得点と書かれています。つまり，必要説についても触れると加点されるようですが，そのような答案は少数という指摘もあることからすれば，合格との関係では必須条件とはいえないでしょう）。

> ⚠️ 但し，この部分は，判例通説と反対説の対立が激しいところですから学説対立問題や口述式試験対策として，認識必要説の論拠やそれに対する反論もある程度は把握しておきましょう。

　認識必要説の論拠ですが，**刑法109条2項，刑法110条2項**（自己物に対する放火の場合）**と刑法110条1項**（他人所有建造物等以外の物の場合）**で理由付けが異なる点がポイント**です。
　刑法109条2項や刑法110条2項の自己物については，燃やしても原則として違法ではないはずです。自分の古くなったTシャツ等を燃やすのは，何ら違法ではありません。それでも，刑法109条2項，刑法110条2項で自己物に放火した場合に重く処罰されるのは，**放火によって「公共の危険」を生じさせた点を重く考えているから**です。そのような重い処罰の違法性を基礎づける「公共の危険」は構成要件として捉えるべきなので，故意の対象になるというのが必要説からの説明です。
　他方，刑法110条1項に関しては，例えば，他人のバイクを燃やすという行為は**器物損壊罪の構成要件**に該当します。刑法は，それを更に建造物等以外放火罪に昇華させて器物損壊罪よりもはるかに重い処罰を予定しています。その理由は，まさに，**単なる器物損壊のみならず，「公共の危険」を発生させた**ことにあるわけです。そうだとすれば，刑法109条2項，刑法110条2項と同様，刑法110条1項においても，重い処罰の違法性を基礎づける「公共の危険」は

構成要件として捉えるべきなので、そうである以上は故意の対象になるというのが必要説からの説明です。ここまではしっかりと押さえましょう。

そして、この認識必要説に対しては、以下の批判があります。

> 故意の内容として「公共の危険」に対する認識を含めてしまうと、刑法109条2項、刑法110条1項2項の故意と刑法108条、刑法109条1項の故意の内容が重なってしまい、区別が困難である。要は、刑法109条2項、刑法110条1項2項の物件に放火して公共の危険の認識がある場合＝刑法108条、刑法109条1項の故意が認められる場合となってしまい、常に刑法108条、刑法109条1項の未遂罪が成立してしまうので、刑法109条2項、刑法110条1項2項の守備範囲がなくなってしまう。

この批判は「**公共の危険**」**の意義について限定説**（公共の危険＝刑法108条及び刑法109条1項に規定する物件に対する延焼の危険に限るとする説）**をとった場合は、もっともらしい**です。しかし、先ほど述べたとおり、**判例通説は「公共の危険」については非限定説を採用**します。つまり、刑法108条及び刑法109条1項に規定する建造物等に対する延焼の危険のみに限られず、不特定又は多数の人の生命、身体又は前記建造物等以外の財産に対する危険も含まれると考えます。よって、「**刑法109条2項、刑法110条1項2項の物件に放火して公共の危険が発生した旨の認識がある場合＝刑法108条、刑法109条1項の故意が認められる場合**」とは必ずしもなりません。

要するに、「公共の危険」について非限定説をとる場合、以下のようになります。

刑法109条2項、刑法110条1項2項の物件に放火して公共の危険が発生した旨の認識がある場合	＞	刑法108条、刑法109条1項の故意が認められる場合

前者のほうが故意の対象が広いので、公共の危険の認識が必要と解しても刑法108条あるいは刑法109条1項の未遂罪に必ずなるわけではありません。自己の建造物の周りに多くの人がいるがそれ以外はなにも存在しないことを認識しながら自己の建造物に放火した場合を考えればわかるでしょう。この場合、非限定説からすれば「公共の危険」の認識はありますが、刑法108条又は刑法109条1項に対する延焼の危険の認識はありません。認識必要説に立ったとしても刑法110条2項が成立することになります。

したがって,「公共の危険」について15年判例の立場に立つ限り,認識不要説が述べる上記批判は的を射ていないというべきでしょう。

(!) 判例通説の認識不要説をまずは押さえ,学説対立問題対策として認識必要説とそれに対する反論及び反論が失当である理由を押さえましょう。

2 判 例

【最決平15.4.14】
1 原判決及びその是認する第1審判決の認定並びに記録によれば,本件に関する事実関係は,以下の通りである。
 (1) 被告人は,妻と共謀の上,長女が通学する小学校の担任教諭の所有に係る自動車(以下「被害車両」という。)に放火しようと企て,本件当日午後9時50分ころ,**同小学校教職員用の駐車場に無人でとめられていた被害車両に対し,ガソリン約1.45リットルを車体のほぼ全体にかけた上**,これにガスライターで点火して放火した。
 (2) 本件駐車場は,市街地にあって,**公園及び他の駐車場に隣接し,道路を挟んで前記小学校や農業協同組合の建物に隣接する位置関係**にあった。また,本件当時,前部を北向きにしてとめられていた被害車両の近くには,前記教諭以外の者の所有に係る2台の自動車が無人でとめられており,うち1台(以下「第1車両」という。)は被害車両の左側部から西側へ3.8mの位置に,他の1台(以下「第2車両」という。)は第1車両の左側部から更に西側へ0.9mの位置にあった。そして,被害車両の右側部から東側に3.4mの位置には周囲を金属製の網等で囲んだゴミ集積場が設けられており,**本件当時,同所に一般家庭等から出された可燃性のゴミ約300kgが置かれていた。**
 (3) 被害車両には,当時,**約55リットルのガソリン**が入っていたが,前記放火により被害車両から高さ約20ないし30cmの火が上がっているところを,たまたま付近に来た者が発見し,その通報により消防車が出動し,消火活動により鎮火した。消防隊員が現場に到着したころには,**被害車両左後方の火炎は,高さ約1m,幅約40ないし50cmに達していた。**
 (4) 本件火災により,被害車両は,左右前輪タイヤの上部,左右タイヤハウス及びエンジンルーム内の一部配線の絶縁被覆が焼損し,ワイパーブレード及びフロントガラスが焼けてひび割れを生じ,左リアコンビネーションランプ付近が焼損して焼け穴を作り,トランクの内部も一部焼損し,更に**第1,第2車両と前記ゴミ集積場**

> に延焼の危険が及んだ。
> 2 所論は，刑法110条1項にいう「公共の危険」は，同法108条，109条所定の建造物等への延焼のおそれに限られる旨主張する。しかし，**同法110条1項にいう「公共の危険」は，必ずしも同法108条及び109条1項に規定する建造物等に対する延焼の危険のみに限られるものではなく，不特定又は多数の人の生命，身体又は前記建造物等以外の財産に対する危険も含まれると解する**のが相当である。そして，市街地の駐車場において，被害車両からの出火により，**第1，第2車両に延焼の危険が及んだ等の本件事実関係の下では**，同法110条1項にいう「公共の危険」の発生を肯定することができるというべきである。本件について同項の建造物等以外放火罪の成立を認めた原判決の判断は，正当である。

　小学校や農業協同組合の建物は，道路を挟んだ場所に位置し，108条及び109条1項物件に対する延焼の危険は認められません。また，周囲に人がいたという事情もなく，不特定又は多数人の生命，身体に対する延焼の危険も認められません。他方，**付近には第1，第2車両及びごみ集積所内の可燃性のゴミ約300キログラムがあり，不特定というのは偶然性を意味しますから，これらが不特定の財産にあたることになるでしょう**（なお，ゴミに関しては15年判例の判決文上では明示的には言及されていません（第1，第2車両に延焼の危険が及んだ「等」の「等」に含めている余地はありますが））。この点については色々な考え方があると思います。

> ⚠ 学説では，延焼の対象が「財産」の場合はさまざまな観点から成立範囲を限定していきます。ゴミのような無価値物は，そもそも「公共の危険」の保護範囲に含まれず，15年判例もそれを前提としていたから車両に対する危険のみを認定したという理解もあります。限定付けをするかは個人の自由なので，いずれでもよいと思います（この解説では，ゴミも15年判例のいう「財産」に含める立場で説明しています）。

　そして，**被害者車に積まれたガソリンの量，具体的な位置関係，天候，火炎の大きさ，被害対象の可燃性からすれば，不特定の財産に対する延焼の危険が認められ，ゆえに「公共の危険」が認められるとした判例**です。

3 知識の整理（短答過去問を題材に）

放火の罪に関する次のアからオまでの各記述を判例の立場に従って検討し，正しい場合には1を，誤っている場合には2を選びなさい。

（平成30年司法試験第16問）

ア　甲は，自己が所有する家屋に一人で居住していたが，同家屋に掛けられた火災保険の保険金を詐取しようと考え，同家屋に放火して全焼させ，公共の危険を生じさせた。甲には自己所有非現住建造物等放火罪（刑法第109条第2項）が成立する。

イ　甲は，競売手続を妨害する目的で，人が住んでいるように見せ掛けるため，空き屋であった家屋に家財道具を持ち込むなどして住居として使用可能な状態にした上，自己が経営する会社の従業員5名を約1か月半前から10数回にわたり交替で泊まり込ませていたところ，同従業員らが不在にしている隙に，同家屋に放火して全焼させた。甲には現住建造物等放火罪（刑法第108条）が成立する。

ウ　甲は，乙が住居に使用する家屋及びこれに隣接する丙が住居に使用する家屋を燃やそうと考え，乙の家屋に放火してその火を丙の家屋に燃え移らせ，乙及び丙の各家屋を共に全焼させた。甲には1個の現住建造物等放火罪（刑法第108条）が成立する。

エ　甲は，住宅街の中にある駐車場内に駐車されていた乙所有の自動車にガソリンをまいて放火したところ，同自動車が勢いよく炎上し，その付近に駐車されていた所有者の異なる自動車3台に火が燃え移りかねない状態になったが，付近の建造物に燃え移る危険は生じなかった。甲には他人所有建造物等以外放火罪（刑法第110条第1項）は成立しない。

オ　甲は，乙が住居に使用する家屋を燃やそうと考え，同家屋の6畳和室に敷かれた布団に灯油をまいて放火し，火は布団からその下に敷かれた畳に燃え移って炎上したが，他に燃え移る前に乙によって消し止められた。甲には現住建造物等放火罪（刑法第108条）の既遂罪が成立する。

▎解答・解説

ア　2　自己所有非現住建造物等放火罪（刑法第109条第2項）の構成要件は，「放火」，「前項の物が自己の所有に係る」こと，「焼損」，「公共の危険」，故意になります。問題文の事情を淡々とあてはめましょう。家屋を放火とあり，「放火」が認められます。放火の客体は自己の所有する家屋ですが，火災保険が付されていますので115条により他人物です。したがって，「前項の物が自己の所有に係る」という要件がみたされません。
　☞この手の事例問題系の肢を解くためにも，構成要件を押さえておいてください。

イ　1　現住建造物等放火罪（刑法第108条）の構成要件は「放火」，「現に人が住居に使用し又は現に人がいる建造物」，「焼損」，故意で，前述の通り「放火」が認められます。他方，「現に人が住居に使用し又は現に人がいる建造物」における「人」は犯人以外の者です。従業員不在の家屋は，「現に人がいる建造物」にはあたりません。もっとも，もともと家屋は住居として使われています。一時的に不在なだけで使用形態に変更があったような事情はなく，なお家屋は「現に人が住居に使用……建造物」にあたります。そして，全焼しているので「焼損」も認められ，故意も問題ありません。

ウ　1　放火罪の罪数関係については発生させた公共の危険の個数によって一罪か否かを決定します。発生した公共の危険は1個である以上，数罪とはなりません。

エ　2　他人所有建造物等以外放火罪（刑法第110条第1項）の構成要件は「放火」，「前二条に規定する物以外の物」，「焼損」，「公共の危険」，故意になります。問題文の記載から「放火」，「前二条に規定する物以外の物」，「焼損」が認められるのは明らかです。かつ，判例は，「公共の危険」について108条及び109条1項物件に対する延焼の危険のみに限らず不特定又は多数人の生命，身体，財産も含むと考えています。偶然その場にあった自動車3台は不特定の財産にあたり，それらに対して燃え移りかねない状況が生じているので延焼の危険が認められます。したがって，「公共の危険」は認められ，故意も問題ないので，他人所有建造物等以外放火罪は成立します。

オ　2　現住建造物等放火罪（刑法第108条）の構成要件は「放火」，「現に人が住居に使用し又は現に人がいる建造物」，「焼損」，故意で，前述のとおり「放火」が認められます。放火の対象は乙が住居に使用する家屋で「現に人が住居に使用……建造物」にあたります。他方，「焼損」といえるためには火が媒介物から目的物である建造物に移って独立して燃焼を継続しうる状態になることが必要です。媒介物である布団から畳に火が移っているものの，畳は容易に取り外し可能なものなので未だ目的物である現住建造物を構成していません。したがって，「焼損」は認められません。他方，故意は認められるので，未遂犯が成立します。

8 偽 造

偽造罪は詐欺罪とセットで出題される確率が高く，社会的法益に対する罪の中では放火罪と並んで出題率が高いです。私文書偽造罪の出題が特に多く，かつ，「偽造」要件のうち名義人と作成者を認定させる問題が圧倒的です。そこで，本章では名義人と作成者の認定が問題となる場面に焦点をあてて解説します。

●令和2年予備試験出題趣旨

(1)については，有印私文書偽造罪・同行使罪の成否が問題になるところ，前者については，**客観的構成要件要素である「偽造」の意義を示し**た上で，変更前の氏名は，甲が自営していた人材派遣業や日常生活で専ら使用していたものであることを踏まえつつ，前記契約書の性質に照らし，**名義人と作成者との人格の同一性に齟齬が生じたといえるのか否かを検討する必要がある**。

▼石橋MEMO▼
> 刑法各論はとにかく意義が大事！

●平成24年司法試験出題趣旨

社員総会議事録作成行為等については，私文書偽造，同行使罪の成否を検討すべきである。

本問において，私文書偽造，同行使罪の成否を検討する場合も，**客観的構成要件要素の意義をそれぞれ正確に理解した上で，問題文中に現れている各種事情を的確に当てはめていくことが必要となるが，本問で特に問題となるのは，偽造に当たるか否かという点である**。偽造の定義を前提に，社員総会議事録と題する文書の作成名義人及び作成者について論述していく必要がある。この点について，**判例として，最決昭和45年9月4日刑集24巻10号1319頁が参考となる**。この判例の考え方に従えば，本問における作成名義人は社員総会ということになる。また，**最決平成15年10月6日刑集57巻9号987頁の考え方に従って，本問における作成名義人を社員総会議事録作成権限が付与された甲と考えることも可能**であろう。なお，本問においては，有印私文書偽造，同行使罪が成立するのか，無印私文書偽造，同行使罪が成立するのかについても言及すべきである。

> 忘れがち！

●平成24年司法試験採点実感

考査委員による意見交換の結果を踏まえ，答案に見られた代表的な問題点を列挙すると以下のとおりである。

⑧ 私文書偽造罪の成否を論じるに当たり、「偽造」、「作成者」及び「作成名義人」という基本概念の理解が不十分な答案
⑨ 私文書偽造罪における「有印」の概念と「無印」の概念の理解が不十分な答案

> こういう基本で既に勝負はついている…。

1 分 析

❶ 「偽造」とは

「偽造」の定義は、作成権限がない者が他人名義の文書を作成することと表現されることもあれば、名義人と作成者の人格の同一性を偽ることと表現されることもあります。最判昭59.2.17は以下のようにしています。

> おもうに、原判決が、私文書偽造とは、その作成名義を偽ること、すなわち私文書の名義人でない者が権限がないのに、名義人の氏名を冒用して文書を作成することをいうのであつて、その本質は、文書の名義人と作成者との間の人格の同一性を偽る点にあるとした点は正当である。

このように書くと、受験生は「どっちで答案を書けばいいの？」と迷うでしょう。いずれの表現も同じ意味なのですが、近時の判例のトレンドは後者で、出題趣旨や採点実感の記載も後者で論じることを前提としていますから、答案は後者で書いていけばよいでしょう。

「偽造」＝名義人と作成者の人格の同一性を偽ること

そうすると、「偽造」要件のあてはめにおいては、名義人と作成者を認定して両者の人格の同一性にズレが生じているかを認定しなければなりません。名義人の定義、作成者の定義を押さえましょう。

❷ 名義人とは

名義人は、**文書から看取される作成者**を意味します。その文書を見た一般人が「この文書を作成したのって○○さんだよね」と思った場合における○○さ

んのことです。この名義人を特定するのが論点となる事案では，文書に対する公共の信用を加味して○○さんが誰かを判断することになります。

> 名義人＝文書から看取される作成者

❸ 作成者とは

作成者は，**文書に関する意思主体**と押さえておけばよいでしょう。その文書に表れている意思が，誰の意思なのかを考えようという立場（意思説）からくる定義です。

なお，この定義では説明しがたい事案もあり，その不都合を避けるべく効果説（文書内容の効果が帰属する人を作成者と考える説）や帰属説（文書に示されている意思が帰属する主体を作成者とみる説）が存在します。

論文式試験で出題されるような事案で，効果説あるいは帰属説を知らなければ絶対に解けないような問題が出る可能性は低い（学説対立問題対策として一応押さえておくことは有用かもしれませんが）と思いますので，ひとまず意思説で論じます。

なお，物理的に文書を作成した人と押さえるのはNGです。社長が秘書に代筆させて社長名義の文書を作成させたような事案で偽造罪が成立してしまうことになり，妥当ではありません。

> 作成者＝文書に関する意思主体

❹ 頻出の2パターン

「偽造」要件では，上記定義を念頭に置いて実際の事案における名義人と作成者を特定し，両者の人格の同一性が偽られているかを論じます。**名義人の特定が問題となる事案**と**作成者の特定が問題となる事案**の2つの出題パターンに分けて整理するのがオススメです。

| 名義人の特定が問題となる場面 | ・自分の属性を偽る場合　ex.代理権限，資格の冒用，通称の使用等 |

	→文書に対する公共の信用がいかなる属性に向けられているかを判断
作成者の特定が問題となる場合	・他人になりすます場合 ex.名義人の承諾（入試のなりすまし等） →名義人の作成権限の付与の有効性を自署性が要求される文書か否かで判断

(1) 名義人の特定が問題となる場面

名義人の定義については，**文書から看取される作成者**であると述べました。どのような観点から看取するかについては，文書偽造罪の保護法益が文書に対する公共の信用にあることに鑑み，**公共の信用が向けられている属性や文書の性質を確定し，その観点から**名義人を特定します。

要するに，「**この文書を一般人がみたら○○って部分に注目するよね。そうすると，文書から看取される作成者は○○を備えた～さんってことになるよね**」「**この文書は性質上○○がある人が書くものだよね。そうすると，文書から看取される作成者は○○を備えた～さんってことだよね**」ということです（2つの文章でいっていることは同じ）。

例えば，弁護士でないAさんが弁護士Aと記載した弁護士報酬請求書を作ったとします。この場合，作成者に関しては，**弁護士資格のないAさん**であることは明らかです。そこで，名義人についてみていきますと，一般人からすれば，弁護士報酬を請求する書面を見た時に「これは弁護士資格を有する人が作った書面だ！」と思います。そうだとすれば，この文書から看取される作成者というのは**弁護士資格を有するAさん**ということになり，先ほど特定した作成者の人格と名義人の人格に同一性が認められません。

つまり，「偽造」にあたるということになります（最判平5.10.5）。

このほか，通称を用いるような場面でも同様の問題は生じます。

世界的に有名な歌手Xの通称がYであり，XがYという通称を使用している旨を世界中の人が知っていたとします。このような場合，Xが文書にYと署名したとしても，作成者はXであり，かつ，名義人もXになるので偽造には当たりません（Yというペンネームを見た一般人は「あ，これはXのペンネームじゃん。だから，Xの意思が現れた文書だよね！」と思うことになるので，文書から看取され

る作成者である名義人はXになります）。

　もっとも，**文書の性質上本名で記載することが予定されていたり，有資格者が記載することが予定されていたりする場合は気を付けなければなりません。**

　例えば，密入国者甲が長年Aという名で生活し，甲の周囲の人間のほとんどが甲をAだと思っていた中，甲が再入国許可申請書に「A」と記載して提出したという事案を考えます。先ほどの世界的に有名な歌手の事例の通りに考えると，作成者は甲，名義人も甲ということになりそうです。

　もっとも，**再入国申請書というのは文書の性質上，適法な在留資格を有することが前提となる文書**といえます。そうだとすれば，**名義人は適法に在留資格を有するAであり，作成者は適法な在留資格を有していない甲ということになる**ので，偽造が認められます。

　同様の事案につき，最二小判昭59.2.17が以下のように述べています。

【最二小判昭59.2.17】
　再入国許可申請書の性質について考えるのに，出入国管理令（昭和五六年法律第八五号，第八六号による改正前のもの）二六条が定める再入国の許可とは，適法に本邦に在留する外国人がその在留期間内に再入国する意図をもつて出国しようとするときに，その者の申請に基づき法務大臣が与えるものであるが，右許可を申請しようとする者は，所定の様式による再入国許可申請書を法務省又は入国管理事務所に出頭して，法務大臣に提出しなければならず，その申請書には申請人が署名すべきものとされ，更に，その申請書の提出にあたつては，旅券，外国人登録証明書などの書類を呈示しなければならないとされている（昭和五六年法務省令第一七号による改正前の出入国管理令施行規則二四条一項，二項，一八条二項，別記第二五号様式）。つまり，**再入国許可申請書は，右のような再入国の許可という公の手続内において用いられる文書**であり，また，**再入国の許可は，申請人が適法に本邦に在留することを前提としているため，その審査にあたつては，申請人の地位，資格を確認することが必要，不可欠のこととされている**のである。したがつて，**再入国の許可を申請するにあたつては，ことがらの性質上，当然に，本名を用いて申請書を作成することが要求されている**といわなければならない。ところで，原判決が認定した前掲事実によれば，被告人は，密入国者であつて外国人の新規登録申請をしていないのにかかわらず，金哲秀名義で発行された外国人登録証明書を取得し，その名義で登録事項確認申請を繰り返すことにより，自らが右登録証明書の金哲秀その人であるかのように装つて本邦に在留を続けていたというべきであり，したがつて，被告人が金哲秀という名称を永年自己の氏名として公然使用した結果，それが相当広範囲に被告人を指称する名称として定着し，原判決のいう他人との混同を生ずるおそれの

> ない高度の特定識別機能を有するに至つたとしても，右のように被告人が外国人登録の関係では金哲秀になりすましていた事実を否定することはできない。以上の事実関係を背景に，被告人は，原認定のとおり，再入国の許可を取得しようとして，本件再入国許可申請書を金哲秀名義で作成，行使したというのであるが，**前述した再入国許可申請書の性質にも照らすと，本件文書に表示された金哲秀の氏名から認識される人格は，適法に本邦に在留することを許されている金哲秀であつて，密入国をし，なんらの在留資格をも有しない被告人とは別の人格であることが明らかである**から，そこに本件文書の名義人と作成者との人格の同一性に齟齬を生じているというべきである。したがつて，被告人は，本件再入国許可申請書の作成名義を偽り，他人の名義でこれを作成，行使したものであり，その所為は私文書偽造，同行使罪にあたると解するのが相当である。」

次に，履歴書に自分（A）の顔写真を貼り付けつつ，偽名（B）を用いた場合に偽造が成立するでしょうか。この場合，作成者はAであることに異論はありません。履歴書にはAさんの意思があらわれているからです。

他方，名義人について，履歴書という文書の性質上本名か否かが重要とみるのか，顔写真が重要とみると考えるのかによって結論が変わります。要するに，履歴書に対する公共の信用が氏名に向くのか，顔写真に向くのか（＝履歴書を見た人が書かれている氏名の人が作成したんだなと考えるのか，履歴書を見た人が添付されている写真の人が作成したんだなと考えるのか）によって結論が変わるということです。前者であれば，名義人はBということになり，偽造が認められます。後者であれば名義人はAになり，偽造は認められません。

この点については，最決平11.12.20が参考になります。

> **【最決平11.12.20】**
> 原判決の認定によれば，被告人は，青木和宏の偽名を用いて就職しようと考え，**虚偽の氏名，生年月日，住所，経歴等を記載し，被告人の顔写真をはり付けた押印のある青木和宏名義の履歴書及び虚偽の氏名等を記載した押印のある青木和宏名義の雇用契約書等を作成して提出行使したものであって，これらの文書の性質，機能等に照らすと，たとえ被告人の顔写真がはり付けられ，あるいは被告人が右各文書から生ずる責任を免れようとする意思を有していなかったとしても，これらの文書に表示された名義人は，被告人とは別人格の者であることが明らかであるから，名義人と作成者との人格の同一性にそごを生じさせたものというべき**である。したがって，被告人の各行為について有印私文書偽造，同行使罪が成立するとした原判断は，正当である。

この判例は，文書の性質上本名か否かが重要と考えて偽造を肯定しましたが，注意しなくてはならないのは，**継続的な雇用契約を前提とした氏名が重視される事案における事例判断**という点です。したがって，例えばモデルの契約書のように**文書の性質上氏名ではなく顔写真に信用が向けられるような場合は射程外**でしょう。

　以上，いくつかの判例とともに概観してきました。**名義人の特定においては，保護法益である文書に対する公共の信用の観点から，文書の性質や着目される属性を特定していく**という点が非常に重要となります。まずはその点を押さえて判例法理を理解し，演習を重ねましょう。

(2) 作成者の特定が問題となる場合

　作成者とは，**文書に関する意思主体**を意味します。要は，**文書に表れている意思が誰の意思なのか**を考えようということになります。したがって，名義人が名称使用について承諾している場合，通常，作成者は名義人となります。AさんがBさんに「Aって名前を使っていいよ」と承諾して，Bが「〜A」という文書を作った場合，「A」と書かれているため，文書から看取される作成者（＝名義人）はAということになります。

　他方，Aが承諾している以上，Bが書いたとしてもその文書に表れている意思はAの意思です。つまり，作成者もAということになるので，名義人と作成者の人格の同一性が偽られておらず，偽造にはなりません。

　もっとも，常にそのような結果にはなりません。例えば，入試の替え玉事案を考えてみましょう。Aさんが超頭のいいBさんに「俺の名前を使って司法試験に受かってくれ。頼む。絶対に弁護士になりたいんだ！」と依頼し，引き受けたBが答案用紙に「A」と書いて提出したとします。この時，名義人はA，作成者も承諾があるからAなので偽造ではないとするのはおかしいことはわかると思います。（替え玉受験に関しては，実際に東京高判平 5.4.5 が偽造を肯定）。

　では，名義人の承諾があっても「名義人＝作成者」とはならない場合があるとして，どのような観点から作成者を判断すればよいのでしょうか。
　前述の通り，**文書偽造罪の保護法益は，文書に対する公共の信用にあります**。

その保護法益を害するような場合，すなわち**自署性**が要求される文書に対して**名義使用の承諾**を与えたような場合は，そのような承諾は無効と考えるべきです（名義人の承諾があっても偽造を肯定すべき）。

したがって，**自署性が要求される場合は名義人による承諾は無効で，作成者の特定に意味をなさない**と考えていくことになります。受験の答案用紙はその受験生の学力を測定するものとして自署性が要求されます。よって，Aの承諾は無効であり，文書に関する意思主体はBで，名義人と作成者の人格の同一性が偽られたとして偽造にあたります（このような場合，Aさんを共謀共同正犯とする下級審が存在しますのであわせて押さえておきましょう（東京地判平10.8.19））。

まとめると，**名義人による承諾がある事案**が出題されたら，**自署性が要求される文書**なのか否かによって**作成者**の判断を行うことが重要になると押さえましょう。

なお，昭和56年4月8日判決は交通事件原票中の供述書につき以下のように述べて自署性を要求しています。

> 【最二小決昭56.4.8】
> 交通事件原票中の供述書は，その**文書の性質上，作成名義人以外の者がこれを作成することは法令上許されない**ものであつて，右供述書を他人の名義で作成した場合は，あらかじめその他人の承諾を得ていたとしても，私文書偽造罪が成立すると解すべきである

2 判 例

> 【最二小決昭45.9.4（代表名義の冒用）】
> 他人の代表者または代理人として文書を作成する権限のない者が，他人を代表もしくは代理すべき資格，または，普通人をして他人を代表もしくは代理するものと誤信させるに足りるような資格を表示して作成した文書は，**その文書によつて表示された意識内容にもとづく効果が，代表もしくは代理された本人に帰属する形式のものであるから，その名義人は，代表もしくは代理された本人であると解する**のが相当である（明治四二年六月一〇日大審院判決，判決録一五輯七三八頁参照）。ところで，原判決の是認した第一審判決は，その罪となる事実の第一として，昭和三八年八月六日に開かれた学校法人鴻城義塾理事会は，議案のうち，理事任免および理事長選任に関する件については結論が出ないまま解散したものど，被告人人谷正雄を理事長に選任したり　同被告人に，

> 理事署名人として当日の理事会議事録を作成する権限を付与する旨の決議もなされなかつたのにかかわらず，被告人らは，行使の目的をもつて，理事会決議録と題し，同日山口県鴻城高等学校理科室で行なわれた理事会において，被告人大谷正雄を理事長に選任し，かつ，同被告人を議事録署名人とすることを可決したなどと記載し，その末尾に，理事録署名人大谷正雄と記載し，その名下に被告人大谷正雄の印を押し，もつて，同被告人において権限のなかつた理事会議事録について署名人の資格を冒用し，理事会議事録署名人作成名義の理事会決議録なる文書を偽造したと認定判示しているのである。そして，右理事会決議録なる文書は，その内容体裁などからみて，学校法人鴻城義塾理事会の議事録として作成されたものと認められ，また，理事録署名人という記載は，普通人をして，同理事会を代表するものと誤信させるに足りる資格の表示と認められるのであるから，被告人らは，同理事会の代表者または代理人として同理事会の議事録を作成する権限がないのに，普通人をして，同理事会を代表するものと誤信させるに足りる理事録署名人という資格を冒用して，同理事会名義の文書を偽造したものというべきである。したがつて，前記のとおり，これを理事会議事録署名人作成名義の文書を偽造したものとした第一審判決およびこれを是認した原判決は，法令の解釈適用を誤つたものといわなければならない。
>
> また，右のような，いわゆる代表名義を冒用して本人名義の文書を偽造した場合において，これを，刑法一五九条一項の他人の印章もしくは署名を使用していたものとするためには，その文書自体に，当該本人の印章もしくは署名が使用されていなければならないわけである。ところが，原判決の是認した第一審判決は，前記のとおり認定判示しているだけで，学校法人鴻城義塾理事会の印章もしくは署名が使用されたとのことは判示していないのである。しかも，記録をみても，前記理事会決議録なる文書に，右の印章や署名が使用されていたと認むべき証跡は存在しない。そうすると，前記罪となる事実を同条項に問擬した第一審判決およびこれを是認した原判決は，法令の解釈適用を誤つたものというほかはない。

理事長に選任されていない被告人甲が理事会で選任されたかのような理事会決議録を作成し，末尾に「理事会議事録署名人甲」と記載した事案です。結論としては，**作成者は甲，代表形式の場合は文書に表れた記載内容の意思の効果が本人に帰属することを理由に名義人を本人である理事会と認定し，偽造を肯定しました。**

他方，この判例のロジックとは異なりますが，**文書の性質上代表権限が重要な属性になるとして，作成者は代表権限のない甲，名義人は代表権限のある甲と認定することにより偽造を肯定することも可能です。**

なお，判例の事案では本人である理事会の印象若しくは署名が使用されてい

ないので無印私文書偽造となる点には注意しましょう（刑法159条3項）。

【最二小決平15.10.6（資格の冒用）】

1　1, 2審判決の認定及び記録によると，本件の事実関係は，次のとおりである。
（1）被告人は，甲らと共謀の上，国際運転免許証様の文書1通（以下「本件文書」という。）を作成した。被告人らは，本件文書のような国際運転免許証様の文書を顧客に販売することを業としており，本件文書も，顧客に交付する目的で作成されたものである。
（2）1949年9月19日にジュネーブで採択された道路交通に関する条約（以下「ジュネーブ条約」という。）は，締約国若しくはその下部機構の権限ある当局又はその当局が正当に権限を与えた団体でなければ，同条約に基づいて国際運転免許証を発給することができない旨規定した上，国際運転免許証の形状，記載内容等の様式を詳細に規定している。我が国はジュネーブ条約の締約国であり，同条約に基づいて発給された国際運転免許証は，我が国において効力を有する。
（3）本件文書は，その表紙に英語と仏語で「国際自動車交通」，「国際運転免許証」，「1949年9月19日国際道路交通に関する条約（国際連合）」等と印字されているなど，ジュネーブ条約に基づく正規の国際運転免許証にその形状，記載内容等が酷似している。また，本件文書の表紙に英語で「国際旅行連盟」と刻された印章様のものが印字されていることなどからすると，本件文書には国際旅行連盟なる団体がその発給者として表示されているといえる。このような形状，記載内容等に照らすと，本件文書は，一般人をして，ジュネーブ条約に基づく国際運転免許証の発給権限を有する団体である国際旅行連盟により作成された正規の国際運転免許証であると信用させるに足りるものである。
（4）国際旅行連盟なる団体がジュネーブ条約に基づきその締約国等から国際運転免許証の発給権限を与えられた事実はなく，被告人もこのことを認識していた。しかし，被告人は，メキシコ合衆国に実在する民間団体である国際旅行連盟から本件文書の作成を委託されていた旨弁解している。

2　私文書偽造の本質は，文書の名義人と作成者との間の人格の同一性を偽る点にあると解される（最高裁昭和58年（あ）第257号同59年2月17日第二小法廷判決・刑集38巻3号336頁，最高裁平成5年（あ）第135号同年10月5日第一小法廷決定・刑集47巻8号7頁参照）。本件についてこれをみるに，**上記1のような本件文書の記載内容，性質などに照らすと，ジュネーブ条約に基づく国際運転免許証の発給権限を有する団体により作成されているということが，正に本件文書の社会的信用性を基礎付けるものといえる**から，本件文書の名義人は，「**ジュネーブ条約に基づく国際運転免許証の発給権限を有する団体である国際旅行連盟**」であると解すべきである。そうすると，国際旅行連盟が同条約に基づきその締約国等から国際運転免許証の発給権限を与えられた事実はないのであるから，所論のように，国際旅行連盟が実在の団体であり，被

> 告人に本件文書の作成を委託していたとの前提に立ったとしても，被告人が国際旅行連盟の名称を用いて本件文書を作成する行為は，文書の名義人と作成者との間の人格の同一性を偽るものであるといわねばならない。したがって，被告人に対し有印私文書偽造罪の成立を認めた原判決の判断は，正当である。

　文書の印字欄からすると，作成者は「国際旅行連盟」で，名義人も「国際旅行連盟」なので偽造にあたらないようにみえます。もっとも，**国際運転免許証という文書の性質上，発給権限の有無が重要な属性**となります。
　したがって，**作成者は「ジュネーブ条約に基づく国際運転免許証の発給権限を有さない団体である国際旅行連盟」で，名義人は「ジュネーブ条約に基づく国際運転免許証の発給権限を有する団体である国際旅行連盟」となり，偽造が認められる**と判断されました。

3 知識の整理（短答過去問を題材に）

次の1から5までの各記述を判例の立場に従って検討した場合，誤っているものはどれか。　(令和2年司法試験第6問/令和2年予備試験第12問)

1　甲は，乙から，大学の入学試験を代わりに受けてほしいと頼まれてこれを引き受け，乙に成り済まして入学試験を受け，乙名義で答案を作成して提出した。この場合，甲に有印私文書偽造罪が成立する。

2　甲は，架空請求により金銭をだまし取るために使おうと考え，実在しない「法務局民事訴訟管理センター」名義で，契約不履行による民事訴訟が提起されているので連絡をされたい旨記載されたはがきを印刷し，一般人をして実在する公務所が権限内で作成した公文書であると誤信させるに足りる程度の形式・外観を備えた文書を作成した。この場合，甲に有印公文書偽造罪が成立する。

3　甲は，X市立病院の事務長を務める公務員であるが，同病院のために発注書を作成する権限を授与されていないのに，行使の目的で，同病院が業者Aに医療器具を発注していないにもかかわらず，それを発注した旨を記載した内容虚偽の「X市立病院事務長甲」名義の発注書を作成した。この場合，甲に虚偽有印公文書作成罪が成立する。

4　甲は，支払督促制度を悪用して乙の財産を不正に差し押さえるなどして金銭を得ようと考え，乙に対する内容虚偽の支払督促を簡易裁判所に申し立てた上，乙宛ての支払督促正本等を配達しようとした郵便配達員に対し，乙本人を装い，郵便送達報告書の「受領者の押印又は署名」欄に乙の氏名を記載して提出し，支払督促正本等を受領した。この場合，甲に有印私文書偽造罪が成立する。

5　甲は，消費者金融業者に提出する目的で，公文書である乙の国民健康保険被保険者証の氏名欄に自己の氏名が印刷された紙を貼り付けた上で，複写機を使用してこれをコピーし，一般人をして甲の国民健康保険被保険者証の真正なコピーであると誤信させるに足りる程度の形式・外観を備えたものを作成した。この場合，甲に有印公文書偽造罪が成立する。

解答・解説

解答：3

1 **正解** 有印私文書偽造罪（刑法159条1項）の構成要件は、「事実証明に関する文書」、「偽造」、「他人の印象若しくは署名を使用」、故意、「行使の目的」になります。

　まず、答案用紙は採点されれば志願者の学力が明らかになるという点で、実社会生活に交渉を有する事項を証明する文書として「事実証明に関する文書」です。また、「偽造」については、名義人は乙であることに争いはなく、乙が甲に名義を使用することを承諾しているので、作成者も乙であるように思えます。しかし、受験の答案用紙は、その受験生の学力を測定するものとして自署性が要求されると解されるので、乙の承諾は無効となり、文書に関する意思主体は甲となります。したがって、名義人と作成者の人格の同一性が偽られたとして「偽造」が認められます。そして、答案には「乙」の名が記載され、乙は名義人ですから「他人の……署名を使用」しています。故意と「行使の目的」も問題がないでしょう。

2 **正解** 有印公文書偽造罪（刑法155条1項）の構成要件は、「公務所……の作成すべき文書」、「偽造」、「公務所……の印章若しくは署名を使用」、故意、「行使の目的」になります。

　まず、問題文記載のはがきは「公務所……の作成すべき文書」にあたります。「偽造」に関しての作成者は甲ですが、名義人は法務局民事訴訟管理センターです。つまり、人格の同一性の齟齬が生じています。

　また、はがきの外観は、一般人をして実在する公務所が権限内で作成した公文書であると誤信させるに足りる程度の形式・外観を備えています。したがって、「偽造」も認められ、その他の要件も問題ないでしょう。

3 **誤り** 虚偽有印公文書作成罪（刑法155条）は無形偽造を処罰する規定です。権限がある者が、内容虚偽の文書を作成した場合の処罰規定になります。甲は発注書を作成する権限がないと書かれていますので、同罪は成立しません。

4 **正解** 肢1で示した有印私文書偽造罪の構成要件に淡々とあてはめます。問題となるのは、「偽造」要件です。郵便送達報告書という文書の性質上、本人か否かが重要な属性になり、作成者は甲、名義人は乙となるため「偽造」要件は肯定されます。

5 **正解** 写真コピーの「文書」性に関して、写しであっても原本と同一の意識内容を保有し、証明文書としてこれと同様の社会的機能と信用性を有すると認められる限り「文書」に含まれると考えられています。そして、写真コピーは、その複写の正確性から、原本と同一の意識内容を保有し、また、証明文書としてこれと同様の社会的機能と信用性を有すると認められます。よって、「文書」性を肯定するのが判例の立場です。したがって、この選択肢の事案においても問題なく「文書」性は認められるでしょう。そのほかの要件も問題はありません。

司法試験論文過去問（H25）に Challenge!

第1　問題文
[刑事系科目]
〔第1問〕（配点：100）
　以下の事例に基づき，甲及び乙の罪責について，具体的な事実を摘示しつつ論じなさい（特別法違反の点を除く。）。

1　暴力団組長である甲（35歳）は，同組幹部のA（30歳）が対立する暴力団に情報提供していることを知り，Aの殺害を決意した。甲は，Aに睡眠薬を混入させた飲料を飲ませて眠らせた上，Aを車のトランク内に閉じ込め，ひとけのない山中の採石場で車ごと燃やしてAを殺害することとした。甲は，Aを殺害する時間帯の自己のアリバイを作っておくため，Aに睡眠薬を飲ませて車のトランク内に閉じ込めるところまでは甲自身が行うものの，採石場に車を運んでこれを燃やすことは，末端組員である乙（20歳）に指示して実行させようと計画した。ただし，甲は，乙が実行をちゅうちょしないよう，乙にはトランク内にAを閉じ込めていることは伝えないこととした。

2　甲は，上記計画を実行する当日夜，乙に電話をかけ，「後でお前の家に行くから待ってろ。」と指示した上，Aに電話をかけ，「ちょっと話があるから付き合え。」などと言ってAを呼び出した。甲は，古い自己所有の普通乗用自動車（以下「B車」という。）を運転してAとの待ち合わせ場所に向かったが，その少し手前のコンビニエンスストアに立ち寄り，カップ入りのホットコーヒー2杯を購入し，そのうちの1杯に，あらかじめ用意しておいた睡眠薬5錠分の粉末を混入させた。甲は，程なく待ち合わせ場所に到着し，そこで待っていたAに対し，「乗れ。」と言い，AをB車助手席に乗せた。甲は，B車を運転して出発し，走行中の車内で，上記睡眠薬入りコーヒーをAに差し出した。Aは，甲の意図に気付くことなくこれを飲み干し，その約30分後，昏睡状態に陥った。甲は，Aが昏睡したことを確認し，ひとけのない場所にB車を止め，車内でAの手足をロープで縛り，Aが自由に動けないようにした上，昏睡したままのAを助手席から引きずり出して抱え上げ，B車のトランク内に入れ

て閉じ込めた。なお，上記睡眠薬の1回分の通常使用量は1錠であり，5錠を一度に服用した場合，昏睡状態には陥るものの死亡する可能性はなく，甲も，上記睡眠薬入りコーヒーを飲んだだけでAが死亡することはないと思っていた。

3　その後，甲は，給油所でガソリン10リットルを購入し，B車の後部座席にそのガソリンを入れた容器を置いた上，B車を運転して乙宅に行った。甲は，乙に対し，「この車を廃車にしようと思うが，手続が面倒だから，お前と何度か行ったことがある採石場の駐車場に持って行ってガソリンをまいて燃やしてくれ。ガソリンはもう後部座席に積んである。」などと言い，トランク内にAを閉じ込めた状態であることを秘したまま，B車を燃やすよう指示した。乙は，組長である甲の指示であることから，これを引き受けた。甲が以前に乙と行ったことがある採石場（以下「本件採石場」という。）は，人里離れた山中にあり，夜間はひとけがなく，周囲に建物等もない場所であり，甲は，本件採石場の駐車場（以下「本件駐車場」という。）でB車を燃やしても，建物その他の物や人に火勢が及ぶおそれは全くないと認識していた。

4　甲が乙宅から帰宅した後，乙は，一人でB車を運転し，甲に指示された本件採石場に向かった。乙の運転開始から約1時間後，Aは，B車のトランク内で意識を取り戻し，「助けてくれ。出してくれ。」などと叫び出した。乙は，トランク内から人の声が聞こえたことから，道端にB車を止めてトランクを開けてみた。トランク内には，Aが手足をロープで縛られて横たわっており，「助けてくれ。出してくれ。」と言って乙に助けを求めてきた。乙は，この時点で，甲が自分に事情を告げずにB車を燃やすように仕向けてAを焼き殺すつもりだったのだと気付いた。乙は，Aを殺害することにちゅうちょしたが，組長である甲の指示であることや，乙自身，日頃，Aからいじめを受けてAに恨みを抱いていたことから，Aをトランク内に閉じ込めたままB車を燃やし，Aを焼き殺すことを決意した。乙は，Aが声を出さないようにAの口を車内にあったガムテープで塞いだ上，トランクを閉じ，再びB車を運転して本件採石場に向かった。乙は，Aの口をガムテープで塞いだものの，鼻を塞いだわけではないので，それによってAが死亡するとは思っていなかった。

5　乙は，その後，山中の悪路を約1時間走行し，トランク内のAに気付いた地点から距離にして約20キロメートル離れた本件駐車場に到着した。Aは，その間に，睡眠薬の影響ではなく上記走行による車酔いによりおう吐し，ガ

ムテープで口を塞がれていたため，その吐しゃ物が気管を塞ぎ，本件駐車場に到着する前に窒息死した。

6 本件駐車場は，南北に走る道路の西側に面する南北約20メートル，東西約10メートルの長方形状の砂利の敷地であり，その周囲には岩ばかりの採石現場が広がっていた。本件採石場に建物はなく，当時夜間であったので，人もいなかった。乙は，上記南北に走る道路から本件駐車場に入ると，Ｂ車を本件駐車場の南西角にＢ車前方を西に向けて駐車した。本件駐車場には，以前甲と乙が数回訪れたときには駐車車両はなかったが，この日は，乙が駐車したＢ車の右側，すなわち北側約５メートルの地点に，荷台にベニヤ板が３枚積まれている無人の普通貨物自動車１台（Ｃ所有）がＢ車と並列に駐車されていた。また，その更に北側にも，順に約１メートルずつの間隔で，無人の普通乗用自動車１台（Ｄ所有）及び荷物が積まれていない無人の普通貨物自動車１台（Ｅ所有）がいずれも並列に駐車されていた。しかし，本件駐車場内にはその他の車両はなく，人もいなかった。当時の天候は，晴れで，北西に向かって毎秒約２メートルの風が吹いていた。また，Ｂ車の車内のシートは布製であり，後部座席には雑誌数冊と新聞紙が置いてあった。乙は，それら本件駐車場内外の状況，天候や車内の状況等を認識した上，「ここなら，誰にも気付かれずにＢ車を燃やすことができる。他の車に火が燃え移ることもないだろう。」と考え，その場でＢ車を燃やすこととした。乙は，トランク内のＡがまだ生存していると思っており，トランクを開けて確認することなく，Ｂ車を燃やしてＡを殺害することとした。乙は，Ｂ車後部座席に容器に入れて置いてあったガソリン10リットルをＢ車の車内及び外側のボディーに満遍なくまき，Ｂ車の東方約５メートルの地点まで離れた上，丸めた新聞紙にライターで火をつけてこれをＢ車の方に投げ付けた。すると，その火は，乙がまいたガソリンに引火し，Ｂ車全体が炎に包まれてＡの死体もろとも炎上した。その炎は，地上から約５メートルの高さに達し，時折，隣のＣ所有の普通貨物自動車の左側面にも届いたが，間もなく風向きが変わり，南東に向かって風が吹くようになったため，Ｃ所有の普通貨物自動車は，左側面が一部すすけたものの，燃え上がるには至らず，その他の２台の駐車車両は何らの被害も受けなかった。

1 解　説

❶　乙の罪責

(1)　「Aの口を車内にあったガムテープで塞いだ上，トランクを閉じ」た行為

ア　ガムテープで口を塞ぐことは，人の身体に対する不法な有形力の行使ですから「暴行」にあたり，暴行罪（刑法208条）の構成要件を充足します。しかしながら，後述する監禁の手段として行われているので，論じる実益はありません。

イ　トランクを閉じた行為は，間接的に相手方を拘束する行為であるため「監禁」にあたり，監禁罪（刑法220条）が成立するように思えます。但し，最判昭63.1.29という判例があり，同判例は，**当初から殺意を固めていたとはいえ，逮捕監禁行為自体により殺害しようとしたものでなく，別個の殺害行為を予定してまず監禁行為に及んだ場合には，監禁と殺人は別個に成立して併合罪になる**と判断しています。この判例と本問の関係が問題となります。

本問でトランクを閉じて運転した行為に殺人罪の実行の着手を認める場合，**監禁は殺人の実行行為の一部であり，別個とはいえないと評価でき，監禁は殺人で評価されている**と考えることができます。したがって，**監禁罪が別個の犯罪として成立するわけではありません**。

なお，仮に成立させる場合は，殺人罪の成否の際に後述するように，この行為とAの死の結果との間に因果関係が認められます。それ故，監禁致死罪（刑法221条）も成立するように思えますが，**死の二重評価を避けるべく，監禁罪の成立にとどめておくべきでしょう**。

ウ　乙は「Aを焼き殺すことを決意」して上記行為に及んでいるので，殺人罪（刑法199条）の成否を論じなければなりません。

まず，乙は上記行為（以下，第一行為という）によってAを殺そうとは思っていません（第一行為時に故意がないという理解でよい）が，結果的に第一行

為からAの死の結果が発生しています。他方，乙はB車を燃やす行為（以下，第二行為という）によってAを殺そうと思っていましたが，その時点ですでにAは死亡しています。そうすると，第一行為は故意が否定されることにより殺人既遂罪を成立させることができず，第二行為はすでに死亡しているAは「人」ではないため殺人既遂罪を成立させることができないことになります。これは，それは結論として妥当ではありません。

もっとも，第一行為の時点で第二行為の「実行に着手」（刑法43条本文）したといえれば，因果関係の認められる結果に関しては，因果関係に錯誤があるにすぎないので既遂犯の成立を認めることができます。

そこで，本問のような事案では，第一行為の時点で「実行に着手」したといえるかをまず検討するのです。

以上が，「早すぎた構成要件の実現」という論点に対する通説的見解からの説明になります（「早すぎた構成要件の実現」に関する最決平16.3.22は第一行為の段階で実行の着手を肯定し，第一行為と第二行為を一連の実行行為と捉えることにより，因果関係の錯誤に関する通説的見解に従って故意既遂犯の成立を認めたものと解される）。

「実行に着手」したといえるためには，**実行行為のみならず，実行行為と密接性を有し，かつ，既遂に至る危険性が認められる行為に着手すればよい**と解されています。ここでの上位規範は**密接性と危険性**です。そして，それらの要件の下位規範が，最決平16.3.22が示した3つの観点です（クロロホルム3要件ではなく，あくまで観点であることに注意してください）。また，あてはめの際は必ず行為者の主観面・計画に言及するようにしましょう。

判例は，以下のように述べているので，これに従い，本問の事実関係を整理するとよいと思います。

実行犯3名の殺害計画は，クロロホルムを吸引させてVを失神させた上，その失神状態を利用して，Vを港まで運び自動車ごと海中に転落させてでき死させるというものであって，**第1行為は第2行為を確実かつ容易に行うために必要不可欠なもの**であったといえること，**第1行為に成功した場合，それ以降の殺害計画を遂行する上で障害となるような特段の事情が存しなかった**と認められることや，**第1行為と第2行為との間の時間的場所的近接性**などに照らすと，第1行為は第2行為に**密接**な行為であり，実行犯3名が第1行為を開始した時点で既に殺人に至る客観的な**危険性**が明らかに認められるか

ら，その時点において殺人罪の**実行の着手**があったものと解するのが相当である。

　まず，乙は，Aの口をふさいでトランクに閉じ込め，採石場まで運んで車ごと燃やして殺すという計画を有しています。そして，第一行為は，誰にも気づかれずにAを採石場まで運び，また，Aの抵抗や逃走を防ぐことを可能にするので，第二行為を確実かつ容易に行うために必要不可欠といえます。

　次に，かかる計画の下では，夜の山中で警察に見つかり犯罪が発覚するといった事態は想定できない以上，第一行為に成功すればそれ以降の殺害計画を遂行する上で障害となるような特段の事情が存しなかったといえます。

　更に，第一行為から第二行為までは20キロメートルと離れているものの，車を用いて移動しており，当該距離を1時間で移動できていることからすれば，なお，時間的場所的近接性は認められるといえるでしょう。

　そして，口をふさいでトランクにAを閉じ込めて山中の悪路を自動車で移動するという第一行為には，第二行為に至る危険性が認められます。

　以上より，第一行為の時点で「実行に着手」したといえます。

　また，結果は発生しており，因果関係についても，口をふさいでトランクにAを閉じ込めて山中の悪路を自動車で移動するという第一行為には死因である窒息死を直接生じさせる危険性が内包されているとみることができます。つまり，かかる危険がそのまま現実化しているといえます。故意については，因果関係の錯誤を簡潔に論じればよいでしょう。因果関係の錯誤については，コンパクトに論じれば足ります。

　以上より，上記行為に殺人罪が成立します。

(2) 「B車を燃や」した行為
ア　この行為のメインは放火罪ですが，先に死体を燃やしたという点に焦点を当ててみましょう。

　まず，Aはこの時点で客観的には死んでおり，ただ，乙の主観面では生きているものとして認識されています。そこで，まず，①死体に対する殺人未遂犯の成否というアプローチ（不能犯）が考えられます。但し，第1行為に殺人既遂罪を成立させるわけですから，実益のない議論になります。

　次に，②抽象的事実の錯誤としてとらえるアプローチが考えられます。こ

のアプローチによれば，死体損壊罪（刑法190条）と殺人罪には**保護法益の重なり合いが認められないので，死体損壊罪は成立しない**ということになります。このアプローチが最もオーソドックスでしょうから，答案は，コンパクトに②のアプローチで論じればよいと思います。

　他には，③事実認定の問題としてとらえ，被害者を焼き殺すことを意図していたのであれば，死んだ後も燃え続ける認識，すなわち死体損壊の故意は認められるとするアプローチも考えられますが，これはあまり一般的ではないでしょう。

⚠ いずれにしても，死体損壊罪の成否はサブですから，コンパクトに論じれば足ります。

イ　建造物等以外放火罪（刑法110条2項）の検討がメインです。特に「公共の危険」の認定が最大の点の取りどころなので，答案も1.5頁ほど使ってよいでしょう。

　まず，B車は共犯者である甲の所有物なので，乙からしても「自己の所有に係る」と認定してします。そして，B車という「前二条に規定する物以外の物」に丸めた新聞紙にライターで火をつけてこれをB車のほうに投げ付けた行為は，燃焼を惹起するものなので「放火」にあたり，これによりB車は炎上しています。つまり，火が媒介物から目的物に移り，独立して燃焼を継続しているといえ「焼損」しているといえます。

⚠ ここら辺のサブ要件は，条文文言に定義を添えてコンパクトに処理してしまいましょう。

「公共の危険」については，最決平15.4.14が以下のようにと述べていますので，答案でもこの部分を引用して規範を定立していきましょう。

　　所論は，刑法110条1項にいう「公共の危険」は，同法108条，109条所定の建造物等への延焼のおそれに限られる旨主張する。しかし，同法110条1項にいう**「公共の危険」は，必ずしも同法108条及び109条1項に規定する建造物等に対する延焼の危険のみに限られるものではなく，不特定又は多数の人の生命，身体又は前記建造物等以外の財産に**

対する危険も含まれると解するのが相当である。

　また、判例は一般人が危険を感じるかという主観的な判断基準ではなく、客観的に事実認定を行っています。**意義を示した後に一言「客観的に判断する」旨を判断基準として示しておくとよいでしょう。**

　確かに、本件駐車場は……長方形状の砂利の敷地であり……周囲には岩ばかりの採石現場が広がっており、本件採石場に建物はなく、当時夜間であったので、人もいなかったのですから、林のように火が地面を伝って周囲の人間や建物に燃え移る危険が認められず、刑法108条、刑法109条物件及び生命身体に対する危険性は認められません。

　しかし、乙がB車を駐車した右側、すなわち北側約5メートルの地点に、無人の普通貨物自動車1台（C所有）がB車と並列に駐車され、更に北側にも、順に約1メートルずつの間隔で、無人の普通乗用自動車1台（D所有）及び荷物が積まれていない無人の普通貨物自動車1台（E所有）がいずれも並列に駐車されていたので、多数人の財産とはいえないものの、不特定の財産の存在は肯定できます。3台の自動車は乙との関係では偶然その場に駐車されていたのであり、状況次第では誰が被害者になったかわからないという意味では、不特定の財産の存在は肯定できるでしょう。そして、C所有の車の荷台にはベニヤ板が3枚積まれているので、引火した場合燃え続ける可能性が高いといえます。

　また、当時の天候は晴れなので、雨により自然に鎮火することはなく、発火すればそのまま燃え続けるでしょう。さらに、北西に向かって毎秒約2メートルの風が吹いていたので、C所有の自動車に火が燃え移りやすい状況だったといえます。

　加えて、B車の車内のシートは布製であり、後部座席には雑誌数冊と新聞紙が置いてあったこと、及び、乙が10リットルもの大量のガソリンをB車の車内及び外側のボディーに満遍なくまいていることからすれば、B車はかなりの火勢で燃え上がり、C所有の自動車のベニヤ板に着火し、続けてD所有E所有の自動車にも火が燃え移る危険性が非常に高かったといえるでしょう。

　放火時に風向きが変わっていますが、再び風向きが戻ることは十分あり得るので、この一事をもって延焼の危険性が認められないということはできません。

　以上より、不特定の財産に対する危険が認められるので、「公共の危険」要

件を充足します。あてはめでは，事実を抽出したら必ず評価を加えるようにしましょう。

次に，「ここなら，誰にも気付かれずにＢ車を燃やすことができる。他の車に火が燃え移ることもないだろう」という記載は，「公共の危険」の認識の要否について論じてくれ，というメッセージです。素直に認識がないと認定すればよいです（乙が周囲の状況は把握していたことからすれば，燃え移る可能性があるかもしれないが，まあ大丈夫だろうという未必の故意は有していたとしても誤りではないと思われますが）。

この点については，最判昭和60年3月28日によれば「公共の危険」の認識は不要ですから，**理由づけを付して判例の立場**で論じてしまえば足ります。

以上より，建造物等以外放火罪が成立します。後述のように，甲と共同正犯となります。

(3) 結　論

乙には，殺人罪と建造物等以外放火罪の共同正犯が成立し，併合罪（刑法45条前段）となります。

❷　甲の罪責

(1)　「Ａに対し，「乗れ。」と言い，ＡをＢ車助手席に乗せた」行為

ア　まず，上記行為に**生命身体加害目的誘拐罪**（刑法225条）が成立することをコンパクトに示します（正確には発車してある程度の距離を走行した時点で既遂となります）。

> ⚠　これはサブ中のサブですが，論じれば点が来るところなので落とさないようにしましょう。このような細かめな犯罪ではあるが触れれば点がとれるといった出題は司法試験・予備試験問わず出されているので，過去問既出の略取誘拐罪，証拠隠滅罪，犯人隠避・蔵匿罪，虚偽診断書作成罪・同行使罪あたりは構成要件をインプットしておきましょう。

イ　また，Aは監禁されているという認識がありませんが，移動の可能性が発車時に害されているので，上記行為はAを間接的に拘束するものとしてAが「人」にあたり監禁罪（刑法220条）が成立します。

(!)　ここについても，論点に気付いていることを示しつつコンパクトに論じてしまいましょう。

なお，甲による監禁の時点ではAの口を塞いでいないので，吐しゃ物をのどに詰まらせる危険が包含されているとはいえない以上，Aの死の結果との因果関係は否定されます。したがって，監禁致死罪は成立しません。

(!)　この部分も，時間があればコンパクトに示せばよいと思います。

(2)　Aに睡眠薬を飲ませた行為

人の生理的機能に障害を加えているので，「傷害」にあたり，傷害罪が成立します。もっとも，監禁の手段として行われているので，監禁罪に評価されているとして，別途犯罪を成立させる必要はないでしょう。

(3)　「車内でAの手足をロープで縛り，Aが自由に動けないようにした上……B車のトランク内に入れて閉じ込めた」行為

前者が「逮捕」，後者が「監禁」にあたります。前述の通り，AをB車に乗せた時点で監禁罪が成立しています。また，**逮捕して引き続き，監禁した場合に包括一罪とするのが最大判昭28.6.17の立場です**。一罪となると考えてよいでしょう。

(4)　「B車を燃やすよう指示した」行為

ア　殺人罪

まず，甲は乙という他人を利用して犯罪を実行しようとしていますから間接正犯が問題となります。

もっとも，乙は途中で甲の意図に気付いています。この時点で支配性が失わ

れたといえる以上，間接正犯は成立せず，実行行為性は認められません。但し，**間接正犯の着手時期次第では未遂犯が成立する**という点についても必ず論じましょう。

では，単独犯としての殺人罪が成立しないとして，共犯関係はどうでしょうか。まず，**甲乙間では共謀がなく，片面的共同正犯を否定するのが判例です**ので共同正犯は認められません。そうすると，**甲の行為は客観的には殺人罪の教唆**（刑法199条，61条1項）で，**主観的には間接正犯であり，重なり合いが認められる教唆犯の限度で罪責を負う**（生命身体という保護法益の共通性が認められ，他人の行為を介して犯罪を実現するという点で行為態様も共通）**と考えられます**。なお，通説的な処理は以上のような処理となりますが，果たした役割の大きさに鑑みれば，客観的には共謀共同正犯，主観的には間接正犯という処理もあり得ます。

イ　建造物等以外放火罪

これについては，共謀共同正犯の成否を論じることになります。特に，**正犯意思次第で教唆か否かが左右されるので，具体的な放火場所や方法は甲が自ら指示したという点，ガソリンを用意したのも甲であるという点，組長と末端組員という従属関係を指摘して，正犯意思を肯定すればよいと思います**。

(5)　結　論

以上より，甲には生命身体加害目的誘拐罪，監禁罪，殺人罪の教唆犯，建造物等以外放火罪の共同正犯が成立し，生命身体加害目的誘拐罪と監禁罪が観念的競合（刑法54条1項前段），殺人罪の教唆犯と建造物等以外放火罪が観念的競合となり，両者は併合罪となるとすればよいと思われます。

2　出題趣旨

本問は，暴力団組長の甲が，同組幹部のAを車のトランク内に閉じ込め，車ごと燃やして殺害しようとの計画の下，自らAを自己所有車B（以下「B車」という。）のトランク内に閉じ込めた上，その事情を秘しく配下組員の乙に指示してB車に放火させたが，その前にAがトランク

▼石橋MEMO▼

内で死亡していたという具体的事例について，甲乙それぞれの罪責を問うことにより，刑事実体法及びその解釈論の知識と理解，具体的な事案を分析してそれに法規範を適用する能力及び論理的な思考力・論述力を試すものである。

　すなわち，本問の事案は，①甲が，Aを呼び出して自ら運転するB車の助手席に乗車させた上，Aに睡眠薬入りコーヒーを飲ませて昏睡させ，その手足をロープで緊縛してB車トランク内に閉じ込めた後，②配下組員の乙に対し，それらの事情を秘したまま，ひとけのない山中の採石場の駐車場でB車を燃やしてくるよう指示してB車を引き渡し，③その指示を受けた乙が，上記採石場に向けてB車を運転中，Aの存在に気付き，甲のA殺害計画を察知したものの，自らのAへの恨みもあり，AをB車ごと燃やして殺害することを決意し，Aの口をガムテープで塞いでトランクを閉じ，再びB車を発進させて上記採石場に向かったところ，④Aは，同所に至る前に車酔いによりおう吐し，その吐しゃ物に気管を塞がれて窒息死したが，⑤乙は，これに気付かず，周囲にひとけや建物はないが，B車に隣接して他人所有自動車3台が並列に駐車された上記採石場の駐車場において，他車に火が燃え移ることはないだろうと考えながら，B車にガソリンをまいて火を放ち，B車を全焼させた，というものである。各行為に対する甲乙の罪責を論じる際には，事実関係を的確に分析した上で，事実認定上及び法解釈上の問題を検討し，事案に当てはめて妥当な結論を導くことが求められる。

(1)　乙の罪責について
　ア　殺人罪についての検討
　　　本問において，Aは，前記のとおり，乙が企図したよりも早い段階であるB車走行中に窒息死しているが，このような場合にも，乙に殺人罪が成立するのかについての検討が必要となる。この点については，殺人罪の構成要件要素の意義を正確に示した上で，問題文中の各種事情を的確に当てはめることが必要となるが，本問で特に問題となるのは，構成要件の実現が早すぎた場合の実行の着手時期等をどのように考えるのかという点である。この点については，最判平成16年3月22日刑集58巻3号187頁が参考になる。すなわち，乙がAの口をガムテープで塞いでトランクを閉じてB車を走行させた行為を第1行為とし，前記採石場の駐車場でB車に火を放つ行為を第2行為とし，この判例のような考え方に従うのであれば，同判例が挙げる実行着手を判断するための考慮要素，すなわち，①第1行為が第2行為を確実かつ容易に行うために必要不可欠なものであったこと，②第1行為に成功した場合，それ以降の犯罪計画を遂行する上で障害となるような特段の事情が存しなかったと認められること，③第1行為と第2行為との間が時間的場所的に近接していることの各要素を示すなどした上，各種事情を的確に当てはめ，第1行為時に殺人罪の実行着手が認められるかを検討することが必要

> メイン論点なので，大展開すべき所ですね！メインは三段論法！！

である。
　第１行為時に殺人罪の実行着手を認めた場合，更に**因果関係や故意の存在についての言及**も求められる。また，この判例の考え方に従わない場合も，同判例を意識しつつ，殺人罪の実行着手時期等についての自己の見解を説得的に論証した上で，的確な当てはめを行うことが求められる。

イ　監禁罪等についての検討
　本問において，前記アの第１行為については，監禁罪の成否を検討することが望まれる。加えて，**第１行為によりＡが死亡した点**については，監禁致死罪の成否も問題となろう。そして，監禁罪又は監禁致死罪（以下「監禁罪等」という。）が成立すると考え，かつ，前記アの検討において，前記判例の考え方に従った上で殺人既遂罪の成立を認める場合には，**監禁罪等と殺人既遂罪との関係についての言及**が求められる。

ウ　建造物等以外放火罪についての検討
　本問において，乙がＢ車にガソリンをまいて火を放ち，Ｂ車を全焼させた点については，刑法第110条の建造物等以外放火罪の成否が問題となる。この点についても，同罪の構成要件要素を的確に示しつつ，問題文中の各種事情を的確に当てはめることが必要となり，①「放火」「焼損」の意義及び当てはめ，②Ｂ車への放火行為が所有者である甲の指示によるものであることから，刑法第110条第２項にいう「自己の所有に係るとき」に該当するか否かの検討が求められる。そして，同罪は，公共の危険の発生を要するところ，乙がＢ車に放火した場所は，ひとけのない山中の採石場の駐車場であり，Ｂ車の周囲には，他人所有の車両が３台駐車されていたものの，建造物等もなかったことから，本問において，**公共の危険が発生したといえるかにつき，その意義や判断基準を明らかにした上で的確な当てはめを行うことが求められる**。この点については，刑法第110条の公共の危険とは，同法第108条及び第109条に規定する建造物等への延焼の危険のみに限られず，不特定又は多数の人の生命，身体又は前記建造物等以外の財産に対する危険も含まれると解するのが相当である旨判示した**最決平成15年４月14日刑集57巻４号445頁**が参考になる。この判例の考え方に従う場合には，同判例に示された公共の危険の意義等を示した上，問題文中の各種事情を具体的に指摘して丁寧に当てはめる必要がある。また，この判例と異なる考え方に立つ場合には，同判例を意識しつつ，公共の危険の意義等についての自己の見解を説得的に論証した上で，的確な当てはめを行うことが求められる。上記検討において，公共の危険が発生したと認めた場合には，乙が他車両に火が燃え移ることはないだろうと思い放火に及んでいることから，更に**公共の危険発生の認識の要否についての論述**が求められる。この点については，**最判昭和60年３月28**

> 犯罪の体系に沿って全要件検討の姿勢が大事!!

> 細かい犯罪もケアしよう!

> 「放火」でさえ意義を示すことを求めている点がポイント!

> やはり判例が軸!!

司法試験論文過去問（H25）にChallenge!　219

日刑集39巻2号75頁等の判例が参考になる。
(2) 甲の罪責について
　ア　殺人罪についての検討
　　本問において，甲は，A殺害の意図で，AをB車トランク内に閉じ込めていることを秘したまま，乙に対し，B車に火を放つよう指示したが，乙は，走行中にトランク内のAの存在に気付いた上で，A殺害を決意し，前記経過でAを死亡させるに至っており，甲についても，Aを死亡させた点につき，殺人罪の成否の検討が求められる。この点については，大きく分けて，①甲を実行行為者とする殺人罪の成否の検討，②乙との共犯関係の検討が，それぞれ求められる。

　　まず，①については，**間接正犯の成否**が問題となり，乙がAの存在に気付いた時点で，乙の道具性が失われるか否かの検討が求められる。乙の道具性が失われると考える場合には，間接正犯における実行の着手時期いかんによって，予備か未遂かなど，甲の罪責に違いが出てくることから，この点に関する自己の見解を明らかにした上で，的確な当てはめを行うことが望まれる。他方，乙の道具性が失われないと考える場合には，因果関係や故意についても，的確な当てはめを行い，実行行為者として甲に成立する罪責を明らかにする必要がある。

> 忘れがち!!

　　他方，乙の道具性が失われず，甲に実行行為者として殺人既遂罪が成立するとの考え方に立った場合にも，乙との共犯関係について検討することが望まれる。
　イ　監禁罪等についての検討
　　本問において，甲は，AをB車に乗車させて疾走させ，更には，Aに睡眠薬入りコーヒーを飲ませて昏睡させ，ロープで緊縛してトランク内に閉じ込めるなどしているが，これらの行為について，監禁罪の成否を検討することが必要である。また，生命身体加害目的誘拐罪の成否も問題となり得る。

　　監禁罪の成否については，Aは，トランク内で意識を取り戻すまでは，監禁されているとの認識もなく，移動しようとの意思も生じていなかったことから，そのような場合の監禁罪の成否や成立時期が問題となり，監禁罪の保護法益である「移動の自由」についての自己の見解を明らかにし，的確な当てはめを行うことが望まれる。更に，上記行為に監禁罪が成立すると考えた場合，乙にB車を引き渡した後も継続して監禁罪が成立するのかが問題となり（特に，乙がAの存在に気付いた後が問題となろう。），加えて，甲についても，Aが死亡した点について，監禁致死罪の成否が問題となろう。そして，甲に監禁罪等が成立すると考え，かつ，前記アの検討において，甲に殺人既遂罪等の成立を認める場合には，これらと監禁罪等との関係についての言及が求められる。

> 細かい犯罪もケアしよう!

ウ　建造物等以外放火罪についての検討
　　　本問において，甲は，乙にB車を燃やすよう指示したのであるから，前記(1)ウの検討において，乙に建造物等以外放火罪の成立が認められると考えた場合，甲にも同罪が成立するか否か，**共謀共同正犯の成否の検討**が求められる。また，甲は，前記採石場の駐車場にB車以外の他車両が駐車されていることさえ認識がなかったものであるところ，(1)ウにおける公共の危険発生の認識の要否についての**自己の見解及び当てはめと整合する的確な当てはめが必要となろう。**
(3)　罪数処理
　　前記(1)及び(2)の検討において，甲乙に，複数の犯罪が成立すると考えた場合，それら複数の犯罪について，**的確な罪数処理を行うこと**が求められる。
　　本問で論述が求められる問題点は，いずれも，刑法解釈上，基本的かつ著名な問題点であり，これら問題点についての基本的な判例や学説の知識を前提に，具体的な事案の中から必要な事実を認定し，論理的な整合性はもちろん，結論の妥当性も勘案しつつ，法規範の当てはめを行うことが求められる。基本的な判例や学説の学習が重要であることはいうまでもないが，特に判例学習の際には，単に結論のみを覚えるのではなく，当該判例の具体的事案の内容や結論に至る理論構成などを意識することが必要であり，そのような学習を通じ，結論を導くために必要な事実を認定し，その事実に理論を当てはめる能力を涵養することが望まれる。

3　採点実感

1　出題の趣旨について
　　既に公表した出題の趣旨のとおりである。

▼石橋MEMO▼

2　採点の基本方針等
　　本問では，具体的事例に基づいて甲乙の罪責を問うことによって，**刑法総論・各論の基本的な知識と諸論点についての理解の有無・程度，事実関係を的確に分析・評価し，具体的事実に法規範を適用する能力，結論の具体的妥当性，その結論に至るまでの法的思考過程の論理性**を総合的に評価することを基本方針として採点に当たった。すなわち，本問は，暴力団組長の甲が，同組幹部のAを車のトランク内に閉じ込め，車ごと燃やして殺害しようとの計画の下，自らAを自己所有車B（以下「B車」という。）のトランク内に閉じ込めた上，その事情を秘して配下組員の乙に指示してB車に放火させたが，その前にAがトランク内で窒息により死亡していたという具体的事例についての甲乙の罪責を問うものであるところ，これらの事実関係を法的に分

析した上で，**事案の解決に必要な範囲で法解釈論を展開し，事実を具体的に摘示しつつ法規範への当てはめを行って妥当な結論を導くこと**，更には，甲乙それぞれの罪責についての結論を導く法的思考過程が相互に論理性を保ったものであることが求められる。甲乙の罪責を分析するに当たっては，**甲乙それぞれの行為や侵害された法益等に着目**した上で，どのような犯罪の成否が問題となるのかを判断し，**各犯罪の構成要件要素を一つ一つ吟味**し，これに問題文に現れている事実を丁寧に拾い出して当てはめ，犯罪の成否を検討することになる。ただし，論じるべき点が多岐にわたることから，**事実認定上又は法律解釈上の重要な事項については手厚く論じる一方で，必ずしも重要とはいえない事項については，簡潔な論述で済ませるなど，答案全体のバランスを考えた構成を工夫することも必要**である。

> 超大事なことが書かれてる…!!

　出題趣旨でも示したように，本問における甲乙の罪責としては，いずれについても，殺人罪，監禁罪（又は監禁致死罪），建造物等以外放火罪の成否が主要な問題となるところであり，このうち，特に主要な論点としては，以下のものが挙げられる。まず，一つめとして，乙の殺人罪の成否の検討において，乙がAをB車トランク内に閉じ込めた状態で同車に火を放って殺害する意図でAの口をガムテープで塞いでトランクを閉じて同車を走行させたところ，乙が企図したよりも早い段階となるB車走行中にAが窒息死したことにつき，構成要件の実現が早すぎた場合の実行の着手時期等についての擬律判断及び当てはめが挙げられよう。この点については，殺人罪の構成要件要素，すなわち，実行行為（実行の着手），結果，因果関係及び故意について，意義を正確に示した上で，具体的事実を当てはめることが基本であり，その中で上記擬律判断についての解釈論を展開し，的確な当てはめを行うことが求められる。

　二つめとして，甲の殺人罪の成否の検討において，甲が乙に対し，B車トランク内にAを閉じ込めていることを秘して同車への放火を指示した点につき，甲を間接正犯等の実行行為者とする殺人罪の成否の検討が必要である。特に，乙がAの存在に気付きながらも上記行為に及んだことについてどのように評価するのかについては，間接正犯の着手時期等にも言及しつつ，丁寧に論じることが望まれる。また，乙との共犯関係をどう捉えるのかについて，例えば，間接正犯の意図で教唆の結果を生じさせた場合の擬律判断等の検討も望まれる。

　三つめとして，甲乙の建造物等以外放火罪の成否の検討においては，公共の危険の意義及び判断基準，同危険の発生の認識の要否等が主要な問題点となり，当てはめについても，具体的事実を的確に指摘して丁寧に論じることが求められる。その他，甲乙の監禁罪又は監禁致死罪の成否等，本問で論じるべき問題点は，多岐にわたるが，いずれの論点についても，参考となる著名な判例もある基本的な論点であり，これらの論点に対する理解と刑法総論・各論の基本的理解に基づ

き，事実関係を整理して考えれば，一定の妥当な結論を導き出すことができると思われ，実際にも，相当数の答案が一定の水準に達していた。
3　採点実感等
　各考査委員から寄せられた意見や感想をまとめると，以下のとおりである。
(1)　全体について
　多くの答案は，甲乙それぞれに殺人罪及び建造物等以外放火罪の成否を検討し，特に主要な論点として挙げた前記各論点を論じており，本問の出題趣旨や大きな枠組みは理解していることがうかがわれた。
　特に，乙の殺人罪の成否の検討における構成要件の実現が早すぎた場合の擬律については，最決平成16年3月22日刑集58巻3号187頁が参考になるところであるが，相当数の答案が同判例が挙げる実行着手を判断するための複数の考慮要素を引用しており，また，建造物等以外放火罪の成否についても，相当数の答案が，最決平成15年4月14日刑集57巻4号445頁で示されたような公共の危険の意義を示し，問題文中の具体的事実を摘示して当てはめるなど，重要判例についてはそれ相応に学習していることがうかがわれた。 ← さすがにこれらの超重要判例を落としたらヤバイ…。
　ただし，刑事責任が余り問題とならないような点について延々と論述する一方で，主要な論点については不十分な記述にとどまっているなどバランスを欠いた答案も少なからずあった。 ← メリハリの鬼になれ！
　その他，考査委員による意見交換の結果を踏まえ，答案に見られた代表的な問題点を列挙すると以下のとおりとなる。
(2)　乙の罪責について
　ア　殺人罪の成否を全く検討していない答案
　イ　殺人罪の成否につき，実行の着手等の客観的構成要件要素を論じることなく故意の有無しか論じていない答案，因果関係の有無と因果関係の錯誤とを混同している答案など，刑法総論の理論体系の理解が不十分と思われる答案 ← マジか…。
　ウ　殺人罪の成否につき，実行の着手，結果，因果関係を一応論じているものの，具体的事実の摘示や当てはめが極めて不十分な答案
　エ　建造物等以外放火罪の成否につき，同罪を抽象的公共危険犯であるとする答案
　オ　建造物等以外放火罪の成否につき，「焼損」等の構成要件要素や「公共の危険」の意義等の記載を欠くか，記載していても不正確な答案 ← オーマイガッ…。
　カ　これらの意義についての理解が不十分なためであると思われるが，それぞれの当てはめにつき，具体的な事実の摘示が不十分な答案
　キ　なお，公共の危険やその認識の要否の各論点につき，他の見解にも言及しつつ自己の見解を説得的に論述している答案は高い評価を受けたが，そのような答案は僅かであった。 ← うひょ。すご！

(3) 甲の罪責について
ア 殺人罪の成否につき，安易に乙との間で黙示の共謀があったなどとして同罪の共謀共同正犯を認定した答案 ← なんでやねん。
イ 殺人罪の成否につき，実行の着手等についての擬律判断及び当てはめを十分に論じることなく，安易に甲がAをB車トランク内に閉じ込めた行為を甲による殺人の実行着手と認定した答案
ウ 殺人罪の成否につき，多くの答案が間接正犯の成否について一応言及していたものの，そのほとんどが，「乙が途中でAの存在に気付いたから間接正犯は成立しない」旨簡潔に述べるのみで，間接正犯の実行着手時期に言及した上，殺人予備罪にとどまるのか，殺人未遂罪が成立するのかを明らかにした答案は僅かであった。
エ 殺人罪の成否につき，乙との共犯関係について何ら言及のない答案 ← ダメだよ。
オ 甲に殺人罪（未遂，教唆を含む）が成立するとしても，甲がAをB車に乗車させて疾走させ，更には，Aに睡眠薬入りコーヒーを飲ませて昏睡させ，ロープで緊縛してトランク内に閉じ込めるなどした行為につき，別途，監禁罪等の成否の検討が求められるが，これについての言及を欠くか，記載していても不十分な内容にとどまった答案が多かった。
カ 甲に殺人既遂教唆罪を認定したためか，甲の建造物等以外放火罪の成否につき，共同正犯の成否を検討することなく，安易に同罪の教唆犯を認定した答案

(4) その他
　これまでにも指摘してきたことでもあるが，少数ながら，字が乱雑なために判読するのが著しく困難な答案が見られた。時間の余裕がないことは理解できるところであり，達筆である必要はないものの，**採点者に読まれることを意識し，なるべく読みやすい字で丁寧に答案を書くことが望まれる**。 ← パソコン化したら no problem！

(5) 答案の水準
　以上の採点実感を前提に，「優秀」「良好」「一応の水準」「不良」という四つの答案の水準を示すと，以下のとおりである。
　「優秀」と認められる答案とは，本問の事案を的確に分析した上で，本問の出題趣旨や上記採点の基本方針に示された**主要な問題点**について検討を加え，成否が問題となる犯罪の構成要件要素等について正確に理解するとともに，**必要に応じて法解釈論を展開し，事実を具体的に摘示して当てはめを行い，甲乙の刑事責任について妥当な結論を導いている答案である。特に，摘示した具体的事実の持つ意味を論じつつ当てはめを行っている答案は高い評価を受けた**。 ← 評価大事！
　「良好」な水準に達している答案とは，本問の出題趣旨及び上記採点の基本方針に示された主要な問題点は理解できており，甲乙の刑事責任について妥当な結論を導くことができているものの，一部の問題

点についての論述を欠くもの，主要な問題点の検討において，構成要件要素の理解が一部不正確であったり，必要な法解釈論の展開がやや不十分であったり，必要な事実の抽出やその意味付けが部分的に不足していると認められたものなどである。

「一応の水準」に達している答案とは，事案の分析が不十分であったり，複数の主要な問題点についての論述を欠くなどの問題はあるものの，刑法の基本的事柄については一応の理解を示しているような答案である。

「不良」と認められる答案とは，事案の分析がほとんどできていないもの，刑法の基本的概念の理解が不十分であるために，本問の出題趣旨及び上記採点の基本方針に示された主要な問題点を理解していないもの，**事案の解決に関係のない法解釈論を延々と展開しているもの**，問題点には気付いているものの，結論が著しく妥当でないものなどである。

〈あかんで…。〉

4 今後の法科大学院教育に求めるもの

本問において，構成要件の幹となる実行の着手等についての体系上の位置付けを理解していないと思われる答案が散見されたことを踏まえ，刑法の学習においては，まずもって総論の理論体系，例えば，構成要件要素である実行行為，結果，因果関係，故意等の体系上の位置付けや相互の関係を十分に理解した上，これらを意識しつつ，各論に関する知識を修得することが必要であり，答案を書く際には，常に，論じようとしている論点が体系上どこに位置付けられるのかを意識しつつ，検討の順序にも十分に注意して論理的に論述することが必要である。

〈大事!! それ of それ!〉

また，繰り返し指摘しているところであるが，判例学習の際には，結論だけを丸暗記するのではなく，判例の事案を十分に分析した上，その判例が挙げた規範や考慮要素が刑法の体系上どこに位置付けられ，他のどのような事案や場面に当てはまるのかなどについてイメージを持つことが必要と思われる。このような観点から，法科大学院教育においては，引き続き判例の検討等を通して刑法の基本的知識や理解を修得させるとともに，これに基づき，具体的な事案について，妥当な解決を導き出す能力を涵養するよう一層努めていただきたい。

4 答案例

第1 乙の罪責

1 Aの口を車内にあったガムテープで塞いでトランク内に閉じこめた行為に殺人罪（刑法（以下，略）199条）が成立するか。

(1) 乙は上記行為（以下，第一行為という。）後のB車を燃やす行為（以下，第二行

為という。)によってAを殺そうと計画している。そこで，第一行為の時点で第二行為の「実行に着手」(43条本文)したといえるか。第一行為時にはAに殺人罪の故意(38条1項本文)が認められないものの，第二行為時にはAは殺人罪の故意を抱いていることから，第一行為時に第二行為の「実行に着手」したといえれば同罪の故意責任を問い得るので問題となる。

 ア 実行行為が構成要件的結果発生の現実的危険性を有する行為を意味することに鑑み，「実行に着手」したと言えるためには実行行為に密接性を有し，かつ，既遂に至る危険性を認めることができる行為に着手することを要すると考える。その判断においては，行為者の計画を加味すべきである。

 イ まず，乙の計画は，Aの口をふさいでトランクに閉じ込め，採石場まで運んで車ごと燃やして殺すというものであった。かかる計画の下では，第一行為は，誰にも気づかれずにAを採石場まで運び，Aの抵抗や逃走を防ぐことを可能にするので，第二行為を確実かつ容易に行うために必要不可欠であるといえる。また，夜の山中においては警察官や通行人に見つかり犯罪が発覚するといった可能性は低いため，第一行為に成功すればそれ以降の殺害計画を遂行する上で障害となるような特段の事情は存しない。更に，第一行為から第二行為までは時間にして1時間，距離にして20キロメートルと離れているものの，車を用いて移動していることからすれば，なお，時間的場所的近接性は認められる。したがって，第一行為と第二行為に密接性が認められる。加えて，口をふさいでトランクにAを閉じ込めて山中の悪路を自動車で移動するという第一行為には，第二行為という殺人に至る危険性が認められる。

 ウ よって，第一行為の時点で「実行に着手」したといえる。

(2) そして，Aの死の結果が発生している。また，かかる結果と第一行為の間には，Ⅴの行為が介在しているものの，口をふさいでトランクにAを閉じ込めて山中の悪路を自動車で移動するという第一行為には死因である窒息死を直接生じさせる危険性が内包されているとみることができる。したがって，乙の行為の危険が結果に現実化しているので因果関係も認められる。

(3) 他方，乙の認識した因果経過と現実の因果経過に齟齬が生じているため因果関係の錯誤が認められるが，両因果経過は危険の現実化の範囲で法定的に符合しているため故意は阻却されない。

(4) 以上より，上記行為に殺人罪が成立する。

2 乙がB車ごとⅤを燃やした行為は，「死体」のAを「損壊」するものなので死体損壊罪(190条)の客観的構成要件に該当する。もっとも，乙の故意は殺人罪の故意であり，国民の宗教的感情という保護法益と生命身体という保護法益に重なり合いが認められず，死体損壊罪の故意は認められない。したがって，同罪は成立しない。

3 ⅤがB車を燃やした行為に建造物等以外放火罪(110条2項)が成立しないか。

(1) 「自己の所有に係る……物」には，共犯者の所有物であっても処分を委ねられた物で

あれば含まれる。B車は甲の所有物であるが，甲は，B車を燃やすよう乙に指示しているので，乙は甲から自己の所有物の処分を委ねられたと評価できる。したがって，B車は乙にとって「自己の所有に係る…物」といえる。
(2) B車は「前二条に規定する物以外の物」にあたる。
(3) 「放火」とは，焼損を惹起する行為をいう。乙が丸めた新聞紙にライターで火をつけてこれをB車の方に投げ付けた行為は，焼損を惹起するものなので「放火」にあたる。
(4) 「焼損」とは，火が媒介物から目的物に移り，独立して燃焼を継続する状態を意味する。本問では，丸めた新聞紙からB車に火が移りB車は炎上しているので，火が媒介物から目的物に移り，独立して燃焼を継続しているといえ「焼損」している。
(5) では，「公共の危険」が発生したといえるか。
　ア 「公共の危険」とは，108条，109条1項物件に対する延焼の危険のみならず，不特定又は多数の人の生命，身体又は前記物件以外の財産に対する危険をいう。そして，不特定とは偶然性を意味し，危険性の有無は客観的に判断すべきと考える。
　イ 確かに，本件駐車場は砂利の敷地であり，周囲には岩ばかりで本件採石場に建物はなく，当時夜間であったので人もいなかった。したがって，林のように火が地面を伝って周囲の人間や建物に燃え移る危険は認められない。よって，108条，109条1項物件及び不特定又は多数の人の生命，身体に対する危険は認められない。

　　しかし，乙がB車を駐車した北側にはC所有の自動車，D所有の自動車，E所有の自動車が順番に駐車されていた。したがって，同自動車は多数の人の財産とはいえなくとも，乙との関係では偶然その場に駐車されていたのであり，状況次第では誰が被害者になったかわからないと言う意味で不特定の財産にあたる。そして，C所有の車の荷台にはベニヤ板が3枚積まれているので，引火した場合燃え続ける可能性が高い。また，当時の天候は晴れなので，雨により自然に鎮火することはなく，発火すればそのまま燃え続けると考えられる。更に，北西に向かって毎秒約2メートルの風が吹いていたので，C所有の自動車に火が燃え移りやすい状況だった。加えて，B車の車内のシートは布製であり，後部座席には雑誌数冊と新聞紙が置いてあったこと，及び，乙が10リットルもの大量のガソリンをB車の車内及び外側のボディーに満遍なくまいていることからすれば，B車はかなりの火勢で燃え上がり，C所有の自動車のベニヤ板に着火し，続けてD所有E所有の自動車にも火が燃え移る危険性が非常に高かった。他方，放火時に風向きが変わっているが，再び

風向きが戻ることは十分あり得ることからすれば、延焼の危険を妨げる事情とはならない。これらを総合すれば、不特定の財産に対する延焼の危険が認められる。

　　ウ　よって、「公共の危険」が認められる。

(6)　「よって」という文言から、建造物等以外放火罪は結果的加重犯と解されるため、「公共の危険」の認識は不要と考える。他方、乙は「公共の危険」以外の客観的構成要件に対する故意を有している。

(7)　以上より、建造物等以外放火罪が成立し、後述のように甲と共同正犯となる。

4　罪数
　　殺人罪と建造物等以外放火罪の共同正犯が成立し、併合罪（45条前段）となる。

第2　甲の罪責

1　「人」であるAを殺害目的を秘してB車助手席に乗せて発進した行為は、欺罔の方法により生活環境から離脱させ、第三者の支配下に置くものなので「誘拐」にあたる。また、甲は「生命……に対する加害の目的」及び故意を有する。したがって、同行為に生命加害目的誘拐罪（225条）が成立する。

2　上記行為はAを間接的に拘束する「監禁」にあたり、監禁された旨の認識はないものの、本罪の保護法益が行動の可能性であり、Aはその可能性を有していることからすれば、一時的な意識不明状態のAも「人」にあたる。そして、故意も認められる。したがって、監禁罪（220条後段）が成立する。

3　B車を燃やすよう指示した行為に殺人罪が成立するか。

(1)　上記行為は殺人罪の実行行為たりえるか。他人を利用して犯罪を実現する行為が正犯の実行行為と評価できるかが問題となる。

　　ア　他人を利用する場合であっても、被利用者を利用し、犯罪実現過程を支配したこと及び正犯意思が認められれば、正犯の実行行為と評価できると考える。

　　イ　乙は、B車を運転している途中で甲の意図に気付いているので、その時点で犯罪実現過程を支配したとはいえなくなっている。

　　ウ　したがって、上記行為は正犯の実行行為と評価できない。

(2)　また、間接正犯の場合、被利用者基準で「実行の着手」の有無を判断すべきと考えるため「実行に着手」したともいえない。

(3)　以上より、上記行為に殺人罪は成立しない。

4　上記行為につき、甲は乙に自己の意図を秘して指示しているため、片面的共同正犯の成否が問題となるが否定される。なぜなら、片面的共同正犯の場合、共犯者間で互いに生じさせた結果に因果性を与え合うことで共同して犯罪を実現するという60条の根拠が妥当せず「共同して犯罪を実行」したとはいえないからである。

5 そうだとすれば、甲の上記行為は、客観的には殺人罪の教唆犯（199条、61条1項）であるのに対し、主観的には殺人罪の間接正犯ということになる。そこで、軽い教唆犯に対応する故意が認められるか。
  (1) 故意責任の本質は、反対動機が形成可能であったにもかかわらずあえて犯罪に出た態度に対する道義的非難である。かかる本質に鑑み、構成要件間に実質的な重なり合いが認められる限度で故意が認められると考える。
  (2) 殺人罪の教唆と殺人罪の間接正犯は、生命身体という保護法益の共通性が認められ、他人の行為を介して犯罪を実現するという点で行為態様も教唆の限度で共通する。
  (3) よって、殺人罪の教唆犯が成立する。
6 上記行為に、乙と建造物等以外放火罪の共同正犯（110条2項、60条）が成立するか。甲は何ら実行行為を行っておらず、共謀共同正犯の場合も「共同して犯罪を実行した」といえるかが問題となる。
  (1) 前述の60条の根拠は共謀共同正犯にも妥当するため、かかる場合であっても共謀及び共謀に基づく実行行為が認められれば「共同して犯罪を実行した」といえると考える。
  (2) まず、B車を燃やすように甲が指示し、乙が了承しているので、建造物等以外放火罪の意思連絡が認められる。そして、具体的な放火場所や方法は甲が自ら指示し、ガソリンを用意したのも甲なので、甲は積極的に犯罪を遂行しようとしている。また、甲は組長であり乙は末端組員なので、従属関係が認められ、一連の計画は甲が自己の犯罪として行ったということができる。故に、正犯性が認められる。したがって、建造物等以外放火罪の共謀が認められる。
    また、それに基づいて乙がB車を燃やしている。
  (3) よって、乙と建造物等以外放火罪の共同正犯が成立する。
7 以上より、生命加害目的誘拐罪、監禁罪、殺人罪の教唆犯、建造物等以外放火罪の共同正犯が成立する。生命加害目的誘拐罪と監禁罪は、自然的観察の下、行為者の動態が社会見解上一個と評価できるので観念的競合（54条1項前段）となり、殺人罪の教唆犯と建造物等以外放火罪が観念的競合となり、両者は併合罪となる。

以　上

石橋　侑大（いしばし　ゆうだい）

元ギャル男にして，現司法試験予備校専任講師。
慶應義塾大学法学部法律学科卒。中央大学法科大学院在学中に予備試験に合格して中退，司法試験合格後，司法修習を経て，弁護士登録をすることなく司法試験予備校専任講師となる。
「俺の生徒にとってのオンリーワンでナンバーワン」をモットーに，個別指導を中心に，年間約2,400通の添削指導を行う。この他，受験生同士の交流会や学生，社会人向けの勉強会を実施するなど，イベンターとしても活躍。
趣味はグルメ，お酒，サッカー，日サロ。地中海西海岸が似合う男を目指して邁進中。

X：@yudai1122yudai
YouTube：【司法試験予備校講師】元ぎゃるお先生のちゃんねる（本ch）
　　　　　元ぎゃるおのオタク部屋（サブch）

司法試験・予備試験　刑法
出題趣旨・採点実感アナリティクス

2024年12月1日　第1版第1刷発行

著　者　石　橋　侑　大
発行者　山　本　継
発行所　㈱中央経済社
発売元　㈱中央経済グループ
　　　　パブリッシング

〒101-0051　東京都千代田区神田神保町1-35
電　話　03（3293）3371（編集代表）
　　　　03（3293）3381（営業代表）
https://www.chuokeizai.co.jp

印　刷／文唱堂印刷㈱
製　本／㈲井上製本所

Ⓒ 2024
Printed in Japan

※頁の「欠落」や「順序違い」などがありましたらお取り替えいたしますので発売元までご送付ください。（送料小社負担）

ISBN978-4-502-51961-1　C2032

JCOPY〈出版者著作権管理機構委託出版物〉本書を無断で複写複製（コピー）することは，著作権法上の例外を除き，禁じられています。本書をコピーされる場合は事前に出版者著作権管理機構（JCOPY）の許諾を受けてください。
JCOPY〈https://www.jcopy.or.jp　eメール：info@jcopy.or.jp〉